交通版高等职业教育规划教材

Gonglu Gongcheng Cailiao

公路工程材料

主编 吴丽君

互联网+教科书
扫描书中二维码观看试验教学视频
建议在免费无线网络下扫描二维码

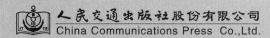

人民交通出版社股份有限公司
China Communications Press Co.,Ltd.

内 容 提 要

全书分为两篇。第一篇为基础理论篇,共有 8 章,主要阐述了砂石材料、石灰和水泥、水泥混凝土和建筑砂浆、无机结合料稳定材料、沥青材料、沥青混合料、建筑钢材、土工合成材料等公路工程中常用的各种材料的基本知识、技术性质、技术标准以及混合料的组成设计方法。第二篇为试验篇,主要参照现行的交通行业试验规程,介绍了上述原材料和混合料常规指标的试验方法。

本书可用作高职院校道路桥梁工程技术专业及相关专业的教学用书,也可供交通土建类专业成人教育及各类职业培训学习之用,还可供从事公路工程施工、工程监理、试验检测工作的工程技术人员学习参考。

图书在版编目(CIP)数据

公路工程材料 / 吴丽君主编. — 北京:人民交通出版社股份有限公司,2016.8
ISBN 978-7-114-13140-0

Ⅰ.①公… Ⅱ.①吴… Ⅲ.①道路工程—建筑材料 Ⅳ.①U414

中国版本图书馆 CIP 数据核字(2016)第 166446 号

书　名:	公路工程材料
著 作 者:	吴丽君
责任编辑:	崔 建　朱明周
出版发行:	人民交通出版社股份有限公司
地　址:	(100011)北京市朝阳区安定门外外馆斜街 3 号
网　址:	http://www.ccpress.com.cn
销售电话:	(010)59757973
总 经 销:	人民交通出版社股份有限公司发行部
经　销:	各地新华书店
印　刷:	北京市密东印刷有限公司
开　本:	787×1092　1/16
印　张:	17.25
字　数:	410 千
版　次:	2016 年 8 月　第 1 版
印　次:	2021 年 7 月　第 3 次印刷
书　号:	ISBN 978-7-114-13140-0
定　价:	42.00 元

(有印刷、装订质量问题的图书由本公司负责调换)

公路工程材料是道路桥梁工程技术专业及相关专业的一门基础课程,也是培养道路桥梁工程技术专业学生职业能力的课程之一。根据对公路行业高技能人才职业能力培养需求的调研,公路工程材料课程学习的最终目的是:根据实际工程的需要,能够检验各种原材料常规的技术指标,并依据相关标准评判其质量;能够合理配制出符合工程设计和施工要求所需的各种混合料,如矿质混合料、水泥混凝土、建筑砂浆、无机结合料稳定材料、沥青混合料等,完成其组成设计,并能够检验各种混合料常规的技术性能。基于此,本课程应着重培养学生进行各种材料常规试验的操作技能和各种混合料组成设计的能力,同时也应掌握各材料的主要技术性能特点。

本书依据教育部对高职高专人才培养目标、培养规格、培养模式及与之相适应的知识、技能和职业素质的要求进行编写,力求做到以下几点:

1. 立足于行业,内容紧贴生产需求。从公路工程材料试验员的岗位要求入手,明确各章学习的知识目标和职业能力目标。本书基础理论篇内容以适度、够用为原则,重在引导学生如何合理地选择应用材料,在工程建设中控制好材料质量。试验篇则根据试验检测岗位要求,选取了各种原材料及混合料常规试验项目30个,以供学生试验操作训练之用。

2. 注重内容的结构合理性。本书的内容体系完整,设计合理,由浅入深,循序渐进,符合学生的认知规律。在材料性质的阐述中,力求概念准确、条理清晰、层次分明,注意贯彻理论联系实际的原则。同时每章最后都列有本章小结和思考与练习,方便学生把握每章的重点内容,并对所学知识进行应用及巩固。

3. 配有电子化教材,通过扫描书中的二维码呈现数字资源,使得纸质书能与数字资源有机结合,将"互联网+"思维融入书中。利用电子教材中丰富的图片、三维动画、操作视频,有效地解决了纸质版教材内容不够直观形象的缺陷,使得学习变得轻松、简单、有趣。大量的试验视频也解决了学生在实训前无法直观预习相关试验检测项目的问题为不具备完成实训(试验)项目条件的学生也提供了一个有效的学习途径。

4.采用现行的国家标准和行业规范规程。如：根据最新行业标准《公路路面基层施工技术细则》(JTG/T F20—2015)，编写第四章"无机结合料稳定材料"。

本书由湖南交通职业技术学院吴丽君编写，在编写过程中得到了所在院校同仁们的大力支持和帮助，在此表示衷心的感谢。

由于编者的学识水平和实践经验有限，书中难免有不妥之处，恳请广大读者批评指正，并给出宝贵的意见。

编　者

2016年6月

绪论 ………………………………………………………………………………………… 1

第一篇 基础理论

第一章　砂石材料 ……………………………………………………………………… 9
　第一节　岩石 …………………………………………………………………………… 9
　第二节　集料 …………………………………………………………………………… 15
　本章小结 ………………………………………………………………………………… 22
　思考与练习 ……………………………………………………………………………… 22

第二章　石灰和水泥 …………………………………………………………………… 24
　第一节　石灰 …………………………………………………………………………… 24
　第二节　水泥 …………………………………………………………………………… 28
　本章小结 ………………………………………………………………………………… 42
　思考与练习 ……………………………………………………………………………… 42

第三章　水泥混凝土和建筑砂浆 ……………………………………………………… 44
　第一节　普通混凝土 …………………………………………………………………… 45
　第二节　建筑砂浆 ……………………………………………………………………… 80
　本章小结 ………………………………………………………………………………… 86
　思考与练习 ……………………………………………………………………………… 86

第四章　无机结合料稳定材料 ………………………………………………………… 89
　第一节　概述 …………………………………………………………………………… 89
　第二节　无机结合料稳定材料的组成 ………………………………………………… 90
　第三节　无机结合料稳定材料的技术性质 …………………………………………… 93
　第四节　无机结合料稳定材料的组成设计 …………………………………………… 97
　本章小结 ………………………………………………………………………………… 102
　思考与练习 ……………………………………………………………………………… 102

第五章　沥青材料 ……………………………………………………………………… 104
　第一节　石油沥青 ……………………………………………………………………… 105
　第二节　乳化沥青 ……………………………………………………………………… 120

第三节　改性沥青·· 124
　　本章小结·· 127
　　思考与练习·· 128
第六章　沥青混合料·· 129
　　第一节　矿质混合料的组成设计·· 129
　　第二节　沥青混合料·· 137
　　本章小结·· 162
　　思考与练习·· 162
第七章　建筑钢材··· 164
　　第一节　钢材的分类·· 164
　　第二节　建筑钢材的技术性能·· 166
　　第三节　钢筋混凝土结构用钢·· 171
　　第四节　钢材的腐蚀与防止··· 174
　　本章小结·· 176
　　思考与练习·· 176
第八章　土工合成材料·· 177
　　本章小结·· 182
　　思考与练习·· 182

第二篇　试　　验

第一章　砂石材料试验·· 185
　　试验一　细集料表观密度试验（容量瓶法）··· 185
　　试验二　细集料堆积密度及紧装密度试验·· 186
　　试验三　细集料筛分试验··· 188
　　试验四　粗集料密度及吸水率试验（网篮法）··· 190
　　试验五　粗集料堆积密度及空隙率试验··· 193
　　试验六　粗集料及集料混合料的筛分试验·· 195
　　试验七　水泥混凝土用粗集料针片状颗粒含量试验（规准仪法）·············· 198
　　试验八　粗集料针片状颗粒含量试验（游标卡尺法）······························· 199
　　试验九　粗集料压碎值试验·· 201
第二章　石灰和水泥试验··· 203
　　试验一　石灰有效氧化钙和有效氧化镁测定·· 203
　　试验二　水泥细度检测方法（80μm筛筛析法）······································ 208
　　试验三　水泥标准稠度用水量、凝结时间、安定性检验方法···················· 209
　　试验四　水泥胶砂强度检验方法（ISO法）··· 215

第三章　水泥混凝土试验 219
试验一　水泥混凝土拌和物的拌和与现场取样方法 219
试验二　水泥混凝土拌和物稠度试验方法（坍落度仪法） 220
试验三　水泥混凝土拌和物稠度试验方法（维勃仪法） 222
试验四　水泥混凝土立方体抗压强度试验方法 224
试验五　水泥混凝土抗弯拉强度试验方法 226

第四章　无机结合料稳定材料试验 229
试验一　无机结合料稳定材料试件制作方法（圆柱形） 229
试验二　无机结合料稳定材料养生试验方法 232
试验三　无机结合料稳定材料无侧限抗压强度试验方法 233

第五章　沥青材料试验 236
试验一　沥青针入度试验 236
试验二　沥青延度试验 238
试验三　沥青软化点试验（环球法） 240

第六章　沥青混合料试验 243
试验一　沥青混合料试件制作方法（击实法） 243
试验二　压实沥青混合料密度试验（表干法） 246
试验三　沥青混合料马歇尔稳定度试验 251
试验四　沥青混合料车辙试验 254

第七章　建筑钢材试验 258
试验一　钢筋原材室温拉伸试验 258
试验二　钢筋原材弯曲试验 261

参考文献 265

绪 论

在道路与桥梁等交通基础设施建设和养护过程中,材料质量的优劣、配置是否合理以及选用是否适当,都直接决定工程结构物的使用性能和服务寿命。随着现代社会交通量和车辆荷载的与日俱增,对公路建筑与养护材料的使用性能也提出了更高的要求,科学合理地选择、设计和应用公路工程材料,成为保障和提高路桥工程质量,提高路桥工程建设和养护技术水平的基础和关键。

一、道路与桥梁建设中常用建筑材料介绍

1. 砂石材料

砂石材料,包括人工开采的岩石或轧制的碎石、天然的砂砾石及各种性能稳定的工业冶金矿渣(如煤渣、高炉渣和钢渣等)。其中,尺寸较大的块状石料经加工后,可以直接用于砌筑道路、桥梁工程结构及附属构造物;性能稳定的岩石集料可制成沥青混合料或水泥混凝土,也可直接用于铺筑道路基层、垫层或低级道路面层;一些具有活性的矿质材料或工业废渣,如粒化高炉矿渣、粉煤灰等经加工后可作为水泥原料,也可作为水泥混凝土或沥青混合料中的掺和料使用。

2. 无机结合料及其制品

在道路与桥梁工程中,最常用到的无机结合料是石灰和水泥。它的作用是将松散的砂石材料胶结成具有一定强度和稳定性的整体材料。水泥,是桥梁建筑中水泥混凝土、预应力混凝土结构和水泥混凝土路面的主要材料;石灰、粉煤灰、水泥与土(或集料)拌制而成的无机结合料稳定材料,广泛用于道路路面基层;水泥(石灰)砂浆,则用于圬工结构物的砌筑和抹面中。

3. 有机结合料及其混合料

有机结合料,主要指沥青类材料,如石油沥青、煤沥青等。沥青材料与不同粒径大小的碎石、石屑、砂、矿粉等组成沥青混合料,可用于铺筑各种类型的沥青路面,是高等级道路,特别是高速公路和城市快速路面层结构及桥梁桥面铺装层的重要材料。

4. 高分子聚合物材料

分子量数千乃至数百万以上的组成单元相互多次重复连接而成的物质,称为高分子材料。

一般土木工程所用的高分子材料,均为聚合反应而成,因此称为高分子聚合物材料,如合成树脂(塑料)、合成橡胶和合成纤维等。在道路和桥梁工程中,其主要是用来改善沥青混合料或水泥混凝土的性能,也可用作水泥混凝土路面的填缝料,此外还可用于结构物的修补、加固和防水。

5. 钢材

钢材是桥梁钢结构及钢筋混凝土或预应力钢筋混凝土结构的重要组成材料。

二、材料试验工作的主要任务

公路工程裸露于大自然中,需承受各种动、静荷载作用,同时承受各种自然条件下的温度和湿度的变化,风、雨、雪、冰、水及空气中各种有害气体的长期侵蚀。为了保证工程质量,建筑材料就显得至关重要。在公路工程建设中,建筑材料费用占总造价很大的比重,低者为30%～50%,高者为70%～80%,因此要确保工程质量,首要任务就是确保材料质量。材料的试验检测是公路建设工程施工质量与质量评定工作的重要手段,在公路工程施工中,项目试验工作的主要任务包括以下几个方面:

(1)在选择料场和确定料源时,对未进场的原材料进行质量鉴定,根据原材料质量和经济合理的原则,选定料源。

(2)对运往施工现场的原材料,按有关规定的频率,进行质量鉴定。

(3)对外单位供应的构件、制品,在查验其出产质检资料后,应做适量的抽检验证。

(4)做各种混合料的配合比配比,在确保工程质量的前提下,经济合理地选用配合比。

(5)负责施工过程中施工质量控制。

(6)负责研究、推广、应用新材料、新技术、新工艺,并用试验数据论证其可靠性。

(7)负责试验样品的有效期保存,以备必要时复查。

(8)负责项目所有试验资料的整理、报验、保管,以利于竣工资料的编制、归档。

(9)对一些试验室无法检验的项目,负责联系、委托外单位进行试验。

(10)协助、配合监理工程师、业主和当地质量监督部门的抽检工作。

(11)做好分包工程的试验检测和质量管理工作。

三、材料试验检测的监理程序

为了加强工程建设的质量管理,施工单位必须建立完善的自检质量保证体系,建立施工单位工地试验室。监理单位应根据合同建立中心试验室。各种材料的监理试验程序如下:

1. 原材料试验的监理程序

施工单位试验室,按规定对拟定的原材料进行自检,合格后填写材料报验单向试验监理工程师报验。试验监理工程师根据需要对其进行抽样检查,合格后予以认可。不合格则不得用于指定的工程部位,同时要求施工单位将其清理出施工现场。对于基本合格材料(如粗集料含泥量偏高等情况),试验监理工程师要提出处理意见,施工单位经过处理合格,专业监理工程师认可后,方可使用,否则不得使用。

原材料试验检测监理的工作流程,见图0-0-1。

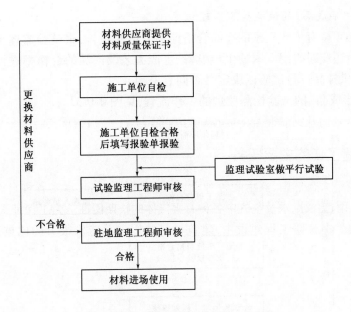

图 0-0-1 原材料试验检测监理的工作流程

2. 混合料的级配和配合比试验的监理程序

施工单位，必须采用质量合格的原材料进行混合料级配和配合比试验。混合料配合比必须按标准试验方法进行,合格后报试验监理工程师。经试验监理工程师验证合格后,报总监代表或总监理工程师审定,经批准后方可使用。由于配合比试验时间较长,为了不使试验工作耽误施工单位的施工计划,施工单位应提前进行配合比试验工作,以便监理工程师有足够的时间做验证试验。

混合料的级配和配合比试验检测监理的工作流程,见图 0-0-2。

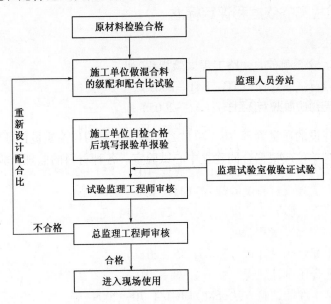

图 0-0-2 混合料的级配和配合比试验检测监理的工作流程

3."成品"或"半成品"的试验检测监理程序

施工单位,必须持有生产厂家的产品合格证书及试验报告,报试验监理工程师批准认可。必要时,监理人员还应对生产厂家的生产设备、生产工艺及产品的合格率进行现场调查了解,或由施工单位提供样品进行试验以决定是否同意采购。

"成品"或"半成品"的试验检测监理的工作流程,见图0-0-3。

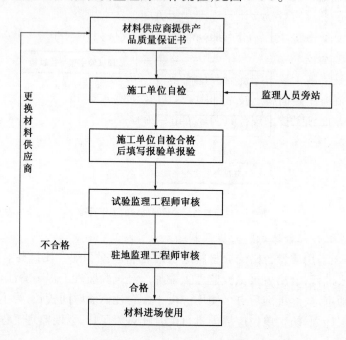

图0-0-3 "成品"或"半成品"试验检测监理的工作流程

四、材料试验检测的依据和评定标准

1.试验检测的依据

（1）现行交通运输部颁布的公路工程试验规程,如：
①《公路工程岩石试验规程》(JTG E41—2005)。
②《公路工程集料试验规程》(JTG E42—2005)。
③《公路工程水泥及水泥混凝土试验规程》(JTG E30—2005)。
④《公路工程沥青及沥青混合料试验规程》(JTG E20—2011)。
⑤《公路工程无机结合料稳定材料试验规程》(JTG E51—2009)。
⑥《公路工程土工合成材料试验规程》(JTG E50—2006)。
⑦《钢筋焊接接头试验方法标准》(JGJ/T 27—2014)等。

（2）部分住建部等部颁规程,如：
①《普通混凝土配合比设计规程》(JGJ 55—2011)。
②《砌筑砂浆配合比设计规程》(JGJ/T 98—2010)。
③《建筑砂浆基本性能试验方法标准》(JGJ/T 70—2009)等。

（3）部分国家标准试验方法,如：

①《水泥标准稠度用水量、凝结时间、安定性检验方法》(GB/T 1346—2011)。
②《金属材料 拉伸试验 第1部分:室温试验方法》(GB/T 228.1—2010)。
③《金属材料 弯曲试验方法》(GB/T 232—2010)等。

2. 试验检测的评定标准

(1) 本工程的设计文件。
(2) 交通运输部部颁质量检验评定标准和相关施工技术规范,如:
①《公路工程质量检验评定标准 第一册 土建工程》(JTG F80/1—2004)。
②《公路路基施工技术规范》(JTG F10—2006)。
③《公路路面基层施工技术细则》(JTG/T F20—2015)。
④《公路水泥混凝土路面施工技术细则》(JTG/T F30—2014)。
⑤《公路沥青路面施工技术规范》(JTG F40—2004)。
⑥《公路桥涵施工技术规范》(JTG/T F50—2011)等。
(3) 有关建筑材料的国家标准,如:
①《建设用砂》(GB/T 14684—2011)。
②《建筑用卵石、碎石》(GB/T 14685—2011)。
③《通用硅酸盐水泥》(GB 175—2007)。
④《钢筋混凝土用钢 第1部分:热轧光圆钢筋》(GB 1499.1—2008)。
⑤《钢筋混凝土用钢 第2部分:热轧带肋钢筋》(GB 1499.2—2007)。
⑥《预应力混凝土用钢绞线》(GB/T 5224—2014)等。

第一篇

基础理论

第一章 砂石材料

【职业能力目标】

1. 能根据工程要求,合理选用粗、细集料;
2. 能根据相关施工规范和技术标准的要求,对砂石材料进行性能检测,并判断其质量是否符合要求。

【知识目标】

1. 了解岩石的分类及公路工程中常用的石料制品;
2. 掌握集料的定义及分类;
3. 掌握岩石的技术性质及主要技术指标的测定方法;
4. 掌握集料的技术性质及主要技术指标的测定方法。

砂石材料是石料和集料的总称。主要包括:直接开采的天然岩石或经机械加工制成的具有一定形状和尺寸的石料制品;天然岩石经长期风化、地质作用而形成的卵石、天然砂以及经开采轧制加工得到的各种规格的碎石、人工砂、石粉等。此外,工业冶金矿渣也可作为集料用于道路修筑中。

第一节 岩 石

岩石是在各种物质条件下,按一定方式结合而成的矿物集合体。它是构成地壳及地幔的主要物质。岩石的性能除决定于岩石所含矿物成分外,还取决于成岩条件。

一、岩石的分类

1. 按岩石的形成条件分类
(1)岩浆岩

岩浆岩是由高温熔融的岩浆冷凝而形成的岩石,也称火成岩,如花岗岩、正长岩、辉长岩、辉绿岩、闪长岩、橄榄岩、玄武岩、安山岩、流纹岩等。

(2)沉积岩

沉积岩是由先前存在的岩石(岩浆岩、变质岩和早已形成的沉积岩)在地表经风化剥蚀而产生的物质,经过搬运、沉积和胶结、压密等成岩作用而形成的岩石,又称水成岩,如石灰岩、页岩、砂岩、砾岩等。

(3)变质岩

变质岩是岩浆岩或沉积岩在高温、高压或其他因素作用下,经变质所形成的岩石,如大理岩、石英岩、片麻岩、板岩等。

2. 按二氧化硅含量分类

岩石依据其二氧化硅(SiO_2)含量多少划分为酸性、碱性及中性岩石三种,如表1-1-1所示。

岩石酸碱性分类　　　　　　　表1-1-1

岩石类型	二氧化硅含量(%)	常见岩石
酸性岩石	>65	花岗岩、石英岩
中性岩石	52~65	辉绿岩、闪长岩
碱性岩石	<52	石灰岩、玄武岩

工程案例

××高速公路自2002年10月建成通车,2008年调查时发现路面水损害特别严重(表1-1-2),主要分布在K101+000~K171+000段,且呈现明显的分段分布特征。

××高速公路水损害分布情况 (单位:m^2)　　表1-1-2

路　段	坑　槽	松　散	剥　落	总水损害面积
K0+000~K101+000	7 246	873	552	8 671
K101+000~K171+000	20 341	1 431	1 049	22 821

原因:K0+000~K111+000路段面层集料为碱性岩石(石灰岩),而K101+000~K171+000路段在建设时从技术可行和节约投资两个角度出发,采用当地生产的酸性岩石(花岗岩)作为中面层沥青混凝土的集料。

结论:经试验验证,花岗岩与沥青的黏附性等级不能达到高速公路的要求,花岗岩沥青混合料的水稳定性仅为石灰岩沥青混合料的86.6%。

建议:新建道路沥青混合料所用集料,应尽量使用碱性集料。若使用的集料与沥青黏附性达不到要求时,宜掺加消石灰、水泥或用饱和石灰水处理后使用,必要时可同时在沥青中掺加耐热、耐水、长期性能好的抗剥落剂,也可采用改性沥青,使沥青混合料的水稳定性检验达到要求。

二、公路工程中常用的石料制品

1. 片石

片石由岩石打眼放炮采得,其形状不受限制,但薄片者不得使用,如图1-1-1所示。一般片石的厚度应不小于150mm，用作镶面的片石，应选择表面较平整、尺寸较大者，并应稍加修整。

片石主要用于砌筑挡土墙（图1-1-2）、基础、堤坝以及护坡等，还可制成片石混凝土。

图1-1-1　片石

图1-1-2　浆砌片石挡土墙

2. 块石

块石是由成层岩打眼放炮开采获得的，如图1-1-3所示。块石形状应大致方正，上下面应大致平整，厚度应为200～300mm，宽度应为厚度的1.0～1.5倍，长度应为厚度的1.5～3.0倍。块石如有锋棱锐角，则应敲除。块石用作镶面时，应从外露面四周向内稍加修凿，后部可不作修凿，但应略小于修凿部分。

块石主要用于砌筑桥涵、挡墙、护坡（图1-1-4）等结构物工程。

图1-1-3　块石

图1-1-4　浆砌块石护坡

3. 粗料石

粗料石是采石场开采出的石块，再经手工或机械凿琢而成的比较规则的石材。粗料石的外形应方正，呈六面体，厚度应为200～300mm，宽度应为厚度的1.0～1.5倍，长度应为厚度的2.5～4.0倍，表面凹陷深度不大于20mm。加工镶面粗料石时，丁石长度应比相邻顺石宽度大150mm，修凿面每100mm长应有錾路4～5条，侧面修凿面应与外露面垂直，正面凹陷深度不应超过15.0mm；外露面带细凿边缘时，细凿边缘的宽度应为30～50mm。

粗料石常用于砌筑拱圈（图1-1-5）、墩台与镶面，其中硬度大、耐磨、强度高的料石，可用于铺筑高级路面（图1-1-6）或过水路面。

图1-1-5 石拱桥

图1-1-6 石砌路面

三、岩石的物理性质

1. 物理常数

常用的岩石物理常数有密度和孔隙率等,它与岩石的技术性质有着密切的联系,是反映材料矿物组成、结构状态和特征的重要参数。

岩石通常由各种矿物形成不同排列方式的各种结构,其内部结构主要由矿质实体和孔隙(包括与外界连通的开口孔隙和不与外界连通的闭口孔隙)组成,如图1-1-7a)所示。各部分质量与体积的关系图,如图1-1-7b)所示。

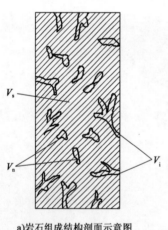
a)岩石组成结构剖面示意图

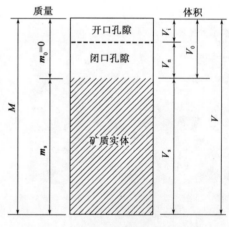
b)岩石的质量与体积关系图

图1-1-7 岩石组成结构示意图

（1）密度

岩石的密度是指在规定条件下,烘干岩石矿质实体单位体积(不包括开口与闭口孔隙体积)的质量,也称真实密度,用 ρ_t 表示。

$$\rho_t = \frac{m_s}{V_s} \tag{1-1-1}$$

式中:ρ_t——岩石的密度(g/cm^3);

m_s——岩石矿质实体的质量(g);

V_s——岩石矿质实体的体积(cm^3)。

岩石密度的测定方法,按《公路工程岩石试验规程》(JTJ E41—2005),是将岩石样品粉碎磨细后,在105~110℃条件下烘干至恒重,称得其质量。然后装入密度瓶中加水经煮沸或真空抽气后,使水充分进入闭口孔隙中,通过"置换法"测定其矿质实体体积。

(2)毛体积密度

毛体积密度是指在规定条件下,烘干岩石包括孔隙在内的单位体积固体材料的质量。用 ρ_b 表示。

$$\rho_b = \frac{m_s}{V_s + V_n + V_i} \tag{1-1-2}$$

式中:ρ_b——岩石的毛体积密度(g/cm^3);

m_s、V_s——意义同式(1-1-1);

V_n、V_i——岩石闭口孔隙和开口孔隙的体积(cm^3)。

根据岩石含水状态,毛体积密度可分为干密度、饱和密度和天然密度。按我国《公路工程岩石试验规程》(JTJ E41—2005)规定,岩石毛体积密度的试验可分为水中称重法、蜡封法和量积法。

(3)孔隙率

岩石的孔隙率是指岩石孔隙体积占岩石总体积的百分率,可表示为式(1-1-3):

$$n = \frac{V_0}{V} \times 100\% \tag{1-1-3}$$

式中:n——岩石的孔隙率(%);

V_0——岩石的孔隙(包括开口孔隙和闭口孔隙)的体积(cm^3);

V——岩石的总体积(cm^3)。

岩石的孔隙率一般不能实测,经过转换,可采用岩石的密度和毛体积密度计算其孔隙率,见式(1-1-4):

$$n = \left(1 - \frac{\rho_b}{\rho_t}\right) \times 100\% \tag{1-1-4}$$

式中:n——岩石的孔隙率(%);

ρ_b——岩石的毛体积密度(g/cm^3);

ρ_t——岩石的密度(g/cm^3)。

岩石的物理常数(密度、毛体积密度和孔隙率)不仅反映岩石的内部组成结构状态,而且能间接地反映岩石的力学性质(例如,相同矿物组成的岩石,孔隙率愈低,其强度愈高)。尤其是岩石的孔结构,会影响其所轧制成的集料在水泥(或沥青)混凝土中对水泥浆(或沥青)的吸收、吸附等化学交互作用的程度。

2.吸水性

吸水性是指岩石在规定条件下吸水的能力,可采用吸水率和饱和吸水率两项指标来表示。岩石的吸水率和饱和吸水率能有效地反映岩石微裂缝的发育程度,可用来判断岩石的抗冻和抗风化等能力。

吸水率是指岩石在常温（20℃±2℃）、常压条件下，最大的吸水质量占烘干试样质量的百分率；饱和吸水率是指岩石在常温和强制饱和（真空抽气或煮沸）条件下，最大的吸水质量占烘干试样质量的百分率。岩石的吸水率和饱和吸水率分别采用式（1-1-5）和式（1-1-6）计算：

$$w_a = \frac{m_1 - m}{m} \times 100\% \tag{1-1-5}$$

$$w_{sa} = \frac{m_2 - m}{m} \times 100\% \tag{1-1-6}$$

式中：w_a——岩石吸水率（%）；

w_{sa}——岩石饱和吸水率（%）；

m——烘干至恒量时的试样质量（g）；

m_1——吸水至恒量时的试样质量（g）；

m_2——试样经强制饱和后的质量（g）。

岩石吸水率的大小与其孔隙率的大小及孔隙构造特征有关。岩石内部独立且封闭的孔隙实际上是不能吸水的，只有那些开口且以毛细管连通的孔隙才吸水。孔隙构造相同的岩石，孔隙越大，吸水率越大。

3. 耐久性

岩石的耐久性是指岩石抵抗大气等自然因素破坏作用的性能，主要表现为岩石的抗冻性，测定方法有抗冻性试验和坚固性试验。

（1）抗冻性试验

当岩石处于潮湿环境中，岩石孔隙中的水会在冬季低温时结冰，体积膨胀约9%。如果孔隙处于吸水饱和状态下，水结冰会给孔隙壁以很大的内压力，严重时将导致岩石的边角崩裂。岩石抗冻性是指用来评估岩石在吸水饱和状态下经受规定次数的冻融循环后抵抗破坏的能力。

试验时，首先将规则的岩石试件吸水达到饱和后，在-15℃的冰箱中冻结4h，放入20℃±5℃水中融解4h，如此反复冻融至规定次数为止。每隔一定的冻融循环次数（如10次、15次、25次等）详细检查试件有无剥落、裂缝、分层及掉角等现象，并记录检查情况。将冻融试验后的试件再烘干至恒量，称其质量，然后测定岩石的抗压强度，并按式（1-1-7）和式（1-1-8）分别计算岩石冻融后的质量损失率和冻融系数。

$$L = \frac{m_1 - m_2}{m_1} \times 100\% \tag{1-1-7}$$

式中：L——冻融后的质量损失率（%）；

m_1——试验前烘干试件的质量（g）；

m_2——试验后烘干试件的质量（g）。

$$K_f = \frac{R_f}{R_s} \tag{1-1-8}$$

式中：K_f——冻融系数；

R_s——未经冻融试验的试件饱水抗压强度（MPa）；

R_f——经若干次冻融试验后的试件饱水抗压强度（MPa）。

对于不同的工程环境,岩石抗冻性会有不同的要求。冻融次数规定:在严寒地区(最冷月的月平均气温低于 -15℃)为 25 次;在寒冷地区(最冷月的月平均气温低于 -15 ~ -5℃)为 15 次。一般认为质量损失率小于 2%、抗冻系数大于 75% 时,为抗冻性好的岩石。

(2)坚固性试验

坚固性试验是确定岩石试样经饱和硫酸钠溶液多次浸泡与烘干循环后,不发生显著破坏或强度降低的性能,是测定岩石抗冻性的一种简易方法。由于硫酸钠结晶后体积膨胀,使岩石孔隙壁受到压力,产生与水结冰相似的作用。

试验时,将烘干岩石试件置入饱和硫酸钠溶液中浸泡 20h 后,将试件取出置于 105 ~ 110℃ 的烘箱中烘烤 4h,如此反复浸烘 5 次,以质量损失率表征岩石的坚固性。

四、岩石的抗压强度

按我国《公路工程岩石试验规程》(JTJ E41—2005)规定,采用饱水状态下的岩石立方体(或圆柱体)试件的抗压强度来评定岩石的强度(包括碎石或卵石的原始岩石强度)。路面工程用石料采用圆柱体或立方体试件,其直径或边长和高均为 50mm ± 2mm;桥梁工程用石料采用立方体试件,边长为 70mm ± 2mm;建筑地基用石料采用圆柱体试件,直径为 50mm ± 2mm,高径比为 2:1。按标准方法对试件进行饱水处理后施加单轴压力,直至破坏。岩石的单轴抗压强度按式(1-1-9)计算:

$$R = \frac{P}{A} \tag{1-1-9}$$

式中:R——岩石的抗压强度(MPa);

P——极限破坏时的荷载(N);

A——试件的截面积(mm^2)。

岩石的单轴抗压强度是反映岩石力学性质的主要指标之一,它主要取决于岩石本身的矿物组成、结构构造、裂隙的分布和含水状态等,另外也受试验条件的影响,如试件形状、大小、高径比及加工精度、加荷速度等。

第二节 集 料

集料是指在混合料中起骨架和填充作用的粒料,包括岩石经自然风化而成的砾石(卵石)、砂以及人工轧制成的碎石、机制砂、石屑等,主要在水泥混凝土、沥青混合料、砂浆和无机结合料稳定材料中使用。工程中一般将集料分为粗集料和细集料两类。

一、粗集料的技术性质

在沥青混合料中,粗集料是指粒径大于 2.36mm 的碎石、破碎砾石、筛选砾石和矿渣等;在水泥混凝土中,粗集料是指粒径大于 4.75mm 的碎石、砾石和破碎砾石。

粗集料的技术性质,主要是指物理性质和力学性质。其物理性质,包括物理常数(表观密度、毛体积密度、堆积密度和空隙率)、级配和坚固性等;路用粗集料的力学性质,包括抗压碎的能力、抗磨损的能力、表面抗磨光的能力等。

(一)物理性质

1. 物理常数

集料的体积组成除了包括颗粒内部矿质实体及孔隙(开口孔隙和闭口孔隙)外,还包括颗粒之间的空隙。集料体积与质量的关系见图1-1-8。

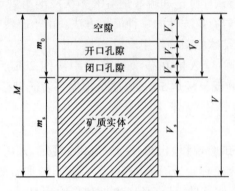

图1-1-8 集料体积与质量关系图

(1)表观密度

表观密度是指单位体积(含材料的实体矿物成分及闭口孔隙体积)物质颗粒的干质量,可由下式求得:

$$\rho_a = \frac{m_s}{V_s + V_n} \tag{1-1-10}$$

式中:ρ_a——集料的表观密度(g/cm^3);
m_s——集料颗粒矿质实体质量(g);
V_s——矿质实体体积(cm^3);
V_n——闭口孔隙体积(cm^3)。

(2)毛体积密度

毛体积密度是指单位体积(含材料的实体矿物成分及其闭口孔隙、开口孔隙等颗粒表面轮廓线所包围的毛体积)物质颗粒的干质量,可由下式求得:

$$\rho_b = \frac{m_s}{V_s + V_n + V_i} \tag{1-1-11}$$

式中: ρ_b——集料的毛体积密度(g/cm^3);
m_s——集料颗粒矿质实体质量(g);
V_s、V_n、V_i——分别为集料矿质实体、闭口孔隙和开口孔隙体积(cm^3)。

(3)表干密度

集料的表干密度又称饱和面干毛体积密度,它的计算体积与毛体积密度相同,但计算质量以表干质量(饱和面干状态,包括了吸入开口孔隙中的水)为准,可由下式求得:

$$\rho_s = \frac{m_f}{V_s + V_n + V_i} \tag{1-1-12}$$

式中: ρ_s——集料的表干密度(g/cm^3);

m_f——集料颗粒的表干质量(矿质实体质量与吸入开口孔隙中水的质量之和)(g);

V_s、V_n、V_i——分别为集料矿质实体、闭口孔隙和开口孔隙体积(cm^3)。

(4)堆积密度

堆积密度是指单位体积(含物质颗粒固体及其闭口、开口孔隙体积及颗粒间空隙体积)物质颗粒的质量,可由下式求得:

$$\rho = \frac{m_s}{V_s + V_n + V_i + V_v} \quad (1-1-13)$$

式中: ρ——集料的堆积密度(g/cm^3);

m_s——集料颗粒矿质实体质量(g);

V_s、V_n、V_i、V_v——分别为集料矿质实体、闭口孔隙、开口孔隙及颗粒间空隙体积(cm^3)。

根据装样的方式不同,集料的堆积密度又可分为自然堆积密度、振实密度和捣实密度三种。

(5)空隙率

空隙率是指集料颗粒之间的空隙体积占总体积的百分率。

①水泥混凝土用粗集料振实状态下的空隙率按式(1-1-14)计算,即:

$$V_c = \left(1 - \frac{\rho}{\rho_a}\right) \times 100\% \quad (1-1-14)$$

式中:V_c——水泥混凝土用粗集料的空隙率(%);

ρ_a——粗集料的表观密度(t/m^3);

ρ——按振实法测定的粗集料的堆积密度(t/m^3)。

②沥青混合料用粗集料骨架捣实状态下的间隙率按式(1-1-15)计算,即:

$$VCA_{DRC} = \left(1 - \frac{\rho}{\rho_b}\right) \times 100\% \quad (1-1-15)$$

式中:VCA_{DRC}——捣实状态下粗集料骨架间隙率(%);

ρ_b——用网篮法测定的粗集料的毛体积密度(t/m^3);

ρ——按捣实法测定的粗集料的自然堆积密度(t/m^3)。

2.级配

级配是指集料中各种粒径颗粒的分级与搭配情况。如果集料中的大小颗粒搭配恰当,就会使空隙不断地被填充,空隙率达到最小,可得到密实的骨架;同时可控制集料使其总表面积小,还可节约结合料(水泥或沥青)用量。级配对水泥混凝土及沥青混合料的强度、耐久性及施工和易性有着显著的影响。

级配采用筛分试验确定,对水泥混凝土用粗集料采用干筛法,对沥青混合料及基层用粗集料采用水洗法。其方法是取一定数量的集料试样,在一套标准筛上(标准筛为方孔筛,筛孔尺寸依次为 75mm、63mm、53mm、37.5mm、31.5mm、26.5mm、19mm、16mm、13.2mm、9.5mm、4.75mm、2.36mm、1.18mm、0.6mm、0.3mm、0.15mm、0.075mm)按照筛孔大小排序逐个将集料过筛,分别称量试样在各筛上的筛余质量。根据集料试样的质量与存留在各筛孔上的集料质量,计算分计筛余百分率、累计筛余百分率和通过百分率等级配参数。计算方法与细集料筛分试验基本相同,详见"细集料的技术性质"的内容。

3. 坚固性

集料的坚固性是指集料在气候、环境变化或其他物理因素作用下抵抗碎裂的能力。可采用规定级配的各粒级集料,按《公路工程集料试验规程》(JTG E42—2005),选取规定数量,分别装在金属网篮中浸入饱和硫酸钠溶液中进行干湿循环试验。经过5次循环后,观察其表面破坏情况,并用质量损失百分率来表示其坚固性。

(二)粗集料的力学性质

1. 压碎值

压碎值是指集料在逐渐增加的荷载下抵抗压碎的能力,以压碎试验后粒径小于2.36mm的细料质量百分率表示。它是反映集料强度的相对指标,在集料岩石的抗压强度不便测定时,常用此方法来评价集料的力学性能。

按《公路工程集料试验规程》(JTG E42—2005)的规定,取粒径为9.5~13.2mm的集料试样约3kg装入压碎值测定仪,在10min左右时间内均匀地加荷至400kN,稳压5s后卸载,称取通过2.36mm筛孔的全部细料的质量。则压碎值按式(1-1-16)计算:

$$Q'_a = \frac{m_1}{m_0} \times 100\% \qquad (1\text{-}1\text{-}16)$$

式中:Q'_a——集料的压碎值(%);

m_0——试验前试样质量(g);

m_1——试验后通过2.36mm筛孔的细料质量(g)。

2. 磨耗率

磨耗性是指粗集料抵抗摩擦、撞击的能力,以磨耗率表示,是集料使用性能的重要指标。尤其是沥青混合料,粗集料的磨耗率与沥青路面的抗车辙能力、耐磨性、耐久性密切相关。

《公路工程集料试验规程》(JTG E42—2005)中规定粗集料的磨耗率可采用洛杉矶法进行测定,该法也称为搁板式试验法。试验时,将规定质量且有一定级配的试样和钢球置于洛杉矶磨耗试验机中,以每分钟30~33转的速度转至要求次数后停止,取出试样,用1.7mm的方孔筛筛去试样中的细屑,用水洗净留在筛上的试样,烘干至恒重并称其质量。磨耗率按式(1-1-17)计算:

$$Q = \frac{m_1 - m_2}{m_1} \times 100\% \qquad (1\text{-}1\text{-}17)$$

式中:Q——洛杉矶磨耗率(%);

m_1——装入圆筒中的试样质量(g);

m_2——试验后在1.7mm筛上洗净烘干的试样质量(g)。

3. 磨光值

磨光值是反映集料抵抗轮胎磨光作用能力的指标,它是决定某种集料能否用于沥青路面抗滑磨耗层的关键性指标。用高磨光值的集料铺筑道路路面表层,可以提高路表的抗滑能力,保障车辆安全行驶。

磨光值试验采用路用加速磨光机进行,基本方法是将粒径为9.5~13.2mm的干净烘干集料颗粒单层紧密地排列在试模中,并用环氧树脂砂浆固定,制成试件,经养护后拆模。将集料试件与标准集料试件依顺序安装在道路轮上,先用30号金刚砂粗砂对试件磨蚀3h,再用280

号金刚砂细砂磨蚀3h后停机。取出试件后,用摆式摩擦系数测定仪测得试件的磨光值读数(摩擦系数×100),集料的磨光值按式(1-1-18)计算:

$$PSV = PSV_{ra} + 49 - PSV_{bra} \tag{1-1-18}$$

式中:PSV——集料的磨光值,BPN;
　　PSV_{ra}——试验集料试件磨光值读数平均值;
　　PSV_{bra}——标准试件磨光值读数平均值。

二、细集料的技术性质

在沥青混合料中,细集料是指粒径小于2.36mm的天然砂、人工砂(包括机制砂)及石屑。在水泥混凝土中,细集料是指粒径小于4.75mm的天然砂、人工砂。

天然砂是由自然风化、水流冲刷、堆积而形成的粒径小于4.75mm的岩石颗粒,按生成环境分河砂、海砂、山砂等。

人工砂是指石料加工过程中采取真空抽吸等方法除去大部分土和细粉,或将石屑水洗得到的洁净的细集料。从广义上讲,机制砂、矿渣砂和煅烧砂都属于人工砂。其中机制砂是指由碎石及砾石经制砂机反复破碎加工至粒径小于2.36mm的人工砂。

石屑是指采石场加工碎石时通过最小筛孔(通常为2.36mm或4.75mm)的筛下部分,也称筛屑。

细集料的技术性质主要包括物理性质、颗粒级配和粗度等。

(一)物理常数

细集料的物理常数,主要有表观密度、堆积密度和空隙率等,其含义与粗集料完全相同,具体数值可通过试验测定。细集料的物理常数计算方法与粗集料相同,详见"粗集料技术性质"。

(二)级配

细集料的级配和粗细程度通过筛分试验确定。对水泥混凝土用细集料可采用干筛法,如果需要也可采用水洗法筛分;对沥青混合料及基层用细集料必须用水洗法筛分。

干筛法是将预先通过9.5mm筛的烘干试样,称取约500g(m)置于一套孔径分别为4.75mm、2.36mm、1.18mm、0.6mm、0.3mm、0.15mm、0.075mm的标准筛上,摇筛后分别称量各筛筛余试样的质量,然后计算其级配参数。

水洗法是将预先通过9.5mm筛(水泥混凝土用天然砂)或4.75mm筛(沥青路面及基层用天然砂、石屑、机制砂等)的烘干试样,称取约500g(m)置于洁净容器中用洁净水冲洗,洗去粒径小于0.075mm的颗粒后再将试样烘干称其质量(m_1),最后置于一套孔径分别为4.75mm、2.36mm、1.18mm、0.6mm、0.3mm、0.15mm的标准筛上,摇筛后分别称量各筛筛余试样的质量。

1. 级配参数

(1)分计筛余百分率

某号筛上的筛余质量占试样总质量的百分率,准确至0.1%,按式(1-1-19)计算:

$$a_i = \frac{m_i}{m} \times 100\%　\tag{1-1-19}$$

式中：a_i——某号筛的分计筛余百分率(%)；
　　　m_i——试样某号筛上的筛余质量(g)；
　　　m——试样的总质量(g)。

(2)累计筛余百分率

某号筛的分计筛余百分率和大于该号筛的各号筛的分计筛余百分率之和,准确至0.1%,按式(1-1-20)计算：

$$A_i = a_1 + a_2 + \cdots + a_i \tag{1-1-20}$$

式中：　　A_i——累计筛余百分率(%)；
　　a_1、a_2、…、a_i——各号筛的分计筛余百分率(%)。

(3)通过百分率

各号筛的质量通过百分率等于100减去该号筛的累计筛余百分率,准确至0.1%,按式(1-1-21)计算：

$$P_i = 100 - A_i \tag{1-1-21}$$

式中：P_i——某号筛的通过百分率(%)；
　　　A_i——某号筛的累计筛余百分率(%)。

2. 级配曲线绘制

集料的级配情况除了可以用级配参数来反映,还可以采用级配曲线表示。在级配曲线图中,通常以筛孔尺寸为横坐标(取对数坐标),标准套筛中筛孔尺寸大致是以1/2递减,这样可使大部分筛孔尺寸在横坐标上以等距排列;而以通过百分率(或累计筛余百分率)为纵坐标(取普通坐标)。将筛分试验计算的结果点绘于坐标图上,并将各点以折线连接即成级配曲线,如例1-1-1中图1-1-10所示。

对用于沥青混合料、基层材料配合比设计用的集料,级配曲线可利用计算机的电子表格功能绘制,其横坐标为筛孔尺寸的0.45次方(表1-1-3),纵坐标为普通坐标,如图1-1-9所示。

级配曲线的横坐标(按 $x = d_i^{0.45}$ 计算)　　　　　表1-1-3

筛孔 d_i(mm)	0.075	0.15	0.3	0.6	1.18	2.36	4.75
横坐标 x	0.312	0.426	0.582	0.795	1.077	1.472	2.016
筛孔 d_i(mm)	9.5	13.2	16	19	26.5	31.5	37.5
横坐标 x	2.745	3.193	3.482	3.762	4.370	4.723	5.109

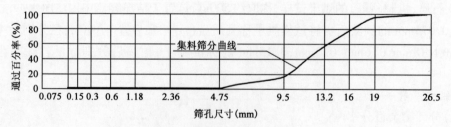

图1-1-9　集料筛分(级配)曲线

(三)粗度

粗度是评价天然砂粗细程度的一种指标,通常可用细度模数表示,可按式(1-1-22)计算,准确至0.01。

$$M_x = \frac{(A_{0.15} + A_{0.3} + A_{0.6} + A_{0.18} + A_{2.36}) - 5A_{4.75}}{100 - A_{4.75}} \tag{1-1-22}$$

式中: M_x——砂的细度模数;

$A_{0.15}$、$A_{0.3}$、…、$A_{4.75}$——分别为0.15mm、0.3mm、…、4.75mm各筛上的累计筛余百分率(%)。

细度模数越大,表示天然砂越粗。砂按细度模数分为粗、中、细三种规格,其相应的细度模数为:

$M_x = 3.7 \sim 3.1$ 为粗砂

$M_x = 3.0 \sim 2.3$ 为中砂

$M_x = 3.2 \sim 1.6$ 为细砂

细度模数虽能表示砂的粗细程度,但不能完全反映出砂的颗粒级配情况,因为相同细度模数的砂可有不同的颗粒级配。因此,要全面表征砂的颗粒性质,必须同时使用细度模数和级配两个指标。

【例1-1-1】 某水泥混凝土用天然河砂,取试样500g进行筛分试验,各号筛上的筛余质量如表1-1-4所示,试计算其级配参数和细度模数,并绘制级配曲线及规范要求的级配曲线范围,以判定该砂的工程适应性。

解: 分别计算该砂的分计筛余百分率、累计筛余百分率和通过百分率,将结果列入表1-1-4中。

细集料筛分试验的计算示例　　　　　　　　　　　　　表1-1-4

筛孔尺寸(mm)	9.5	4.75	2.36	1.18	0.6	0.3	0.15	底盘
筛余质量(g)	0	16	61	95	112	124	80	12
规范要求的通过率范围(%)	100	100~90	100~75	90~50	59~30	30~8	10~0	—
分计筛余百分率(%)	0	3.2	12.2	19.0	22.4	24.8	16.0	2.4
累计筛余百分率(%)	0	3.2	15.4	34.4	56.8	81.6	97.6	100
通过百分率(%)	100	96.8	84.6	65.6	43.2	18.4	2.4	0

根据计算结果绘制砂样级配曲线及级配范围,如图1-1-10所示,该砂样级配合格。

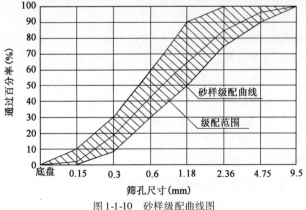

图1-1-10 砂样级配曲线图

$$M_x = \frac{(A_{0.15} + A_{0.3} + A_{0.6} + A_{1.18} + AV_{2.36}) - 5A_{4.75}}{100 - A_{4.75}}$$

$$= \frac{(97.6 + 81.6 + 56.8 + 34.4 + 15.4) - 5 \times 3.2}{100 - 3.2} = 2.79$$

由于细度模数在 2.3~3.0 之间,所以此砂为中砂。

◀ 本章小结 ▶

砂石材料是公路工程建设中用量最大的材料之一,它包括各种石料制品和集料。石料制品主要用于砌筑基础、挡土墙、护坡等构造物。集料则主要用于配制水泥混凝土、沥青混合料、砂浆、无机结合料稳定材料等。此外,工业冶金矿渣也可作为集料用于道路修筑中。

岩石的主要力学指标是其在饱水状态下的单轴抗压强度;岩石的物理性质,主要包括物理常数(密度、毛体积密度和孔隙率)和吸水性;在严寒(或寒冷)地区,岩石还应具有良好的抗冻性。

集料是指在混合料中起骨架和填充作用的粒料。级配是集料最重要的物理性质,良好的级配可使集料得到密实的结构,级配对水泥混凝土及沥青混合料的强度、耐久性及施工和易性均有着显著的影响。集料的物理常数,主要有表观密度、毛体积密度、堆积密度和空隙率等。粗集料的力学指标,主要包括压碎值和洛杉矶磨耗率,用于表面层的粗集料为保证路面的抗滑性,还需考虑其磨光值。

◇ 思考与练习 ◇

一、填空题

1. 石料饱和吸水率与吸水率的主要区别是试验条件不同,前者是石料在_____状态下测得的,后者是石料在_____状态下测得。
2. 集料包括岩石天然风化而成的_____和_____等,以及岩石经人工轧制的各种尺寸的_____。
3. 集料各种粒径颗粒的分级与搭配情况称为_____。
4. 在水泥混凝土中,粒径在_____ mm 以上的为粗集料;而在沥青混合料中,粒径在_____ mm 以上的则为粗集料。
5. 粗集料的力学指标主要是_____和磨耗率。
6. 评价砂的粗细程度的指标是_____。

二、判断题

1. 集料良好的级配要求其形成的密实度最大且总表面积较小。( )
2. 为保证路面的抗滑性,粗集料的磨光值不宜太大。( )
3. 为保证沥青与石料之间形成良好的黏附性,应尽可能选择碱性石料。( )
4. 压碎值越大的粗集料,其强度越高。( )
5. 砂子的细度模数越大,砂颗粒就越细。( )
6. 石料在进行强度试验时,其饱水状态下的强度总是小于干燥状态下的强度。( )

7. 石料吸水率是指在规定试验条件下,石料试件吸水饱和时的最大吸水质量占其总质量的百分率。（   ）
8. 相同细度模数的砂,其颗粒级配必然相同。（   ）
9. 磨耗率小的集料其抗磨耗能力差。（   ）

三、计算题

某工地购进一批配制水泥混凝土用的河砂,现取样进行筛分试验,筛分结果及砂的级配要求列于表1-1-5,试计算:(1)砂的级配参数;(2)根据细度模数评价其粗度;(3)绘制该砂的级配曲线及规范要求的级配曲线范围,判定其工程适应性。

水泥混凝土用砂的筛分结果　　　　表1-1-5

筛孔尺寸(mm)	9.5	4.75	2.36	1.18	0.6	0.3	0.15	底盘
筛余质量(g)	0	25	35	90	140	115	70	25
规范要求的通过率范围(%)	100	90~100	75~100	50~90	30~59	8~30	0~10	—

第二章 石灰和水泥

【职业能力目标】

1. 能根据工程情况合理选用石灰,并依据标准及规范要求评定石灰质量;
2. 能根据工程特点、气候与环境条件,正确选用水泥;
3. 能按试验规程中的方法测定水泥的常用技术指标,并依据国标要求评价水泥质量。

【知识目标】

1. 了解石灰的生产工艺、消化和硬化过程;
2. 掌握石灰的技术性质及其应用,熟悉其技术标准要求;
3. 了解水泥的生产工艺、熟料的矿物组成及凝结硬化过程;
4. 熟悉水泥的腐蚀类型和防止措施;
5. 掌握水泥的技术性质及技术标准要求;
6. 掌握常用水泥的特性及其适用范围。

土木工程中,凡是经过一系列物理、化学作用,能将散粒材料或块状材料黏结成整体的材料称为胶凝材料。按其化学成分的不同,胶凝材料分为有机和无机两大类。有机胶凝材料种类较多,在土木工程中常用的有沥青、天然或人工树脂等;无机胶凝材料按照硬化条件分为气硬性胶凝材料和水硬性胶凝材料。气硬性胶凝材料是只能在空气中凝结、硬化并保持和增长强度的胶凝材料,如石灰、石膏、菱苦土和水玻璃等。水硬性胶凝材料是不仅能在空气中凝结和硬化,而且能在水中继续保持和增长强度的胶凝材料,如各种水泥等。

第一节 石 灰

一、石灰的生产工艺

生产石灰的主要原料是以碳酸钙为主要成分的天然岩石,如石灰石、白云石等,经过900~

1 300℃的高温煅烧,碳酸钙分解释放出二氧化碳(CO_2),得到以氧化钙(CaO)为主要成分的生石灰。其化学反应式如下:

$$CaCO_3 \xrightarrow{900 \sim 1\,300℃} CaO + CO_2 \uparrow \quad (1\text{-}2\text{-}1)$$

煅烧情况良好,杂质含量少的生石灰,颜色洁白或带灰色,呈多孔结构、质量较轻(堆积密度为 $800 \sim 1\,000 kg/m^3$),这种石灰称为正火石灰。

石灰在烧制时,由于原料尺寸过大或窑中温度不匀等原因,会使得石灰中含有未烧透的内核,这种石灰称为"欠火石灰"。欠火石灰加水消解后,未消化残渣含量较高,在使用时缺乏黏结力。

因煅烧温度过高或时间过长,使石灰表面出现裂缝或玻璃状的外壳,块体密度大,与水反应慢,这种石灰称为"过火石灰"。过火石灰用于建筑结构物中,仍能继续发生水化作用,以致引起体积膨胀,导致产生裂缝等破坏现象。

二、石灰产品分类

1. 根据石灰加工方法的不同分类

(1)块状生石灰:由原料煅烧而得的产品,主要成分为 CaO。

(2)生石灰粉:由块状生石灰磨细制得,主要成分为 CaO。

(3)消石灰:将生石灰用适量的水消化、干燥制得的粉末,亦称熟石灰,主要成分为 $Ca(OH)_2$。

(4)石灰浆:将生石灰加多量的水(为石灰体积的 3~4 倍)消化而得的可塑性浆体,主要成分为 $Ca(OH)_2$ 和水。如果水分加得更多,则呈白色悬浊液,称为石灰乳。

2. 按氧化镁(MgO)含量分类

由于石灰原料中常含有少量碳酸镁成分,煅烧后石灰中会含有氧化镁(MgO)成分。在建材行业标准中,根据石灰中氧化镁含量将石灰分为钙质石灰和镁质石灰两类(表 1-2-1)。

钙质石灰和镁质石灰中氧化镁含量分类界限　　表 1-2-1

石灰种类	生 石 灰	生 石 灰 粉	消 石 灰 粉
钙质石灰	≤5%	≤5%	≤4%
镁质石灰	>5%	>5%	>4%

三、石灰的消化和硬化

1. 石灰的消化

生石灰使用前一般都需加水消解,这一过程称为"消化"或"熟化"。其反应式如下:

$$CaO + H_2O = Ca(OH)_2 + 64.9(kJ/mol) \quad (1\text{-}2\text{-}2)$$

生石灰的消化过程有两个特点:第一是水化速度快,放热量大;第二是消化时体积急剧膨胀,块状生石灰消化成松散的消石灰粉,其体积可增大 1~2.5 倍。

生石灰消化的目的,一方面使生石灰块改变为既便于施工操作,又具有黏结和硬化性能的状态;另一方面也便于剔除其中不能消化的杂质成分。

在施工现场,常将石灰置于化灰池内加多量水消化成石灰浆,通过筛网流入储灰池,石灰浆在储灰池中沉淀并除去上层水分后成为石灰膏。为了消除"过火石灰"的危害，石灰浆应在储灰池中"陈伏"两周以上。"陈伏"期间，石灰浆表面应保有一层水分，与空气隔绝，以免碳化。

2. 石灰的硬化

石灰浆体的硬化过程包括两个同时进行的部分——结晶作用和碳化作用。

（1）结晶作用

由于游离水分逐渐蒸发，石灰浆体中的氢氧化钙从饱和溶液中结晶析出，产生"结晶强度"，并具有胶结性。

（2）碳化作用

氢氧化钙与空气中的二氧化碳在有水分存在的条件下发生反应，生成不溶于水的碳酸钙晶体，释放出水分并被蒸发。其反应式如下：

$$Ca(OH)_2 + CO_2 + nH_2O \longrightarrow CaCO_3 + (n+1)H_2O \tag{1-2-3}$$

由于空气中的 CO_2 含量较少，碳化作用主要发生在石灰浆体与空气接触的表面。表面生成的碳酸钙层会阻碍 CO_2 的进一步渗入，同时也妨碍内部水分的蒸发，所以石灰的硬化是一个缓慢的过程。

石灰在硬化过程中，要蒸发掉大量的水分，引起体积显著收缩，易出现干缩裂缝。所以，石灰不宜单独使用，一般要掺入砂、纸筋、麻刀等材料，以减少收缩。

工程案例

某单位宿舍楼的内墙使用石灰砂浆抹面，数月后，墙面上出现许多不规则的网状裂缝，并在个别位置发现部分凸出的放射状裂纹。

分析原因：

石灰砂浆抹面的墙面出现不规则的网状裂纹，最主要的原因是石灰在硬化过程中，蒸发了大量的游离水而引起体积收缩。

墙面上个别位置发现部分凸出的放射状裂纹，是由于配制石灰砂浆时所用的石灰中混入了过火石灰，这部分过火石灰在消化、陈伏阶段中未完全反应，在砂浆硬化后，过火石灰吸收空气中的水蒸气继续反应，造成局部体积膨胀，从而出现上述现象。

四、石灰的技术要求和技术标准

1. 石灰的技术要求

用于道路或桥梁工程的石灰，应符合下列技术要求：

（1）有效氧化钙和氧化镁含量

石灰中产生黏结性的有效成分是活性氧化钙和氧化镁，它们的含量是评价石灰质量的主要指标，其含量越多，活性越高，质量也越好。有效氧化钙和氧化镁含量的测定方法，按我国行业标准《公路工程无机结合料稳定材料试验规程》（JTG E51—2009），有效氧化钙含量用中和滴定法测定，氧化镁含量用络合滴定法测定。

（2）未消化残渣含量

未消化残渣含量是将生石灰按标准方法消化后，过筛后存留在 2.36mm 方孔筛上的残渣质量占试样质量的百分率。未消化残渣含量综合反映生石灰中过火石灰、欠火石灰及其他杂质的数量,其含量越多,石灰的质量越差,须加以限制。

(3)游离水含量

游离水含量是指消石灰粉中化学结合水以外的含水量。生石灰在消化过程中加入的水是理论需水量的2~3倍,除部分水被石灰消化过程中放出的热蒸发掉外,多余的水分残留于氢氧化钙中。残余水分蒸发后,留下孔隙会加剧消石灰粉的碳化作用,以致影响石灰的质量,因此对消石灰粉的游离水含量需加以限制。

(4)细度

细度与石灰的质量有密切联系,过量的筛余物影响石灰的黏结性。《公路路面基层施工技术细则》(JTG/T F20—2015)以0.6mm和0.15mm方孔筛的筛余百分率控制。

2.石灰的技术标准

根据《公路路面基层施工技术细则》(JTG/T F20—2015)的规定,按技术指标将生石灰和消石灰划分为Ⅰ、Ⅱ、Ⅲ三个等级,具体要求见表1-2-2。

石灰的技术要求(JTG/T F20—2015)　　表1-2-2

项目类别		钙质生石灰			镁质生石灰			钙质消石灰			镁质消石灰		
		等 级											
		Ⅰ	Ⅱ	Ⅲ	Ⅰ	Ⅱ	Ⅲ	Ⅰ	Ⅱ	Ⅲ	Ⅰ	Ⅱ	Ⅲ
有效钙加氧化镁含量(%)		≥85	≥80	≥70	≥80	≥75	≥65	≥65	≥60	≥55	≥60	≥55	≥50
未消化残渣含量(%)		≤7	≤11	≤17	≤10	≤14	≤20						
含水率(%)								≤4	≤4	≤4	≤4	≤4	≤4
细度	0.6mm 方孔筛的筛余(%)							0	≤1	≤1	0	≤1	≤1
	0.15mm 方孔筛的筛余(%)							≤13	≤20	—	≤13	≤20	—

五、石灰的应用

1.配制建筑砂浆

石灰可用来配制石灰砂浆、混合砂浆等,因其是气硬性胶凝材料,主要用于地面以上部分的砌筑工程,并可用于抹面等装饰工程。

2.加固软土地基

在软土地基中打入生石灰桩,可利用生石灰吸水产生膨胀对桩周土起挤密作用,利用生石灰和黏土矿物间产生的胶凝反应使周围的土固结,从而达到提高地基承载力的目的。

3.用于道路工程的基层

在道路工程中,随着半刚性基层在高等级路面中的应用,石灰碎石(砾石)土、石灰粉煤灰稳定土及石灰粉煤灰稳定碎石(砾石)等广泛用于路面基层。

4.配制灰土和三合土

将生石灰粉(或消石灰粉)与黏土拌和,称为石灰土(灰土),若再加入砂石或炉渣、碎砖等即成三合土。灰土和三合土主要用于建筑物的基础、路面或地面的垫层。

值得注意的是,生石灰在空气中存放时,会吸收空气中的水分并熟化成消石灰粉,再碳化成碳酸钙而失去胶结能力,因此生石灰不宜久存。如需较长时间储存生石灰,最好将其消解成石灰浆,并使表面隔绝空气,以防碳化。

第二节 水 泥

水泥属于水硬性胶凝材料,是公路工程中大量使用的主要材料之一,被广泛用于桥梁、涵洞、路面、隧道等混凝土工程和各种砌体工程。水泥品种很多,用于公路工程中的主要为通用硅酸盐水泥,包括硅酸盐水泥、普通硅酸盐水泥、矿渣硅酸盐水泥、火山灰质硅酸盐水泥、粉煤灰硅酸盐水泥和复合硅酸盐水泥。由于道路路面工程对水泥的特殊要求,近年来已出现道路硅酸盐水泥。此外,在某些特殊工程中,还使用膨胀水泥、快硬水泥、低热水泥等。

一、通用硅酸盐水泥的定义与分类

通用硅酸盐水泥是以硅酸盐水泥熟料、适量的石膏及规定的混合材料制成的水硬性胶凝材料。按混合材料的品种和掺量不同,常用的有以下6个品种:

1. 硅酸盐水泥

硅酸盐水泥是指在硅酸盐水泥熟料中掺入0~5%的石灰石或粒化高炉矿渣、适量石膏磨细制成的水硬性胶凝材料。其中不掺混合材料的称为Ⅰ型硅酸盐水泥,代号P·Ⅰ;掺加不超过水泥质量5%的石灰石或粒化高炉矿渣的称为Ⅱ型硅酸盐水泥,代号P·Ⅱ。

2. 普通硅酸盐水泥

普通硅酸盐水泥是指在硅酸盐水泥熟料中掺入>5%且≤20%的活性混合材料、适量石膏磨细制成的水硬性胶凝材料,简称普通水泥,代号P·O。其中活性混合材料允许用不超过水泥质量8%的非活性混合材料或不超过水泥质量5%的窑灰代替。

3. 矿渣硅酸盐水泥

矿渣硅酸盐水泥是指在硅酸盐水泥熟料中掺入粒化高炉矿渣、适量石膏磨细制成的水硬性胶凝材料,简称矿渣水泥。矿渣水泥分两种类型,一种掺加>20%且≤50%的粒化高炉矿渣,代号为P·S·A;另一种掺加>50%且≤70%的粒化高炉矿渣,代号为P·S·B。允许用不超过水泥质量8%的其他活性混合材料、非活性混合材料或窑灰中的任一种材料代替矿渣。

4. 火山灰质硅酸盐水泥

火山灰质硅酸盐水泥是指在硅酸盐水泥熟料中掺入>20%且≤40%的火山灰质混合材料、适量石膏磨细制成的水硬性胶凝材料,简称火山灰水泥,代号P·P。

5. 粉煤灰硅酸盐水泥

粉煤灰硅酸盐水泥是指在硅酸盐水泥熟料中掺入>20%且≤40%的粉煤灰、适量石膏磨细制成的水硬性胶凝材料,简称粉煤灰水泥,代号P·F。

6. 复合硅酸盐水泥

复合硅酸盐水泥是指在硅酸盐水泥熟料中掺入两种或两种以上的活性或非活性混合材料、适量石膏磨细制成的水硬性胶凝材料,其中混合材料掺加量>20%且≤50%,允许用不超过水泥质量8%的窑灰代替,简称复合水泥,代号P·C。掺矿渣时混合材料掺量不得与矿渣硅酸盐水泥重复。

以上各通用硅酸盐水泥的组分应符合表 1-2-3 的规定。

通用硅酸盐水泥品种、代号与组分 表 1-2-3

品　种	代　号	组　分（%）				
		熟料+石膏	粒化高炉矿渣	火山灰质混合材料	粉煤灰	石灰石
硅酸盐水泥	P·Ⅰ	100	—	—	—	—
	P·Ⅱ	≥95	≤5	—	—	—
		≥95	—	—	—	≤5
普通硅酸盐水泥	P·O	≥80 且 <95	>5 且 ≤20			
矿渣硅酸盐水泥	P·S·A	≥50 且 <80	>20 且 ≤50	—	—	—
	P·S·B	≥30 且 <50	>50 且 ≤70	—	—	—
火山灰质硅酸盐水泥	P·P	≥60 且 <80	—	>20 且 ≤40	—	—
粉煤灰硅酸盐水泥	P·F	≥60 且 <80	—	—	>20 且 ≤40	—
复合硅酸盐水泥	P·C	≥50 且 <80	>20 且 ≤50			

二、通用硅酸盐水泥的生产工艺简述

通用硅酸盐水泥原料主要有三部分：石灰质原料、黏土质原料和校正原料。石灰质原料指石灰石、白垩、凝灰岩等，主要提供水泥生产中所需的 CaO；黏土质原料指黄土、黏土、页岩、泥岩、粉砂岩及河泥等，主要提供 SiO_2、Al_2O_3 和少量 Fe_2O_3；为了补充黏土中铁质含量的不足，有时还要加入铁质校正原料，如铁矿石等，其主要成分为 Fe_2O_3。

通用硅酸盐水泥的生产分为以下三个阶段：

1. 生料制备与磨细

将石灰质原料、黏土质原料及少量校正原料破碎后，按一定比例配合、磨细，并调配成成分合适、质量均匀的生料粉。

2. 熟料煅烧

将生料在水泥窑内经 1 450℃ 高温煅烧至部分熔融，得到以硅酸钙为主要成分的硅酸盐水泥熟料。

3. 水泥粉磨

水泥熟料冷却后，与适量石膏和规定的混合材料共同磨细，即得到各种通用硅酸盐水泥。通用硅酸盐水泥的生产工艺概括起来就是"两磨一烧"，如图 1-2-1 所示。

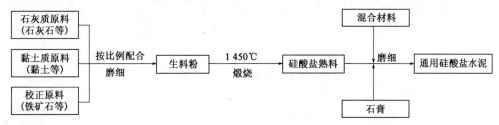

图 1-2-1　水泥生产工艺流程

三、通用硅酸盐水泥的组成材料

1. 硅酸盐水泥熟料

硅酸盐系列水泥生料在煅烧过程中,各种原料脱水和分解出 CaO、SiO_2、Al_2O_3、Fe_2O_3。在更高的温度下这些氧化物相互反应,形成硅酸盐水泥熟料中的主要矿物成分:硅酸三钙、硅酸二钙、铝酸三钙、铁铝酸四钙。此外,熟料中还含有少量的游离氧化钙、游离氧化镁以及杂质。游离氧化钙和游离氧化镁是水泥中的有害成分,会在硬化的水泥石内部造成局部膨胀导致开裂。

熟料矿物经过磨细之后均能与水发生化学反应,表现出较强的水硬性。硅酸盐水泥熟料主要矿物组成及其特性见表1-2-4。

硅酸盐水泥熟料主要矿物组成及其特性　　　表1-2-4

矿物名称	化学式	代号	含量(%)	主要特性				
				水化速度	水化热	强度	干缩性	抗侵蚀性
硅酸三钙	$3CaO \cdot SiO_2$	C_3S	37~60	快	大	高	中	中
硅酸二钙	$2CaO \cdot SiO_2$	C_2S	15~37	慢	小	早期低,后期高	中	好
铝酸三钙	$3CaO \cdot Al_2O_3$	C_3A	7~15	最快	最大	低	最大	差
铁铝酸四钙	$4CaO \cdot Al_2O_3 \cdot Fe_2O_3$	C_4AF	10~18	较快	中	低	最小	最好

水泥由各种矿物成分组成,不同的矿物组成有不同的特性,改变生料配料及各种矿物组成的含量比例,可以生产出各种性能的水泥。

工程案例

某水泥厂附近要修建高速公路,需要大量的道路硅酸盐水泥,因此决定在新型干法水泥生产线上进行道路硅酸盐水泥的研制。

道路硅酸盐水泥区别于通用硅酸盐水泥,具有早强、抗折强度高、干缩小、耐磨性好等优良性能,其中最主要的特殊性能是耐磨性和干缩性。水泥熟料中主要矿物的耐磨性能为:$C_4AF > C_3S > C_2S > C_3A$,而收缩率为:$C_3A > C_3S > C_4AF > C_2S$,因此《道路硅酸盐水泥》(GB 13693—2005)规定,道路硅酸盐水泥中铝酸三钙(C_3A)含量应不超过5.0%,铁铝酸四钙(C_4AF)的含量不应小于16%。

基于道路硅酸盐水泥对耐磨性和干缩率的特殊要求,水泥厂采用了低铝高铁的配料方案,生料中取消了原有的页岩,采用石灰石、砂岩、铁矿、煤灰配料。生产出的道路硅酸盐水泥熟料的主要矿物成分如表1-2-5所示。

道路硅酸盐水泥熟料的主要矿物成分　　　表1-2-5

矿物成分	C_3S	C_2S	C_3A	C_4AF	f-CaO
含量(%)	57.04	16.89	3.15	18.06	0.86

注:f-CaO 为游离氧化钙。

经检验,所生产的道路硅酸盐水泥完全符合国家标准要求。

2. 石膏

在水泥熟料中加入3%左右的石膏可用来调节水泥的凝结速度,使水泥水化速度的快慢适应实际使用的需要。因此,石膏是水泥组成中必不可少的缓凝剂。但石膏的用量必须严格控制,否则过量的石膏必会造成水泥在水化过程中体积上的不安定现象。

3. 混合材料

为了改善水泥的性能,调节水泥强度等级,提高水泥的产量,扩大水泥品种,降低成本,在生产水泥时加入的矿物质材料,称为混合材料。混合材料分活性混合材料和非活性混合材料两大类,近年来也采用兼具有活性和非活性的窑灰。

(1)活性混合材料

磨成细粉与水泥或石灰(或石灰和石膏)拌和在一起,加水后在常温下,能生成具有胶凝性的水化产物,既能在潮湿的空气中硬化,也能在水中硬化的混合材料,称为活性混合材料。这类混合材料有粒化高炉矿渣、火山灰质混合材料和粉煤灰等。

粒化高炉矿渣是将炼铁高炉的熔融矿渣,经急速冷却而得到的疏松、多孔颗粒。其主要化学成分是 CaO、SiO_2、Al_2O_3,另外有少量的 MgO、Fe_2O_3 和一些硫化物。粒化高炉矿渣磨成细粉后,其中的活性氧化硅(SiO_2)和活性氧化铝(Al_2O_3)可以与 $Ca(OH)_2$ 化合,生成具有胶凝性的水化产物。

火山灰质混合材料是指天然的或人工的以 SiO_2 和 Al_2O_3 为主要成分的矿物质原料,如火山灰、凝灰岩、硅藻石、烧黏土、煤渣、煤矸石等。

粉煤灰是火力发电厂以煤为燃料发电,煤粉燃烧后,从烟气中收集下来的灰渣,又称飞灰。粉煤灰通常呈灰白色或黑色,以 SiO_2 和 Al_2O_3 为主要成分,含有少量的 CaO。

(2)非活性混合材料

非活性混合材料掺入水泥中,主要起填充作用,可以提高水泥的产量,降低水化热,降低强度等级,对水泥其他性能影响不大。常用的非活性混合材料有不符合要求的粒化高炉矿渣、火山灰质混合材料、粉煤灰,还有石灰石和砂岩,其中石灰石中的 Al_2O_3 含量应不大于2.5%。

(3)窑灰

窑灰是从水泥回转窑窑尾废气中收集的粉尘,性能介于非活性混合材料和活性混合材料之间。

四、硅酸盐水泥的凝结硬化

1. 硅酸盐水泥的水化

水泥与水拌和后,颗粒表面的熟料矿物开始溶解并与水发生化学反应,生成一系列的水化产物,并放出一定的热量。

(1)硅酸三钙

$$3CaO \cdot SiO_2 + nH_2O \longrightarrow xCaO \cdot SiO_2 \cdot yH_2O + (3-x)Ca(OH)_2$$

硅酸三钙　　　　　水化硅酸钙　　　氢氧化钙　　　　(1-2-4)

(2)硅酸二钙

$$3CaO \cdot SiO_2 + mH_2O \longrightarrow xCaO \cdot SiO_2 \cdot yH_2O + (2-x)Ca(OH)_2$$
硅酸二钙　　　　　水化硅酸钙　　　氢氧化钙　　　　(1-2-5)

(3) 铝酸三钙

$$3CaO \cdot Al_2O_3 + 6H_2O \longrightarrow 3CaO \cdot Al_2O_3 \cdot 6H_2O$$
铝酸三钙　　　　　水化铝酸钙　　　　　　　　　　(1-2-6)

铝酸三钙在纯水中才能发生上述水化反应，生成的水化铝酸钙也是不稳定的。由于硅酸盐水泥熟料中有石膏存在，实际发生的水化反应为：

$$3CaO \cdot Al_2O_3 + 3CaSO_4 \cdot 2H_2O + 26H_2O \longrightarrow 3CaO \cdot Al_2O_3 \cdot 3CaSO_4 \cdot 32H_2O$$
铝酸三钙　　石膏　　　　三硫型水化铝酸钙（钙矾石）　(1-2-7)

当石膏消耗完毕后，水泥中尚未水化的铝酸三钙与钙矾石（AFt）生成单硫型水化铝酸钙（AFm）。

石膏与铝酸三钙（C_3A）反应生成的钙矾石是难溶于水的针状晶体，它包裹在 C_3A 表面，阻止水分的进入，延缓了水化产物的析出，从而起到了缓凝的作用。但石膏掺量不能过多，过多时，不仅缓凝作用不大，还会在硬化后期继续生成钙矾石，引起体积膨胀，导致水泥的体积安定性不良。

(4) 铁铝酸四钙

$$4CaO \cdot Al_2O_3 \cdot Fe_2O_3 + 7H_2O \longrightarrow 3CaO \cdot Al_2O_3 \cdot 6H_2O + CaO \cdot Fe_2O_3 \cdot H_2O$$
铁铝酸四钙　　　　　　水化铝酸钙　　　　水化铁酸钙　(1-2-8)

硅酸盐水泥经过充分水化后，水泥石中水化硅酸钙（C-S-H）凝胶约占 70%，$Ca(OH)_2$ 晶体约占 20%，水化硫铝酸钙晶体（包括高硫型和单硫型）约占 7%，未水化的熟料残余物和其他组分约占 3%。

2. 硅酸盐水泥的凝结硬化

硅酸盐水泥加水拌和后成为可塑性的浆体，随着时间的推移，其塑性逐渐降低，直到最后失去塑性，这个过程称为水泥的凝结。随着水化的深入进行，水化产物不断增多，水泥结构更加密实，产生强度，即达到了硬化（图1-2-2）。

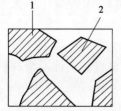
a) 在水中未水化的水泥颗粒

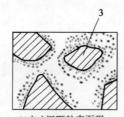
b) 在水泥颗粒表面形成水化物膜层

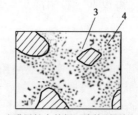
c) 膜层长大并相互连接（凝结）

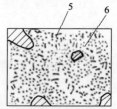
d) 水化物进一步发展，填充毛细孔（硬化）

图1-2-2　水泥凝结硬化过程示意图
1-水泥颗粒；2-水分；3-凝胶；4-晶体；5-水泥颗粒的未水化内核；6-毛细孔

水泥的水化与凝结硬化是一个连续的过程。在水泥加水后，未水化的水泥颗粒分散在水中，形成水泥浆，如图1-2-2a)所示。水泥颗粒与水接触后立即发生水化反应，使水泥颗粒表面覆盖一层以水化硅酸钙（C-S-H）凝胶为主的膜层，水化反应变得缓慢，如图1-2-2b)所示。随着时间的推移，附着于水泥颗粒的水化物逐渐增多，大量的水化硅酸钙（C-S-H）凝胶及其他水化晶体不断填充空隙，结构渐趋密实，使水泥浆逐渐失去塑性产生凝结，如图1-2-2c)所示。水泥继续水化,水化物进一步填充孔隙,水泥浆体逐渐产生强度,进入硬化阶段,如图 1-2-2d)所示。

水泥强度随龄期增长而不断增长。硅酸盐系列水泥,在 3~7d 龄期范围内,强度增长速度快;在 7~28d 龄期范围内,强度增长速度较快;28d 以后,强度增长速度逐渐下降,但只要环境温度和湿度适宜,在几年甚至几十年后,水泥石强度仍会缓慢增长。

五、水泥石的腐蚀与防止

1. 水泥石的腐蚀

水泥硬化后,在正常环境条件下,可以有较好的耐久性。但在某些腐蚀性介质的长期作用下,水泥石将会发生一系列的物理、化学变化,使水泥石的结构遭到破坏,强度逐渐降低,甚至全部溃裂破坏,这种现象称为水泥石的腐蚀。水泥石被腐蚀的类型有以下几种:

(1)溶析性侵蚀(软水腐蚀)

溶析性侵蚀,又称软水腐蚀,是指硬化水泥石中的水化物被软水溶解而带走,从而造成混凝土孔隙率增大、强度降低的一种侵蚀现象。

在软水(如雨水、雪水及许多河水和湖水等钙离子浓度很低的水)中,水泥石中的 $Ca(OH)_2$ 会不断被溶解。在静水无压的情况下,水中的 $Ca(OH)_2$ 很快达到饱和浓度,使溶出作用停止。但在流动水中,特别是有水压作用时,$Ca(OH)_2$ 就会不断被流水带走,且因水泥石中 $Ca(OH)_2$ 的浓度降低,还会导致水化硅酸钙和水化铝酸钙的不断分解,最终可能导致整个结构物的破坏。

(2)硫酸盐的侵蚀

水泥混凝土结构物位于海水、沼泽水、工业污水中时,常会遭受到其中易溶硫酸盐的侵蚀。硫酸盐会与水泥石中的 $Ca(OH)_2$ 作用形成硫酸钙,在孔隙中结晶且体积膨胀,并能再与水泥石中的水化铝酸钙反应生成钙矾石,体积增大 1.5 倍,使水泥石内产生很大的结晶压力,造成膨胀开裂以致破坏。

(3)镁盐侵蚀

在海水或地下水中,常含有较多的镁盐,主要是氯化镁、硫酸镁。它们与水泥石中的氢氧化钙发生反应。

$$MgCl_2 + Ca(OH)_2 \longrightarrow CaCl_2 + Mg(OH)_2 \tag{1-2-9}$$

$$MgSO_4 + Ca(OH)_2 + 2H_2O \longrightarrow CaSO_4 \cdot 2H_2O + Mg(OH)_2 \tag{1-2-10}$$

生成的氢氧化镁松软而无胶凝能力,氯化钙易溶于水,二水石膏则引起硫酸盐的破坏作用。因此,硫酸镁对水泥石起着镁盐和硫酸盐的双重腐蚀作用。

(4)碳酸侵蚀

在某些工业废水、地下水和沼泽水中,常溶解有 CO_2 及其盐类,它们会与水泥石中的 $Ca(OH)_2$ 发生化学反应。

$$CO_2 + H_2O + Ca(OH)_2 \longrightarrow CaCO_3 + 2H_2O \tag{1-2-11}$$

当水中的 CO_2 含量较低时,由于 $CaCO_3$ 沉淀到水泥石表面的孔隙中而使腐蚀停止;当水中的 CO_2 含量较高时,上述反应还会继续进行。

$$CaCO_3 + CO_2 + H_2O \longrightarrow Ca(HCO_3)_2 \tag{1-2-12}$$

生成的碳酸氢钙易溶于水,造成水泥石密实度下降,强度降低,甚至结构破坏。

2. 防止腐蚀的措施

水泥石的腐蚀是一个极为复杂的过程，往往是几种腐蚀共同作用的结果。引起水泥石腐蚀的主要内因是水泥石中含有易被腐蚀的成分，即氢氧化钙和水化铝酸钙；另一方面，水泥石本身不密实，导致腐蚀介质容易侵入。因此，为防止或减轻水泥石的腐蚀，通常可采取以下措施：

（1）根据腐蚀环境特点，合理选用水泥品种

对可能接触腐蚀介质的混凝土，选用水化物中 $Ca(OH)_2$ 含量少的水泥，以降低氢氧化钙溶失对水泥石的危害；选用 C_3A 含量低的水泥，降低硫酸盐类的腐蚀作用。

（2）提高水泥石的密实度

通过改善施工工艺、降低水胶比、掺加外加剂等，提高水泥石的密实度，增强其抗腐蚀性能。

（3）表面敷设保护层

当腐蚀作用较强时，可在水泥混凝土表面敷设一层耐腐蚀性强且不透水的保护层（通常可采用耐酸石料、耐酸陶瓷、玻璃、塑料或沥青等），以杜绝或减少腐蚀介质渗入水泥石内部。

工程案例

青岛海湾大桥横跨胶州湾海域，是我国最大规模的跨海大桥之一。大桥所处的胶州湾，海水含盐量高达 2.94% ~ 3.29%，海水成分调查结果如表 1-2-6 所示。

海水成分调查结果　　　　表 1-2-6

离 子 种 类	Mg^{2+}	Cl^-	SO_4^{2-}	HCO_3^-
离子含量(mg/L)	1 109.6 ~ 1 231.2	17 680.7 ~ 17 725.0	2 317.4 ~ 2 965.9	137.3 ~ 152.6

同时，胶州湾海域处于北方冰冻区域，其冰冻期一般从 12 月下旬开始到次年 2 月中旬结束，年冰冻期为 60d，年平均冻融循环为 50 次左右。基于以上使用环境特点，为保障其 100 年的设计使用寿命，大桥主体钢筋混凝土结构采用了以下措施。

基本措施：

（1）使用高性能海工混凝土，通过采用低水胶比、掺加大量的矿物掺和料（粉煤灰和磨细矿渣粉）、降低胶凝材料用量、选用高性能减水剂、适当加入引气剂等来改善混凝土的内部结构，提高其密实性。

（2）设计合理的钢筋保护层厚度。

辅助措施：

（1）利用混凝土套箱保护承台混凝土，起防腐作用。

（2）使用透水模板布，降低表面混凝土的气泡缺陷率。

（2）在混凝土表面做涂层防护，隔绝外界侵蚀性介质。

（3）采用外加电流阴极防护避免钢筋锈蚀。

六、通用硅酸盐水泥的技术性质和技术标准

1. 化学指标

水泥的化学指标主要是控制水泥中有害的化学成分，要求其不超过一定的限值，否则可能对水泥的性能和质量带来危害。

(1) 氧化镁含量

在水泥熟料中,常含有少量未与其他矿物结合的游离氧化镁。它是高温时形成的方镁石结晶,其水化速度很慢,通常要经历几个月甚至几年才明显水化,水化后生成氢氧化镁,体积膨胀,导致水泥石结构产生开裂。因此,氧化镁是引起水泥安定性不良的原因之一。

(2) 三氧化硫

水泥中的三氧化硫主要来自水泥生产过程中掺入的石膏,或者煅烧水泥熟料时加入的石膏矿化剂。如果石膏掺量超出一定限度,在水泥硬化后,它会继续水化并产生膨胀,导致结构物破坏。因此,三氧化硫也是引起水泥安定性不良的原因之一。

(3) 烧失量

水泥煅烧不佳或受潮后,均会导致烧失量增加。烧失量测定,是以水泥试样在 950℃±25℃ 下灼烧 15~20min,冷却至室温称量,如此反复灼烧,直至恒量,计算灼烧前后质量损失百分率。

(4) 不溶物

将水泥试样先以盐酸溶液处理,滤出不溶残渣再以氢氧化钠溶液处理,以盐酸中和、过滤后,残渣经灼烧后称量,灼烧后不溶物质量占试样总质量比例即为不溶物。不溶物越多,水泥活性越低。

(5) 氯离子

水泥中的氯离子含量过高,主要原因是掺加了混合材料和外加剂(如工业废渣、助磨剂等)。氯离子会侵蚀混凝土中的钢筋导致锈蚀。

通用硅酸盐水泥的化学指标应满足表 1-2-7 的规定。

通用硅酸盐水泥化学指标要求 表 1-2-7

品　　种	代号	不溶物(%)	烧失量(%)	三氧化硫(%)	氧化镁(%)	氯离子(%)
硅酸盐水泥	P·Ⅰ	≤0.75	≤3.0	≤3.5	≤5.0①	≤0.06③
	P·Ⅱ	≤1.50	≤3.5			
普通硅酸盐水泥	P·O	—	≤5.0			
矿渣硅酸盐水泥	P·S·A	—	—	≤4.0	≤6.0②	
	P·S·B	—	—		—	
火山灰质硅酸盐水泥	P·P	—	—	≤3.5	≤6.0②	
粉煤灰硅酸盐水泥	P·F	—	—			
复合硅酸盐水泥	P·C	—	—			

注:①如果水泥压蒸试验合格,则水泥中氧化镁的含量允许放宽至 6.0%。
　　②如果水泥中氧化镁的含量大于 6.0%,需进行水泥压蒸安定性试验并合格。
　　③当有更低要求时,该指标由买卖双方协商确定。

(6) 碱含量(选择性指标)

水泥熟料中含有少量碱性氧化物(Na_2O 及 K_2O)。如果采用含有活性二氧化硅(SiO_2)或活性碳酸盐成分的集料配制混凝土,水泥中的碱性氧化物会与集料中活性 SiO_2 或活性碳酸盐发生化学反应,称"碱—集料反应"。其生成物附着在集料与水泥石的界面上,且遇水膨胀,引起水泥石胀裂,导致黏结强度降低,破坏混凝土结构。

水泥中的碱含量按 $Na_2O + 0.658K_2O$ 计算值表示。若使用活性集料,用户要求提供低碱水泥时,水泥中的碱含量应不大于0.60%或由买卖双方商定。

2．物理指标

(1)细度(选择性指标)

细度表示水泥颗粒的粗细程度。水泥的细度直接影响水泥的活性和强度。颗粒越细,与水反应的表面积大,水化速度快,早期强度高,但硬化时收缩较大,且磨粉时能耗大,成本高。而颗粒过粗,又不利于水泥活性的发挥,且强度低。因此,水泥细度应控制在合理范围内。水泥细度的表示方法有以下两种:

①筛析法

以80μm方孔筛(或45μm方孔筛上)的筛余量百分率表示。我国《公路工程水泥及水泥混凝土试验规程》(JTG E30—2005)规定,筛析法有负压筛法和水筛法两种,有争议时,以负压筛法为准。

②比表面积法

比表面积是指1kg的水泥所具有的总表面积(m^2/kg),采用勃氏透气法测定。

我国《通用硅酸盐水泥》(GB 175—2007)规定,硅酸盐水泥和普通硅酸盐水泥的细度以比表面积表示,应不小于$300m^2/kg$;矿渣硅酸盐水泥、火山灰质硅酸盐水泥、粉煤灰硅酸盐水泥和复合硅酸盐水泥以筛余表示,80μm方孔筛筛余不大于10%或45μm方孔筛筛余不大于30%。

(2)标准稠度用水量

在测定水泥的凝结时间和安定性时,为使测试结果具有可比性,必须采用标准稠度的水泥净浆进行测定。标准稠度用水量是指水泥净浆达到规定稠度时的加水量,以水占水泥质量百分率表示。

我国《水泥标准稠度用水量、凝结时间、安定性检验方法》(GB/T 1346—2011)规定,采用标准法测定时,以试杆沉入净浆并距底板6mm±1mm的水泥净浆为标准稠度净浆。

(3)凝结时间

水泥的凝结时间,分为初凝时间和终凝时间。初凝时间是由水泥全部加入水中至初凝状态所经历的时间;终凝时间是由水泥全部加入水中至终凝状态所经历的时间。按现行国标规定,从水泥加入拌和水中起,至试针沉入标准稠度的水泥净浆中,并距底板4mm±1mm时所经历的时间为初凝时间;从水泥加入拌和水中起至试针沉入水泥浆0.5mm(即环形附件开始不能在水泥浆体上留下痕迹)所经历的时间为终凝时间。

水泥的凝结时间在施工中有重要意义。为了使混凝土有足够的时间进行施工操作,如拌和、运输、浇筑和成型等,水泥的初凝时间不宜过短。而混凝土成型后,为了使水泥尽快硬化形成强度,以加速施工进度,水泥的终凝时间不宜太长。

我国标准规定,硅酸盐水泥初凝时间应不小于45min,终凝时间应不大于390min;普通硅酸盐水泥、矿渣硅酸盐水泥、火山灰质硅酸盐水泥、粉煤灰硅酸盐水泥和复合硅酸盐水泥初凝时间应不小于45min,终凝时间应不大于600min。

(4)体积安定性

体积安定性是指水泥在凝结硬化过程中体积变化的均匀性。如果在凝结硬化过程中,水泥石内部产生不均匀的体积变化,将会产生破坏应力,使结构物及构件产生裂缝、弯曲甚至崩塌等现象,造成严重的工程事故。体积安定性不良的原因,一般是由于熟料中所含的游离氧化钙过多,也可能是由于熟料中所含的游离氧化镁含量过多或掺入的石膏过多。

我国标准规定,用沸煮法检验水泥的体积安定性。测定方法包括标准法(雷氏法)和代用法(试饼法),两者结论有矛盾时以雷氏法为准。

①雷氏法是将标准稠度的水泥净浆按规定的方法装入雷氏夹的环形试模中,经湿养24h后测定指针尖端距离 A,接着放入沸煮箱内加热 30min ± 5min 至沸,继续恒沸 3h ± 5min。待试样冷却后再测定指针尖端距离 C,当两个试件煮后增加距离($C-A$)平均值不大于5.0mm,即认为该水泥安定性合格。

②试饼法是将标准稠度的水泥净浆在玻璃板上做成直径 70~80mm、中心厚约 10mm 的试饼,在湿气养护箱内养护 24h 后,将试样脱去玻璃板放入沸煮箱中,30min ± 5min 内加热至沸,恒沸 3h ± 5min 取出,待试样冷却后,若目测试饼未发现裂缝,用钢直尺检查也没有弯曲(使钢直尺和试饼底部紧靠,以两者间不透光为不弯曲),即为安定性合格。

(5)强度

水泥强度是评价水泥质量、确定水泥强度等级的重要指标,其主要取决于水泥熟料的矿物组成和水泥的细度,此外还与水灰比、试件制作方法、养护条件和时间等有关。

按《公路工程水泥及水泥混凝土试验规程》(JTG E30—2005)规定,水泥强度按《水泥胶砂强度检测方法》(ISO 法)进行测定。该法是将水泥和 ISO 标准砂按质量比 1:3,水灰比为 0.5 拌制水泥胶砂,用标准方法制成 40mm × 40mm × 160mm 的试件,脱模后将试件放入 20℃ ± 1℃的水中养护至规定龄期(3d,28d),测定其抗折强度和抗压强度。

水泥按规定龄期的抗折强度和抗压强度划分其强度等级,根据国标规定:硅酸盐水泥强度等级分为 42.5、42.5R、52.5、52.5R、62.5、62.5R 六个等级;普通硅酸盐水泥强度等级分为 42.5、42.5R、52.5、52.5R 四个等级;矿渣硅酸盐水泥、火山灰质硅酸盐水泥、粉煤灰硅酸盐水泥、复合硅酸盐水泥分为 32.5、32.5R、42.5、42.5R、52.5、52.5R 六个等级。

其中,R 型水泥为早强型,主要是 3d 强度较同强度等级水泥高。

不同品种、不同强度等级的通用硅酸盐水泥,在不同龄期的强度应符合表 1-2-8 的规定。

通用硅酸盐水泥不同龄期强度要求值(GB 175—2007)　　　表 1-2-8

水泥品种	强度等级	抗压强度(MPa)		抗折强度(MPa)	
		3d	28d	3d	28d
硅酸盐水泥	42.5	≥17.0	≥42.5	≥3.5	≥6.5
	42.5R	≥22.0		≥4.0	
	52.5	≥23.0	≥52.5	≥4.0	≥7.0
	52.5R	≥27.0		≥5.0	
	62.5	≥28.0	≥62.5	≥5.0	≥8.0
	62.5R	≥32.0		≥5.5	
普通硅酸盐水泥	42.5	≥17.0	≥42.5	≥3.5	≥6.5
	42.5R	≥22.0		≥4.0	
	52.5	≥23.0	≥52.5	≥4.0	≥7.0
	52.5R	≥27.0		≥5.0	

续上表

水泥品种	强度等级	抗压强度(MPa)		抗折强度(MPa)	
		3d	28d	3d	28d
矿渣硅酸盐水泥、火山灰质硅酸盐水泥、粉煤灰硅酸盐水泥、复合硅酸盐水泥	32.5	≥10.0	≥32.5	≥2.5	≥5.5
	32.5R	≥15.0		≥3.5	
	42.5	≥15.0	≥42.5	≥3.5	≥6.5
	42.5R	≥19.0		≥4.0	
	52.5	≥21.0	≥52.5	≥4.0	≥7.0
	52.5R	≥23.0		≥4.5	

3. 合格品和不合格品的规定

我国国家标准《通用硅酸盐水泥》(GB 175—2007)规定：检验结果符合不溶物、烧失量、氧化镁、三氧化硫、氯离子、初凝时间、终凝时间、安定性及强度的规定为合格品；检验结果不符合上述规定中的任何一项技术要求为不合格品。

七、通用硅酸盐水泥的特性及适用范围

1. 硅酸盐水泥

硅酸盐水泥凝结硬化速度较快，抗冻性和耐磨性好，适应于早期强度要求高、冬季施工和严寒地区遭受反复冻融的工程及水泥混凝土路面工程中。由于硅酸盐水泥强度等级高，主要用于重要结构的高强度混凝土和预应力混凝土工程。

硅酸盐水泥石中有较多的氢氧化钙，抗软水腐蚀和抗化学腐蚀性较差，故硅酸盐水泥不宜用于经常与软水接触及有水压作用的工程，也不宜用于受海水、矿物水作用的工程。当受热温度为100～250℃时，水泥石的强度将会有所提高；受热温度为250～300℃时，水化物开始脱水，水泥浆体收缩，强度开始下降。故硅酸盐水泥不适应于耐热要求较高的工程，更不能用作耐热混凝土。

硅酸盐水泥在水化过程中水化释热量较大，对水泥混凝土工艺有着多方面的意义。水化热对冬季混凝土施工是有益的，它可以促进低温下水泥的水化过程；而在基础、坝体、桥墩等大体积混凝土构筑物中，水化热是不利因素。由于水化热积聚在大体积内部不易散发，内外温差很大，所引起的应力可能会导致混凝土产生裂缝，因此水化热较大的硅酸盐水泥不宜用于大体积混凝土结构中。

2. 普通硅酸盐水泥

普通硅酸盐水泥由于掺加的混合材料较少，因此其性能与硅酸盐水泥基本相同。只是强度等级、水化热、抗冻性、耐磨性等方面较硅酸盐水泥有所降低，耐腐蚀性、耐热性有所提高。其适用范围与硅酸盐水泥大致相同。普通硅酸盐水泥是土木工程中应用最广泛的水泥品种之一。

3. 大量掺混合材料的硅酸盐水泥

(1) 大量掺混合材料的硅酸盐水泥水化特点

大量掺混合材料的硅酸盐水泥的水化主要分两步进行，首先是水泥熟料的水化，即水化生

成水化硅酸钙、氢氧化钙、水化铝酸钙、水化铁酸钙等;然后是活性混合材料开始水化,熟料矿物成分水化生成的氢氧化钙作为碱性激发剂,石膏作为硫酸盐激发剂,促使混合材料中的活性氧化硅和活性氧化铝的活性发挥,生成水化硅酸钙、水化铝酸钙和水化硫铝酸钙等一些水硬性物质。两次反应是交替进行而又相互制约的。

(2) 大量掺混合材料的硅酸盐水泥的性能及应用

矿渣硅酸盐水泥、火山灰硅酸盐水泥、粉煤灰硅酸盐水泥、复合硅酸盐水泥,因为都加入了大量的混合材料,所以其性能有很多共同点,主要表现在以下几个方面:

① 早期强度低,但后期强度较高

由于水泥中熟料含量较少,早期水化产物相应减少,而混合材料的水化反应则需在熟料水化之后才开始进行,故早期强度较低;但后期强度发展能够达到同强度等级硅酸盐水泥的强度。这类水泥均不适合有早强要求的混凝土工程,若能采用蒸汽养护等湿热处理,则能加快硬化速度,并且不影响后期强度的增长。

② 抗腐蚀能力强

此类水泥水化后的水泥石中,易遭受腐蚀的成分相应减少。其原因,一是混合材料的二次水化反应消耗了易受腐蚀的 $Ca(OH)_2$,致使水泥石中的 $Ca(OH)_2$ 含量减少;二是熟料含量少,水化铝酸钙的含量也减少,因此,这类水泥的抗腐蚀能力均比硅酸盐水泥和普通硅酸盐水泥强,可用于受软水腐蚀和硫酸盐腐蚀的混凝土工程中。

③ 水化热低

由于水泥中掺加大量的混合材料,熟料含量少,放热量高的矿物成分 C_3S 和 C_3A 的含量也相应减少,水化放热速度慢,放热量低,适宜用于大体积混凝土工程。

④ 抗冻性差

与硅酸盐水泥相比,由于掺入了较多的混合材料,使水泥需水量增加,水分蒸发后造成水泥石中毛细孔通道粗大和增多,对抗冻不利,不宜用于严寒地区,特别是严寒地区水位经常变动的部位。

这四种水泥除上述的共性外,由于掺加的混合材料的种类和数量不同,又有各自的一些特点:

① 矿渣硅酸盐水泥

由于矿渣硅酸盐水泥硬化后 $Ca(OH)_2$ 含量低,而矿渣本身又有一定的耐高温性,所以矿渣水泥具有较好的耐热性,适宜用于高温环境。

粒化高炉矿渣为玻璃体,呈多棱角状,使得矿渣水泥达到标准稠度时需水量较大,且其保水能力较差,易产生泌水。这将在水泥石中形成众多的毛细孔通道或粗大孔隙,而且干缩性较大,如养护不当易产生裂纹。因此,矿渣硅酸盐水泥在干湿循环部位的抗冻性、抗渗性等均不及普通硅酸盐水泥。

② 火山灰质硅酸盐水泥

火山灰水泥具有较好的抗渗性和耐水性,原因是火山灰颗粒较细,比表面积大,可使水泥石结构密实,又因在水化过程中产生较多的水化硅酸钙凝胶,可增加结构致密程度,因此适用于有抗渗要求的混凝土工程。

火山灰水泥在干燥环境下易产生干缩裂缝,表面遇 CO_2 会使水化硅酸钙分解成碳酸钙和氧化硅的粉状物,即发生"起粉"现象,所以火山灰水泥不宜用于干热地区的混凝土工程。

③粉煤灰硅酸盐水泥

由于粉煤灰颗粒是独特的球状玻璃体结构,表面致密,不易水化,在 $Ca(OH)_2$ 的激发作用下,经过28d到3个月的水化龄期,才能在玻璃体表面形成水化硅酸钙和水化铝酸钙,粉煤灰硅酸盐水泥的早期强度发展比矿渣硅酸盐水泥和火山灰质硅酸盐水泥更低,但后期可以赶上。

另外粉煤灰吸水能力弱,与其他掺混合材料的水泥比较,标准稠度用水量较小,干缩也小,因此早期干缩所引起的裂纹也少,抗裂性好。

④复合硅酸盐水泥

复合硅酸盐水泥是一种新型的通用硅酸盐水泥,是掺有两种或两种以上混合材料的水泥,其特性取决于所掺混合材料的种类、掺量及相对比例。将混合材料复合掺配,可以弥补单一混合材料的不足,如矿渣与粉煤灰复掺,可减少矿渣的泌水现象,使水泥更密实。复合硅酸盐水泥既有矿渣硅酸盐水泥、火山灰质硅酸盐水泥、粉煤灰硅酸盐水泥水化热低的特性,又有普通硅酸盐水泥早期强度较高的特性。但是,复合硅酸盐水泥的性能一般受所用混合材料性能的影响,使用时应针对工程的性质加以选用。

通用硅酸盐水泥是土木工程中应用最广的水泥品种,其主要特性及适用范围见表1-2-9,各水泥可根据表1-2-10选用。

通用硅酸盐水泥的主要特性及适用范围 表1-2-9

	品 种	硅酸盐水泥	普通硅酸盐水泥	矿渣硅酸盐水泥	火山灰质硅酸盐水泥	粉煤灰硅酸盐水泥	复合硅酸盐水泥
特性	硬化速度	快	较快	慢	慢	慢	慢
	早期强度	高	较高	低	低	低	较低
	水化热	高	高	低	低	低	较低
	抗冻性	好	好	差	差	差	较差
	耐热性	差	较差	好	较差	较差	较差
	干缩性	小	小	较大	较大	较小	跟混合料有关
	抗渗性	较好	较好	差	较好	较好	跟混合料有关
	耐蚀性	较差	较差	较强	除混合材料含 Al_2O_3 较多者,抗硫酸盐腐蚀性较弱外,一般均较强		较强
	泌水性	较小	较小	明显	小	小	跟混合料有关
适用条件		1.一般地上工程,无腐蚀、无压力水作用工程; 2.要求早期强度较高和低温施工无蒸汽养护的工程; 3.有抗冻性要求的工程		1.一般地上、地下和水中工程; 2.有硫酸盐侵蚀的工程; 3.大体积混凝土工程; 4.有耐热性要求的工程; 5.有蒸汽养护的工程	除不适用于有耐热性要求的工程外,其他与矿渣硅酸盐相同	同火山灰质硅酸盐水泥	1.大体积混凝土结构; 2.普通气候环境下的混凝土; 3.高湿度或水下混凝土; 4.有抗渗要求的混凝土

续上表

品　　种	硅酸盐水泥	普通硅酸盐水泥	矿渣硅酸盐水泥	火山灰质硅酸盐水泥	粉煤灰硅酸盐水泥	复合硅酸盐水泥
不适用条件	1．大体积混凝土工程； 2．有腐蚀作用和压力水作用的工程	1．要求早强高的工程； 2．有抗冻性要求的工程	1．与矿渣硅酸盐水泥各项相同； 2．干热地区和耐磨性要求较高的工程	1．与矿渣硅酸盐水泥各项相同； 2．有抗碳化要求的工程	1．要求快硬的混凝土； 2．有抗冻要求的混凝土	

通用硅酸盐水泥的选用　　　　表1-2-10

	混凝土工程特点及所处环境特点		优 先 选 用	可 以 选 用	不 宜 选 用
普通混凝土	1	在一般环境中的混凝土	普通硅酸盐水泥	矿渣硅酸盐水泥； 火山灰质硅酸盐水泥； 粉煤灰硅酸盐水泥； 复合硅酸盐水泥	
	2	在干燥环境中的混凝土	普通硅酸盐水泥	矿渣硅酸盐水泥	火山灰质硅酸盐水泥； 粉煤灰硅酸盐水泥
	3	在高温环境中或长期处于水中的混凝土	矿渣硅酸盐水泥； 火山灰质硅酸盐水泥； 粉煤灰硅酸盐水泥； 复合硅酸盐水泥	普通硅酸盐水泥	
	4	厚大体积混凝土	矿渣硅酸盐水泥； 火山灰质硅酸盐水泥； 粉煤灰硅酸盐水泥； 复合硅酸盐水泥		硅酸盐水泥
有特种要求的混凝土	1	要求快硬、高强（>C40）的混凝土	硅酸盐水泥	普通硅酸盐水泥	矿渣硅酸盐水泥； 火山灰质硅酸盐水泥； 粉煤灰硅酸盐水泥； 复合硅酸盐水泥
	2	严寒地区的露天混凝土（寒冷地区处于水位升降范围的混凝土）	普通硅酸盐水泥	矿渣硅酸盐水泥（强度等级>32.5）	火山灰质硅酸盐水泥； 粉煤灰硅酸盐水泥
	3	严寒地区处于水位升降范围的混凝土	普通硅酸盐水泥		矿渣硅酸盐水泥； 火山灰质硅酸盐水泥； 粉煤灰硅酸盐水泥； 复合硅酸盐水泥

续上表

混凝土工程特点及所处环境特点		优先选用	可以选用	不宜选用
有特种要求的混凝土	4 有抗渗要求的混凝土	普通硅酸盐水泥；火山灰质硅酸盐水泥		矿渣硅酸盐水泥
	5 有耐磨要求的混凝土	硅酸盐水泥；普通硅酸盐水泥	矿渣硅酸盐水泥（强度等级>32.5）	火山灰质硅酸盐水泥；粉煤灰硅酸盐水泥
	6 受侵蚀介质作用的混凝土	矿渣硅酸盐水泥；火山灰质硅酸盐水泥；粉煤灰硅酸盐水泥；复合硅酸盐水泥		硅酸盐水泥

◀ **本章小结** ▶

无机胶凝材料按其硬化条件的不同分为气硬性胶凝材料和水硬性胶凝材料两大类。

石灰是一种气硬性胶凝材料，工程中应用的石灰产品主要有块状生石灰、生石灰粉、消石灰和石灰浆。生石灰加水消化时放出大量热且会产生较大的体积膨胀，为消除过火石灰的危害，石灰浆在使用前必须"陈伏"两周以上。石灰硬化后的强度主要依靠氢氧化钙的结晶和碳化作用。石灰中产生黏结性的有效成分是活性氧化钙和氧化镁，其含量是评价石灰质量的主要指标。

通用硅酸盐水泥是土木工程中应用最广的水泥，包括硅酸盐水泥、普通硅酸盐水泥、矿渣硅酸盐水泥、火山灰质硅酸盐水泥、粉煤灰硅酸盐水泥和复合硅酸盐水泥六大品种。它们是在硅酸盐水泥熟料中掺入适量石膏和规定混合材料磨细制成的水硬性胶凝材料。

硅酸盐水泥熟料的矿物成分，主要有硅酸三钙、硅酸二钙、铝酸三钙和铁铝酸四钙。熟料矿物经过磨细之后均能与水发生化学反应，表现出较强的水硬性。改变熟料矿物的相对含量可以生产出不同性能的水泥。

硅酸盐系列水泥水化后主要的产物有：水化硅酸钙凝胶、氢氧化钙晶体、水化硫铝酸钙晶体等。随着水泥水化反应的不断进行，水泥由可塑性的浆体逐步凝结硬化成具有一定强度的水泥石。

在水泥中掺入混合材料是为了改善水泥的某些性能，同时达到增加产量和降低成本的目的。常用的活性混合材料有粒化高炉矿渣、火山灰质混合材料、粉煤灰等。

通用硅酸盐水泥的技术性质，主要有细度、凝结时间、体积安定性和强度，其中强度是评定水泥强度等级的依据。

◇ **思考与练习** ◇

一、填空题

1. 无机胶凝材料按其硬化条件不同可分为＿＿＿＿胶凝材料和＿＿＿＿胶凝材料。
2. 生石灰加水的反应过程称为＿＿＿＿，为了消除过火石灰的危害，石灰浆应

_____后再使用。

3. 石灰的硬化过程包括_____和_____两个部分,表层以_____为主,内部则以_____为主。

4. _____是评定石灰质量的主要指标。

5. 通用硅酸盐水泥包括硅酸盐水泥、_____水泥、_____水泥、火山灰质硅酸盐水泥、粉煤灰硅酸盐水泥和复合硅酸盐水泥六大类。

6. 通用硅酸盐水泥生产过程简单地概括是_____,在熟料中加入石膏的目的是_____。

7. 按我国现行标准规定,以试杆沉入净浆并距底板_____ mm 的水泥净浆为标准稠度净浆。

8. 普通硅酸盐水泥初凝时间应_____,终凝时间应_____。

9. 作为水泥强度的检验方法,_____是以水泥和 ISO 标准砂,按规定的水灰比,用标准方法制成 40mm×40mm×160mm 的标准试件,在_____℃水中养护到规定龄期,测其抗折强度和抗压强度。

10. 常用的活性材料有_____、_____、_____。

二、判断题

1. 水硬性胶凝材料只能在水中硬化,不能在空气中硬化。   （   ）
2. 石灰根据现行标准的规定,按其氧化钙的含量划分为钙质石灰和镁质石灰。（   ）
3. 硅酸三钙决定水泥的早期强度,硅酸二钙决定水泥的后期强度。   （   ）
4. 水泥细度越小,早期强度越高,凝结速度越快,质量越好。   （   ）
5. 为了满足施工的需要,水泥的初凝时间不宜过长,终凝时间不宜过短。   （   ）
6. 检验水泥体积安定性的标准方法为雷氏法。   （   ）
7. 水泥的强度等级根据其 28d 抗压强度值划分。   （   ）
8. 对早期强度要求比较高的工程,一般使用矿渣硅酸盐水泥、火山灰质硅酸盐水泥和粉煤灰硅酸盐水泥。   （   ）
9. 矿渣硅酸盐水泥的耐热性较强。   （   ）
10. 水泥细度、初凝时间、安定性、强度中的任一项不符合标准规定,均为不合格品。
                                                                   （   ）

三、计算题

某普通硅酸盐水泥经水泥胶砂强度试验,测得它的 3d 和 28d 强度结果如表 1-2-11 所示,试评定该水泥的强度等级。

水泥胶砂强度试验结果   表 1-2-11

试件编号	抗折强度(MPa)		抗压强度(MPa)	
	3d	28d	3d	28d
1	3.6	6.8	16.7、17.9	43.7、44.2
2	3.5	6.0	16.3、17.4	43.3、42.9
3	3.8	7.3	18.3、15.2	43.8、44.3

第三章 水泥混凝土和建筑砂浆

【职业能力目标】

1. 能合理选择原材料来配制工程所需的普通混凝土;
2. 能对普通混凝土的主要技术性能进行检测;
3. 能根据工程的要求配制砌筑砂浆。

【知识目标】

1. 了解混凝土的分类情况;
2. 掌握普通混凝土组成材料的质量要求;
3. 掌握普通混凝土的技术性质和影响因素,及其主要技术指标的测定方法;
4. 掌握普通混凝土配合比设计的基本步骤和设计方法;
5. 熟悉建筑砂浆组成材料的质量要求;
6. 掌握砌筑砂浆的技术性质及主要技术指标的测定方法;
7. 掌握砂浆配合比选用和设计的方法。

水泥混凝土是以水泥为胶结材料,与细集料、粗集料及水按适当比例配制,经一定时间硬化而成的一种坚硬的人造石材。在现代混凝土中,为了调节和改善水泥混凝土性能,还加入了外加剂和掺和料。

水泥混凝土因其具有原材料来源丰富、施工方便、性能可根据需要设计调整、抗压强度高、耐久性好、与钢筋有良好的握裹力等特点,是公路工程中应用最广泛的材料之一。但水泥混凝土也存在着自重大、抗拉强度低等缺点。

水泥混凝土的种类很多,通常从以下几个方面进行分类。

1. 按表观密度分类

(1)普通混凝土

普通混凝土干表观密度在 2 000～2 800kg/m³ 之间,用普通天然砂、石和水泥配制而成,是土木工程中常用的混凝土,主要用作承重结构材料。

(2)轻混凝土

轻混凝土干表观密度小于 2 000kg/m³,是采用陶粒等轻质多孔的集料,或者不采用细集料而掺入加气剂或泡沫剂,形成多孔结构的混凝土。主要用作轻质结构材料和保温材料。

(3)重混凝土

重混凝土干表观密度大于 2 800kg/m³,是采用密度很大的重晶石、铁矿石、钢屑等重集料和钡水泥、锶水泥等重水泥配制而成。重混凝土具有防射线性能,又称防辐射混凝土,主要用作核能工程的屏蔽结构材料。

2. 按强度等级分类

(1)低强度混凝土:强度等级小于 C30 的混凝土。

(2)中强度混凝土:强度等级为 C30～C60 的混凝土。

(3)高强度混凝土:强度等级大于或等于 C60 的混凝土。

3. 按稠度分类

(1)干硬性混凝土:指混凝土拌和物坍落度小于 10mm 且需用维勃时间表示其稠度的混凝土。

(2)塑性混凝土:指混凝土拌和物坍落度为 10～90mm 的混凝土。

(3)流动性混凝土:指混凝土拌和物坍落度为 100～150mm 的混凝土。

(4)大流动性混凝土:指混凝土拌和物坍落度不小于 160mm 的混凝土。

第一节　普通混凝土

一、普通混凝土的组成材料

水泥混凝土主要组成材料是集料,约占混凝土总体积的 2/3,细集料填充石子的空隙,构成坚实的骨架,在水泥混凝土中起到抑制由于水泥浆干燥硬化而产生收缩的作用。水泥和水形成水泥浆,填充于集料之间,并包裹在集料表面,赋予混凝土拌和物一定的流动性。当水泥浆凝结硬化后,将集料胶结成整体,使混凝土具有一定的强度和耐久性。此外,为改善水泥混凝土的性能,常会在混凝土中掺加各种外加剂和掺和料。

为了保证混凝土的质量,各组成材料必须满足相应的技术要求。

(一)水泥

1. 水泥品种的选择

混凝土的性能在很大程度上取决于水泥的质量。配制混凝土时,通常可采用硅酸盐水泥、普通硅酸盐水泥、矿渣硅酸盐水泥、火山灰质硅酸盐水泥、粉煤灰硅酸盐水泥以及复合硅酸盐水泥等品种,在特殊环境下,可采用特种水泥等。在施工时可根据水泥混凝土工程特点、所处环境特点、施工气候条件等因素,结合不同水泥品种的特性,合理选择。

2. 水泥强度等级的选择

水泥强度等级应与要求配制的混凝土强度等级相适应。若水泥强度等级选用过高,会使混凝土中水泥用量偏低,混凝土和易性不好,容易离析,混凝土浇筑质量差;反之,若水泥强度等级选用过低,则混凝土中水泥用量偏高,非但不经济,而且水化热大,易发生收缩裂纹。

(二)细集料

混凝土用的细集料,应采用级配良好、质地坚硬、吸水率小、颗粒洁净的河砂,河砂不易得到时,也可用硬质岩石加工的符合国家标准的人工砂。细集料不宜采用海砂,不得不采用海砂时,应具备可靠的冲洗条件,使其氯离子含量等不超出规定要求。

砂按其技术性能要求分为Ⅰ级、Ⅱ级、Ⅲ级。Ⅰ级宜用于强度等级大于C60的混凝土;Ⅱ级宜用于强度等级为C30~C60的混凝土及有抗冻、抗渗或其他要求的混凝土;Ⅲ级宜用于强度等级小于C30的混凝土。

配制混凝土时,细集料的质量应满足以下几方面要求:

1. 级配与细度模数

优质混凝土用砂最好具有高的密实度和小的比表面积,这样才能既保证所拌制混凝土有适宜的施工和易性、硬化后混凝土有一定的强度和耐久性,同时又节约水泥。

砂的级配反映大小砂粒的搭配情况,为节约水泥和提高混凝土的密实度,应使用级配良好的砂。根据《建筑用砂》(GB/T 14684—2011)的规定,混凝土用砂根据0.6mm的累计筛余,分成三个级配区,砂的级配应符合表1-3-1的规定。

砂的颗粒级配区(GB/T 14684—2011)　　　　表1-3-1

砂的分类	天 然 砂			机 制 砂		
级配区	Ⅰ区	Ⅱ区	Ⅲ区	Ⅰ区	Ⅱ区	Ⅲ区
方孔筛	累计筛余(%)					
4.75mm	10~0	10~0	10~0	10~0	10~0	10~0
2.36mm	35~5	25~0	15~0	35~5	25~0	15~0
1.16mm	65~35	50~10	25~0	65~35	50~10	25~0
0.6mm	85~71	70~41	40~16	85~71	70~41	40~16
0.3mm	95~80	92~70	85~55	95~80	92~70	85~55
0.15mm	100~90	100~90	100~90	97~85	94~80	94~75

注:砂的实际颗粒级配除4.75mm和0.6mm筛档外,可以略有超出,但各级累计筛余超出值总和应不大于5%。

其中Ⅱ区砂由中砂和部分偏粗的细砂组成,是配制混凝土时优先选用的级配类型。Ⅰ区砂属于粗砂范畴,用其拌制混凝土时,应较Ⅱ区砂提高砂率,并保证足够的水泥用量,否则混凝土拌和物内部摩阻力较大,保水性差,不易捣实成型。Ⅲ区砂是由细砂和部分偏细的中砂组成,当用其配制混凝土时,混凝土黏性较大,保水性能好,易插捣成型,但其表面积大,宜适当降低砂率以保证混凝土的强度。水泥混凝土用砂级配范围曲线如图1-3-1所示。

2. 含泥量、石粉含量和泥块含量

含泥量是指天然砂中粒径小于0.075mm的颗粒含量;石粉含量是指人工砂中粒径小于0.075mm的颗粒含量;泥块含量是指细集料中原尺寸大于1.18mm,但经水洗、手捏后小于0.6mm的颗粒含量。

这些细微颗粒黏附在集料的表面，妨碍水泥与集料黏结；而黏土泥块则因吸水膨胀、干燥收缩，对混凝土形成很大破坏。

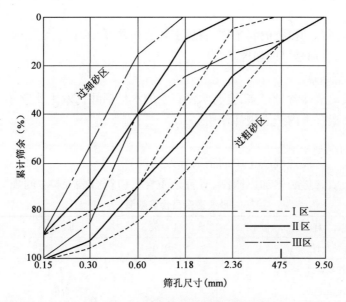

图 1-3-1　水泥混凝土用砂级配范围曲线

天然砂的含泥量和泥块含量，应符合表 1-3-2 的规定；人工砂的石粉含量和泥块含量，应符合表 1-3-3 的规定。

天然砂的含泥量和泥块含量　　　　　　　　　　　　　　　表 1-3-2

项　　目	Ⅰ 级	Ⅱ 级	Ⅲ 级
含泥量（按质量计，%）	≤1.0	≤3.0	≤5.0
泥块含量（按质量计，%）	0	≤1.0	≤2.0

人工砂的石粉含量和泥块含量　　　　　　　　　　　　　　　表 1-3-3

项　　目		Ⅰ 级	Ⅱ 级	Ⅲ 级
亚甲蓝试验	MB 值	≤0.5	≤1.0	≤1.4 或合格
	MB 值≤1.4 或快速法试验合格　石粉含量（按质量计，%）		≤10.0	
	泥块含量（按质量计，%）	0	≤1.0	≤2.0
	MB 值>1.4 或快速法试验不合格　石粉含量（按质量计，%）	≤1.0	≤3.0	≤5.0
	泥块含量（按质量计，%）	0	≤1.0	≤2.0

3. 有害杂质含量

集料中含有妨碍水泥水化，或降低集料与水泥石的黏结，或能与水泥水化产物发生不良化学反应的各种物质，称为有害杂质。细集料中有害杂质主要包括以下几种：

（1）云母

云母呈薄片状，表面光滑且极易沿节理裂开，因此它与水泥石黏附性极差，对混凝土拌和物的和易性和硬化后混凝土的抗冻性和抗渗性都有不利的影响。

(2)轻物质

砂中的轻物质是指相对密度小于2.0的颗粒,如煤和褐煤等。

(3)有机质

天然砂中有时混有动植物的腐殖质、腐殖土等有机物质,它们会延缓水泥的硬化过程,并降低混凝土的强度,特别是早期强度。

(4)硫化物和硫酸盐

砂中硫化物或硫酸盐含量过多,会与水泥石中的水化铝酸钙发生反应,生成水化硫铝酸钙晶体,体积膨胀,在混凝土内产生破坏作用。

(5)氯化物

氯化物中氯离子会侵蚀混凝土中的钢筋导致锈蚀。

对这些有害杂质含量必须加以限制,有害杂质含量应符合表1-3-4的规定。

砂有害杂质含量限值　　　　　　　　　　　　　　　表1-3-4

项　目	Ⅰ级	Ⅱ级	Ⅲ级
云母(按质量计,%)	≤1.0	≤2.0	
轻物质(按质量计,%)	≤1.0		
有机物(比色法)	合格		
硫化物及硫酸盐(按SO$_3$质量计,%)	≤0.5		
氯化物(以氯离子质量计,%)	≤0.01	≤0.02	≤0.06
贝壳(按质量计,%)	≤3.0	≤5.0	≤8.0

4.压碎值和坚固性

采用人工砂时,为确保其具备一定的强度,需进行压碎值测定。砂的坚固性则采用饱和硫酸钠溶液法进行试验,以5次干湿循环后测得的质量损失来表示,具体规定见表1-3-5。

砂的压碎指标和坚固性指标　　　　　　　　　　　　表1-3-5

项　目	Ⅰ级	Ⅱ级	Ⅲ级
机制砂单级最大压碎指标(%)	≤20	≤25	≤30
坚固性(按质量损失计,%)	≤8		≤10

5.表观密度、松散堆积密度、空隙率

砂的表观密度应不小于2 500kg/m^3;松散堆积密度应不小于1 400kg/m^3;空隙率应不大于44%。

6.碱集料反应

经碱集料反应试验后,由砂制备的试件无裂缝、酥裂、胶体外溢等现象,在规定的试验龄期膨胀率应小于0.10%。

(三)粗集料

混凝土所用粗集料,包括卵石和碎石,是混凝土的主要组成材料,也是影响混凝土强度的重要因素之一。粗集料按其技术性能要求分为Ⅰ级、Ⅱ级、Ⅲ级。Ⅰ级宜用于强度等级大于C60的混凝土;Ⅱ级宜用于强度等级为C30~C60的混凝土及有抗冻、抗渗或其他要求的混凝土；Ⅲ级宜用于强度等级小于C30的混凝土。

配制混凝土时，粗集料的质量应满足以下几方面要求：

1. 强度与坚固性

粗集料在混凝土中起骨架作用，其强度和坚固性直接影响着混凝土的强度和耐久性。

（1）强度

碎石的强度采用岩石抗压强度或压碎指标来表示；卵石的强度一般用压碎指标来表示。岩石抗压强度一般在选择采石场或对石子强度有严格要求时才用，对于工程中经常性的生产质量控制，则采用简便实用的压碎指标检验方法。

测定岩石抗压强度时，应从母岩中取50mm×50mm×50mm的立方体试件，或直径与高均为50mm的圆柱体试件，在水中浸泡48h达到饱和状态，然后测定试件的抗压强度。现行国标规定，在饱水状态下，火成岩抗压强度应不小于80MPa，变质岩应不小于60MPa，水成岩应不小于30MPa。

压碎指标值用于测定石子在逐渐增加的荷载下抵抗压碎的能力，能间接推测其相应的强度。压碎值愈小，说明石子抵抗压碎的能力愈强。《建筑用卵石、碎石》（GB/T 14685—2011）对石子的压碎值规定见表1-3-6。

碎石或卵石压碎指标　　　　　　　　　　　　　表1-3-6

项　目	Ⅰ级	Ⅱ级	Ⅲ级
碎石压碎指标（%）	≤10	≤20	≤30
卵石压碎指标（%）	≤12	≤14	≤16

（2）坚固性

粗集料的坚固性用饱和硫酸钠溶液法检验，经5次干湿循环后测定其质量损失。其要求见表1-3-7。

坚固性指标　　　　　　　　　　　　　表1-3-7

项　目	Ⅰ级	Ⅱ级	Ⅲ级
质量损失（%）	≤5	≤8	≤12

2. 有害杂质

粗集料中的有害杂质，包括黏土、淤泥、硫化物及硫酸盐、有机质等，其含量不得超过表1-3-8的要求。

粗集料有害杂质含量限值　　　　　　　　　　　　　表1-3-8

项　目	Ⅰ级	Ⅱ级	Ⅲ级
含泥量（按质量计，%）	≤0.5	≤1.0	≤1.5
泥块含量（按质量计，%）	0	≤0.2	≤0.5
有机物（比色法）	合格	合格	合格
硫化物及硫酸盐（按SO_3质量计，%）	≤0.5	≤1.0	≤1.0

3. 颗粒级配与最大粒径

（1）颗粒级配

混凝土中碎石或卵石颗粒组成，应符合表1-3-9的规定。单一粒级宜用于配制成具有要求级配的连续粒级,也可与连续粒级集料混合使用,以改善其级配。不宜用单一的单粒级集料配制混凝土,如必须单独使用,则应作技术经济分析,并应通过试验证明不会发生离析或影响混凝土的质量。

碎石或卵石的颗粒级配与范围 表1-3-9

公称粒级(mm)		方孔筛筛孔尺寸(mm)										
		2.36	4.75	9.5	16.0	19.0	26.5	31.5	37.5	53.0	63.0	75.0	90
		累计筛余(%)											
连续级配	5~16	95~100	85~100	30~60	0~10	0							
	5~20	95~100	90~100	40~80	—	0~10	0						
	5~25	95~100	90~100	—	30~70	—	0~5	0					
	5~31.5	95~100	90~100	70~90	—	15~45	—	0~5	0				
	5~40	—	95~100	70~90	—	30~65	—	—	0~5	0			
单粒级	5~10	95~100	80~100	0~15	0								
	10~16		95~100	80~100	0~15								
	10~20		95~100	85~100		0~15	0						
	16~25			95~100	55~70	25~40	0~10						
	16~31.5		95~100		85~100			0~10	2				
	20~40			95~100		80~100			0~10	0			
	40~80					95~100			70~100		30~60	0~10	0

(2)最大粒径

最大粒径是指集料的100%都要求通过的最小标准筛筛孔尺寸。集料的粒径越大,总表面积相应越小,则所需的水泥浆量也越小。所以,在条件许可的情况下,应尽量选择较大粒径的集料,但同时要考虑结构形式、配筋疏密和施工运输等条件的限制。《公路桥涵施工技术规范》(JTG/T F—2011)规定,粗集料最大粒径不得超过结构最小边尺寸的1/4和钢筋最小净距的3/4;在两层或多层密布钢筋结构中,最大粒径不得超过钢筋最小净距的1/2,同时不得超过75.0mm。混凝土实心板的粗集料最大粒径不宜超过板厚的1/3且不得超过37.5mm。泵送混凝土时的粗集料最大粒径,除应符合上述规定外,对碎石不宜超过输送管径的1/3;对卵石不宜超过输送管径的1/2.5。

4.颗粒形状及表面特征

(1)颗粒形状

为提高混凝土强度和减小集料间的空隙,粗集料的颗粒形状以接近立方体为宜,不宜含有过多的针、片状颗粒。在粗集料中,针、片状颗粒不仅本身受力时容易折断,影响混凝土的强度,而且会增大集料的空隙率,使混凝土拌和物的和易性变差。针状颗粒是指长度大于其所属粒级平均粒径的2.4倍的颗粒;片状颗粒是指厚度小于其平均粒径的0.4倍的颗粒。混凝土中粗集料中针、片状颗粒含量应符合表1-3-10的规定。

针、片状颗粒含量 表1-3-10

项 目	Ⅰ 级	Ⅱ 级	Ⅲ 级
针、片状颗粒含量(按质量计,%)	≤5	≤10	≤15

(2) 表面特征

粗集料的表面特征指其表面粗糙程度。与表面光滑和圆形的卵石相比,表面粗糙且多棱角的碎石配制成的混凝土,由于对水泥黏附性好,故具有较高的强度,但是在相同单位用水量(即相同水泥浆用量)条件下,卵石配制的混凝土拌和物具有较好的和易性。

5. 碱活性检验

在混凝土中,集料中碱活性矿物(如活性 SiO_2 等)与水泥、外加剂中的碱在潮湿环境下会缓慢发生膨胀反应导致混凝土开裂破坏。故施工前宜对所用的碎石或卵石进行碱活性检验,在条件许可时尽量避免采用有碱活性反应的集料,或采取必要的措施。

检验时采用岩相法可判断集料属于什么岩石,含有哪些活性矿物;砂浆长度法则可鉴定活性集料与水泥中的碱反应所引起的膨胀是否具有潜在危害。如果用高碱硅酸盐水泥制成砂浆试件,试件无裂缝、酥裂、胶体外溢等现象,其 6 个月膨胀率小于 0.1% 或 3 个月膨胀率小于 0.05%,则可判断为非活性集料。如超过上述数值时,应根据混凝土的试验结果做出最后的评定。

(四)混凝土用水

水泥混凝土的用水,不得含有影响水泥混凝土正常凝结、硬化的有害杂质,符合国家标准的饮用水可直接作为混凝土的拌制和养护用水。当采用其他水源或对水质有疑问时,应对水质进行检验。被检验水样应与饮用水样进行水泥凝结时间对比试验,对比试验的水泥初凝时间差及终凝时间差均不应大于 30min;同时,初凝和终凝时间应符合现行国家标准的规定。同时还应进行水泥胶砂强度对比试验,被检验水样配制的水泥胶砂 3d 和 28d 强度不应低于饮用水配制的水泥胶砂 3d 和 28d 强度的 90%。

混凝土用水中不应有漂浮明显的油脂和泡沫,且不应有明显的颜色和异味。严禁将未经处理的海水用于结构混凝土的拌制。混凝土用水的品质指标,应符合表 1-3-11 规定。

混凝土用水质量要求(JGJ 63—2006)　　　　表 1-3-11

项　目	素混凝土	钢筋混凝土	预应力混凝土
pH 值	≥4.5	≥4.5	≥5.0
不溶物(mg/L)	≤5 000	≤2 000	≤2 000
可溶物(mg/L)	≤10 000	≤5 000	≤2 000
氯化物(以 Cl^- 计)(mg/L)	≤3 500	≤1 000	≤500
硫酸盐(以 SO_4^{2-} 计)(mg/L)	≤2 700	≤2 000	≤600
碱含量(mg/L)	≤1 500	≤1 500	≤1 500

注:碱含量按 $Na_2O+0.658K_2O$ 计算值来表示。采用非碱活性骨料时,可不检验碱含量。

(五)外加剂

外加剂是一种在混凝土搅拌之前或拌制过程中加入的、用以改善混凝土拌和物或硬化混凝土性能的材料,其掺量应不大于水泥质量的 5%。

1. 分类

混凝土外加剂的种类繁多,按其主要功能归纳起来可分为下列四类:

(1)改善混凝土拌和物流动性能的外加剂,如各种减水剂和泵送剂等。

(2)调节混凝土凝结时间、硬化性能的外加剂,如缓凝剂、早强剂和速凝剂等。

(3)改善混凝土耐久性的外加剂,如引气剂、防水剂和阻锈剂等。

(4)改善混凝土其他性能的外加剂,如膨胀剂、防冻剂、着色剂等。

2. 常用混凝土外加剂

(1)减水剂

减水剂是在混凝土坍落度基本相同条件下,能减少拌和用水的外加剂。

在混凝土拌和物中加入减水剂后,一般可得到以下效果:

①在保持用水量和水泥用量不变时,可增大混凝土拌和物的流动性,如采用高效减水剂,可制备大流动性混凝土。

②保持混凝土拌和物的施工和易性和水泥用量不变,可减少用水量提高混凝土强度,同时水胶比减小,亦可提高耐久性。

③在保持混凝土施工和易性和强度不变的条件下,可节约水泥用量。

(2)引气剂

引气剂是在搅拌混凝土过程中能引入大量均匀分布、稳定而封闭的微小气泡且能保留在硬化混凝土中的外加剂。

对于混凝土拌和物,由于这些气泡的存在,可改善施工和易性,减少泌水和离析。对硬化后的混凝土,由于气泡彼此隔离切断毛细孔通道,使水分不易渗入,又可缓冲其水分结冰膨胀的作用,因而能提高混凝土的抗冻性、抗渗性和抗蚀性。但是,由于气泡的存在,混凝土强度会有所降低。

引气剂的掺量极微,为 0.005% ~ 0.01%;引气量为 3% ~ 6%。

(3)缓凝剂

缓凝剂是指能延缓混凝土的凝结时间,对混凝土后期物理力学性能无不利影响的外加剂。缓凝剂的加入会显著延长混凝土在塑性状态下的凝结时间,从而使得混凝土有较长的时间可以用于输送、浇筑及最后加工。

缓凝剂适用于大体积混凝土、炎热季节施工的混凝土,以及需长时间停放或长距离运输的混凝土,可延缓混凝土的凝结时间,保持和易性。同时对于大体积混凝土,还可延长放热时间,消除或减少裂缝,保证结构整体性。

(4)早强剂

早强剂是指能加速混凝土早期强度发展的外加剂,主要品种有氯盐类、硫酸盐类及有机胺类等。早强剂适用于蒸养混凝土及常温、低温和最低温度不低于 -5℃ 环境中施工的有早强要求的混凝土工程,炎热环境条件下不宜使用早强剂。由于氯盐类早强剂中含有 Cl^- 离子,会引起混凝土中的钢筋锈蚀,因而在大部分钢筋混凝土工程限制使用氯盐类早强剂。

(六)矿物掺和料

矿物掺和料是指在拌制水泥混凝土过程中掺入的、具有一定细度和水硬活性的、用以改善混凝土拌和物和硬化混凝土性能(特别是耐久性)的某些工业排放回收或经处理的矿物产品。其作用主要是改善混凝土拌和物的施工和易性、降低混凝土水化热、调节凝结时间等。用于水泥混凝土中的矿物掺和料主要有粉煤灰、磨细矿渣粉、硅灰等。

1. 粉煤灰

(1) 技术要求

粉煤灰按其排放方式分为干排灰与湿排灰。湿排灰含水率大,活性降低较多,质量不如干排灰。按煤种不同分为F类和C类,F类为无烟煤或烟煤煅烧收集的粉煤灰,颜色为灰色或深灰色;C类为褐煤或次烟煤煅烧收集的粉煤灰,其氧化钙含量一般大于10%,为高钙粉煤灰,颜色为褐黄色。

粉煤灰受煤种、细度、燃烧条件和收尘方式等条件的限制,成分和性能波动很大,根据《用于水泥和混凝土中的粉煤灰》(GB/T 1596—2005),其分级及品质指标见表1-3-12。

用于水泥和混凝土中的粉煤灰技术指标　　表1-3-12

指标		级别		
		Ⅰ级	Ⅱ级	Ⅲ级
细度(45μm方孔筛筛余)(%)	F类粉煤灰, C类粉煤灰	≤12	≤25	≤45
需水量比(%)		≤95	≤105	≤115
烧失量(%)		≤5	≤8	≤15
含水率(%)		≤1	≤1	≤1
三氧化硫(%)		≤3	≤3	≤3
游离氧化钙(%)		F类粉煤灰≤1;C类粉煤灰≤4		
安定性,雷氏夹沸煮后增加距离(mm)		C类粉煤灰≤5		

(2) 掺入混凝土中的作用

粉煤灰为微球状颗粒,具有增大混凝土的流动性、减少泌水、改善和易性的作用;若保持流动性不变,则可起到减水作用;粉煤灰还具有火山灰活性,这种潜在的活性效应对混凝土后期强度增长较为有利,同时可降低水化热,抑制碱—集料反应,提高抗渗、抗化学腐蚀等耐久性能。粉煤灰的抗裂性优于矿渣粉。

(3) 掺入混凝土中的常用方法

混凝土中掺用粉煤灰的方法有等量取代法、超量取代法和外加法;除Ⅰ级灰外,一般不宜采用等量取代法。当混凝土超强较大或配制大体积混凝土时,可采用等量取代法。使用超量取代法时,其掺入量等于取代水泥的质量乘以粉煤灰超量系数,超量系数可按表1-3-13选用。薄壁混凝土结构应取较低限;一般结构宜取低限;大体积结构可取中、高限;重要公路工程结构的粉煤灰超量系数应通过试验确定。以改善拌和物施工和易性为主时,可采用外加法。三种掺用粉煤灰的方法均必须经过试验,满足要求后,方可在实际公路工程结构中使用。

粉煤灰等级与对应的超量系数　　表1-3-13

粉煤灰等级	Ⅰ	Ⅱ	Ⅲ
粉煤灰超量系数	1.1~1.4	1.3~1.7	1.5~2.0

粉煤灰在各种混凝土中取代水泥最大掺量,应符合表1-3-14的规定。当钢筋混凝土、预应力混凝土结构中钢筋保护层厚度小于50mm时,其最大掺量宜比表1-3-14规定减少5%。重要公路工程粉煤灰实际掺量及取代水泥量,应通过试验确定。

粉煤灰最大掺量（以质量百分比计，%）　　　　　　　　　　表1-3-14

混凝土种类	硅酸盐水泥	道路硅酸盐水泥	普通硅酸盐水泥
预应力钢筋混凝土	25	—	15
路面混凝土	30	25	15
钢筋混凝土	25	20	25
高强混凝土			
抗冻混凝土			
中、低强度混凝土	40	35	30
泵送混凝土			
大体积混凝土			
水下混凝土			
地下混凝土			
压浆混凝土			
碾压混凝土	50	45	40

2. 粒化高炉矿渣粉

粒化高炉矿渣，经干燥、粉磨达到相当细度，且符合相应活性指数的粉体，称为粒化高炉矿渣粉。

粒化高炉矿渣粉的矿物成分与水泥接近，在有足够碱度条件下自身与水能够产生水化反应而提供强度。矿渣的矿物成分与水泥熟料相比，钙含量偏低，生成水化硅酸钙和水化铝酸钙时，由于其缺钙，需要由水泥水化提供氢氧化钙补给，因此，掺矿渣的混凝土具有比硅酸盐水泥和普通水泥更高的抗海水、酸雨等化学及电化学腐蚀耐久性。另外，掺矿渣的混凝土水化反应速度略慢一些，在低温条件，对早强要求高的快通及要求快速张拉和放张的预应力混凝土结构和构件中使用时，应通过试验，选用比表面积较大，满足强度的磨细矿渣使用。但掺矿渣后，混凝土水化热较低，有利于控制大体积混凝土温升。

根据《用于水泥和混凝土中的粒化高炉矿渣粉》(GB/T 18046—2008)，粒化高炉矿渣粉应满足表1-3-15的技术指标规定。

用于水泥和混凝土中的粒化高炉矿渣粉技术指标　　　　　　　　　表1-3-15

项　目		级　别		
		S105	S95	S75
密度(g/cm³)		≥2.8		
比表面积(m²/kg)		≥500	≥400	≥300
活性指数(%)	7d	≥95	≥75	≥55
	28d	≥105	≥95	≥75
流动度比(%)		≥95		
含水率(%)		≤1.0		
三氧化硫(%)		≤4.0		
氯离子(%)		≤0.06		
烧失量(%)		≤3.0		

续上表

项目	级别		
	S105	S95	S75
玻璃体含量(%)	≥85		
放射性	合格		

3. 硅灰

硅灰是在冶炼硅铁合金或工业硅时,通过烟道排出的硅蒸气氧化后,经收尘器收集得到的以无定形二氧化硅为主要成分的超细粉末。

硅灰的平均粒径是水泥的百分之一,容重很小,单位质量的体积很大,且活性氧化硅含量很高,在目前掺和料中活性最高。可以迅速地与水泥水化释放出的氢氧化钙反应生成水化硅酸钙,因此,是目前配制高强与超高强高性能混凝土不可缺少的掺和料。同时,由于其细度极细,比表面积很大,需水量很高,必须与高效减水剂或超塑化剂共同掺用。

目前硅灰在混凝土中的应用要特别注意两个问题:首先,掺硅灰高强和超高强高性能混凝土由于水胶比很小,总胶凝材料用量高,水化热高,要控制温升,防止温差裂缝;其次,硅灰的自干性会使自生体积收缩量增大,自生体积收缩已经与干缩量相同,极易出现干缩和自收缩施工裂缝,必须注重降温保湿养生。在使用中,宜与粉煤灰或磨细矿渣粉共用,掺加减缩剂或复配膨胀剂,补偿其自生收缩。

硅灰的技术要求应符合表1-3-16的规定。

硅 灰 技 术 要 求　　　　表1-3-16

名　　　称		质 量 指 标
比表面积(m²/kg)		≥15 000
烧失量(%)		≤6
含水率(%)		≤3
Cl^-(%)		≤0.02
SiO_2(%)		≥85
混合砂浆性能	需水量比(%)	≤125
	28d 活性指数(%)	≥85
总碱量		注明测定数值

二、普通混凝土的技术性质

普通混凝土的技术性质,主要包括混凝土拌和物的和易性、硬化混凝土的强度、变形及耐久性。

(一)混凝土拌和物的和易性

1.和易性的概念

水泥混凝土在尚未凝结硬化以前,称为混凝土拌和物。在混凝土施工过程中,混凝土应具有良好的和易性。

混凝土拌和物的和易性,也称工作性,是指混凝土拌和物易于施工操作(拌和、运输、浇筑、振捣）且成型后质量均匀、密实的性能。和易性是一项综合的技术性质,包括有流动性、黏聚性、保水性等三方面的含义。

流动性是指混凝土拌和物在自重及施工机械振捣的作用下,克服内部阻力,能够流满模板、包围钢筋的能力。混凝土拌和物的流动性好,混凝土容易拌匀、捣实、成型。

黏聚性是指混凝土拌和物在施工中各组成材料之间有一定的黏聚力,不致产生分层和离析的现象。离析会使混凝土的组成材料分布不再均匀,粗集料下沉、砂浆上浮,以致造成混凝土出现蜂窝、麻面、薄弱夹层等质量不均匀的缺陷。

保水性是混凝土拌和物在施工中具有一定的保水能力,不致产生严重的泌水现象。泌水会在混凝土内形成泌水通道,使混凝土的密实性降低,耐久性下降。

2. 测定方法

目前,国际上还没有一种能够全面表征混凝土拌和物和易性的测定方法。我国通常采用坍落度试验来测定塑性混凝土的流动性,并观察其黏聚性、保水性和可捣实性;对于干硬性混凝土的和易性则采用维勃稠度试验来测定。

(1)坍落度试验

坍落度试验是测试水泥混凝土拌和物稠度最常用的方法。这种方法适用于集料公称最大粒径不大于31.5mm、坍落度不小于10mm的水泥混凝土。

试验采用坍落筒测定。将拌和均匀的水泥混凝土拌和物按规定的方法分三层装入坍落筒,每层捣25次,刮平后立即将筒垂直提起,测量筒高与坍落后水泥混凝土拌和物试体最高点之间的高差,即为坍落度,以毫米(mm)计,如图1-3-2所示。当拌和物坍落度大于220mm时,用钢尺测量水泥混凝土扩展后最终的最大直径和最小直径,当这两个直径之差小于50mm时,其算术平均值即为水泥混凝土拌和物的坍落扩展度值,如图1-3-3所示。

图1-3-2 坍落度测定

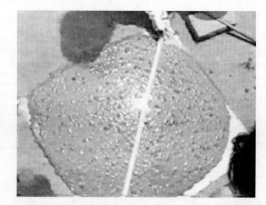

图1-3-3 坍落扩展度测定

坍落度及坍落扩展度越大,表示水泥混凝土拌和物流动性越大。进行坍落度试验时,还需根据经验观察判断棍度、含砂情况、黏聚性、保水性等,以综合评定混凝土拌和物的工作性。

(2)维勃稠度试验

对于集料最大粒径不超过31.5mm,坍落度值小于10mm的干硬性水泥混凝土拌和物,通常采用维勃稠度试验测定其稠度。

维勃稠度试验是将坍落度筒放在直径为240mm、高度为200mm的容器中,容器安装在专门的振动台上,按坍落度试验的方法将混凝土拌和物装入坍落度筒内,然后提起坍落度筒并将透明圆盘置于拌和物顶部,开动振动台并记录时间,从开始振动至透明圆盘底面被水泥浆布满的瞬间止,所经历的时间,即混凝土拌和物的维勃稠度值,以秒(s)表示,如图1-3-4所示。

维勃稠度越大,混凝土拌和物的流动性越小。

3. 影响混凝土拌和物和易性的主要因素

影响水泥混凝土拌和物和易性的因素主要是:内因——组成材料及其相对用量;外因——环境温度、湿度、风速以及时间等。

图1-3-4 维勃稠度仪

1)组成材料的特性

(1)水泥特性

水泥品种不同时,达到相同流动性的需水量往往不同,从而影响混凝土流动性。另一方面,不同水泥品种对水的吸附作用往往不同,从而影响混凝土的保水性和黏聚性。如火山灰水泥、矿渣水泥配制的混凝土拌和物的流动性比普通水泥小;火山灰水泥流动性小,但黏聚性最好。在流动性相同的情况下,矿渣水泥的保水性能较差,黏聚性也较差。同品种水泥越细,流动性越差,但黏聚性和保水性越好。

(2)集料特征

集料的最大粒径、级配、颗粒形状、表面粗糙程度、吸水性等都将不同程度地影响水泥混凝土拌和物的和易性。随着最大粒径增加,集料的比表面积减小,拌和物流动性提高;具有良好级配的混凝土拌和物具有较好的和易性;在其他条件相同时,由于卵石表面光滑、形状较圆、少棱角,所拌制的水泥混凝土拌和物流动性较好,但强度较表面粗糙、有棱角的碎石低。

(3)外加剂和掺和料

在拌制混凝土时,加入少量的外加剂和适量的掺和料能使混凝土拌和物在不增加水泥用量(或减少水泥用量)的条件下,获得很好的和易性,即增大流动性和改善黏聚性,降低泌水性。由于改变了混凝土的结构,还能提高混凝土的耐久性。

2)各组成材料的相对用量

(1)水胶比

水胶比是指水与胶凝材料的质量比。在固定用水量的条件下,水胶比较小时,胶凝材料浆体稠度变大,水泥混凝土拌和物的流动性减小。当水胶比过小时,有可能导致在一定施工条件下水泥混凝土拌和物不能振捣密实;水胶比较大时,胶凝材料浆体稠度较小,拌和物流动性增大,但过大的水胶比可能引起拌和物流浆、泌水,严重影响混凝土强度。

(2)单位用水量

单位用水量是指在单位体积混凝土中所加入的水的质量,它是混凝土流动性的决定因素。在水胶比一定的条件下,单位用水量变化意味着水泥等胶凝材料用量改变。水泥浆愈多,流动性愈大,但水泥浆过多,集料则相对减少,将出现流浆现象,拌和物的稳定性变差,不仅浪费水泥,而且会使拌和物的强度和耐久性降低;反之,若水泥浆过少,则无法很好包裹集料表面及填充其空隙,拌和物产生崩塌现象,失去稳定性。

试验表明,当集料一定时,如果用水量不变,若水泥增减量不超过 $50\sim100\text{kg/m}^3$,混凝土拌和物的流动性可基本保持不变,这一规律称为"固定需水量定则"。

(3)砂率

砂率是指混凝土中细集料(砂)的质量占粗、细集料总质量(砂、石总质量)的百分率。砂率反映了粗细集料的相对比例,影响混凝土集料的空隙率和总表面积。当水泥浆用量一定时,砂率过大,则集料的总表面积增大,包裹砂子的水泥浆层变薄,砂粒间的摩阻力加大,拌和物的流动性减小;砂率过小,虽然表面积减小,但由于砂浆量不足,水泥砂浆除填充石子空隙外,包裹在石子表面水泥浆层变薄,拌和物流动性变小,同时因砂量不足,也易导致离析、泌水现象,影响施工和易性。

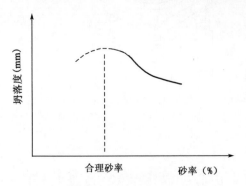

图 1-3-5 砂率与坍落度的关系(水泥浆用量一定)

混凝土拌和物坍落度与砂率的关系如图 1-3-5 所示。对一定的集料而言,应有一个合理砂率,即在水泥浆用量一定时,能使混凝土拌和物获得最大流动性,又不离析、不泌水时的砂率。

3)环境温度、湿度与搅拌时间

混凝土拌和物的流动性随着温度的升高而减小,温度越高,水化反应速度越快,拌和物流动性降低速度越快。温度升高 10℃,坍落度减小 $20\sim40\text{mm}$,夏季施工必须注意这一点。湿度越小,拌和物中的水分蒸发速度越快,流动性降低越快。另外,搅拌时间长短,也会影响混凝土拌和物的和易性,若搅拌时间不足,拌和物的和易性差,质量也不均匀。规范规定最少搅拌时间为 $1\sim3\text{min}$。

4.改善混凝土拌和物和易性的措施

(1)调节材料组成

在保证混凝土强度、耐久性和经济性的前提下,适当调整混凝土的组成配合比例以提高和易性。

(2)掺加外加剂

掺加减水剂、硫化剂等可提高混凝土拌和物的和易性,同时还可提高强度、耐久性,并节约水泥。

(3)提高振捣机械效能

提高振捣效能,可降低施工条件对混凝土拌和物和易性的要求,因而保持原有工作性能亦能达到捣实的效果。

(二)硬化后混凝土的强度

1.强度

混凝土结构物主要承受各种荷载作用,必须具备足够的强度。强度是混凝土硬化后重要的力学指标,也是评定混凝土质量的重要指标。混凝土的强度,主要包括立方体抗压强度、抗弯拉强度、轴心抗压强度和劈裂抗拉强度等。

1)抗压强度

(1)立方体抗压强度(f_{cu})

将混凝土拌和物按照标准方法制成边长为150mm的立方体试件,在标准养护条件(温度20℃±2℃、相对湿度95%以上)下,养护至28d龄期,按照标准的测定方法测得的抗压强度,即为混凝土立方体抗压强度,按式(1-3-1)计算。

$$f_{cu} = \frac{F}{A} \tag{1-3-1}$$

式中:f_{cu}——混凝土立方体抗压强度(MPa);
F——极限荷载(N);
A——受压面积(mm^2)。

混凝土立方体抗压强度的测定是以三个试件为一组,取三个试件测值的算术平均值作为该组试件的强度测定值。

混凝土立方体试件的尺寸应根据粗集料的公称最大粒径确定。当采用非标准尺寸试件时,应将其抗压强度乘以尺寸换算系数,折算为标准试件的立方体抗压强度。当混凝土强度等级小于C60时,换算系数见表1-3-17。当混凝土强度大于等于C60时,宜用标准试件,使用非标准试件时,换算系数由试验确定。

混凝土试件尺寸及换算系数　　　　表1-3-17

集料公称最大粒径(mm)	试件尺寸(mm×mm×mm)	尺寸换算系数
≤26.5	100×100×100	0.95
≤31.5	150×150×150	1.00
≤53	200×200×200	1.05

采用标准试验方法测定混凝土的立方体抗压强度是为了使混凝土质量具有可比性。在实际工程中,其养护条件(温度,湿度)有较大变化,为了反映工程中混凝土的强度情况,常把混凝土试件放在与工程相同条件下养护,再按所需龄期测定强度,作为工地混凝土强度控制的依据,又由于标准试验方法试验周期长,不能及时反映工程中的质量情况,因而可以采用一些加速养护的快速试验方法,来推定混凝土28d的强度值。

(2)立方体抗压强度标准值($f_{cu,k}$)和强度等级

立方体抗压强度标准值,是按标准方法制作和养护的边长为150mm的立方体试件,在28d以标准试验方法测得的强度总体分布的一个值,强度低于该值的百分率不超过5%(即具有95%保证率的抗压强度值)。

混凝土的强度等级是根据立方体抗压强度标准值来确定的,用符号"C"和"立方体抗压强度标准值"两项内容来表示,如C20即表示混凝土立方体抗压强度标准值为20MPa。根据我国《混凝土结构设计规范》(GB 50010—2010)规定,普通混凝土按立方体抗压强度标准值划分C15、C20、C25、C30、C35、C40、C45、C50、C55、C60、C65、C70、C75、C80,共14个等级。

2)抗弯拉强度(f_t)

在道路路面及机场道面结构等设计中,通常以水泥混凝土的抗弯拉强度作为结构设计和

质量控制的强度指标。

水泥混凝土的抗弯拉强度是以标准方法制备成150mm×150mm×550mm的梁形试件,经标准养护至28d后,按三分点方式加载,如图1-3-6所示,测定其抗弯拉强度,按式(1-3-2)计算:

$$f_f = \frac{FL}{bh^2} \qquad (1\text{-}3\text{-}2)$$

式中:f_f——混凝土抗弯拉强度(MPa);

F——极限荷载(N);

L——支座间距离(mm);

b——试件宽度(mm);

h——试件高度(mm)。

3)轴心抗压强度(f_{cp})

在钢筋混凝土结构中,受压构件结构形式实际大部分是棱柱体或圆柱体。为使测得的混凝土强度接近混凝土结构的实际情况,在钢筋混凝土结构计算中,都是采用混凝土的轴心抗压强度作为依据。

按我国《公路工程水泥及水泥混凝土试验规程》(JTG E30—2005)规定,采用150mm×150mm×300mm的棱柱体作为标准试件,测定其轴心抗压强度(图1-3-7),按式(1-3-3)计算:

图1-3-6 混凝土抗弯拉强度试验

图1-3-7 混凝土轴心抗压强度试验

$$f_{cp} = \frac{F}{A} \qquad (1\text{-}3\text{-}3)$$

式中:f_{cp}——混凝土轴心抗压强度(MPa);

F——试件极限破坏荷载(N);

A——试件受压面积(mm^2)。

同一材料的轴心抗压强度小于立方体抗压强度,轴心抗压强度$f_{cp}=(0.7\sim0.8)f_{cu}$。

4)劈裂抗拉强度(f_{ts})

我国标准《公路工程水泥及水泥混凝土试验规程》(JTG E30—2005)规定,采用150mm×150mm×150mm的立方体作为标准试件,在立方体试件中心平面内用圆弧为垫条施加两个方向相反、均匀分布的压应力,当压力增大至一定程度时试件就沿此平面劈裂破坏,这样测得的强度称为劈裂抗拉强度(图1-3-8)。可按式(1-3-4)计算：

$$f_{ts} = \frac{2F}{\pi A} = \frac{0.637F}{A} \quad (1-3-4)$$

式中：f_{ts}——混凝土劈裂抗拉强度(MPa)；
　　　F——试件破坏荷载(N)；
　　　A——试件劈裂面面积(mm^2)。

2. 影响混凝土强度的因素

水泥混凝土受力破坏主要有三种形式：集料破坏、水泥石破坏和界面破坏。因此水泥混凝土的强度与集料强度、水泥石强度及集料与水泥石界面黏结质量有关，水泥混凝土强度影响因素主要有以下几个方面：

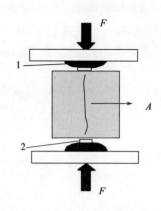

图1-3-8 混凝土劈裂抗拉强度试验
1-垫层；2-垫条；A-试件劈裂面面积

(1)胶凝材料

在混凝土中，胶凝材料很多时候不再是单一的水泥，还掺入了适量的粉煤灰、磨细矿渣粉等，它们是混凝土中的活性成分。其中水泥的强度等级和掺和料的质量及数量直接影响混凝土强度的高低。在配合比相同的条件下，所用的水泥强度等级越高，制成的混凝土强度也越高。

(2)水胶比

当采用相同的胶凝材料时，混凝土强度主要取决于水胶比的大小。在拌制混凝土拌和物时，为了获得必要的流动性，掺加的拌和用水通常比水化反应所需的水多。当混凝土硬化后，多余的水分就残留在混凝土中形成水泡，水分蒸发后形成气孔，使混凝土的密实度和强度降低。因此，水胶比越大，水泥混凝土的强度越低。但应说明：如果水胶比太小，拌和物过于干硬，在一定的捣实成型条件下，无法保证浇灌质量，混凝土中将出现较多的蜂窝、空洞，强度也将下降。

(3)集料特征

集料约占水泥混凝土体积的70%，特别是粗集料，在水泥混凝土中起到骨架的作用。集料中的有害物质含量高，则混凝土强度低；集料自身强度不足，也可能降低混凝土强度；集料的颗粒形状和表面粗糙度对强度影响也较为显著，表面粗糙、有棱角的碎石配制的混凝土要比表面光滑浑圆的卵石配制的混凝土强度高；当粗集料中针片状颗粒含量较高时，将降低混凝土强度，对抗弯拉强度的影响更显著。

(4)养护温度和湿度

混凝土拌和物浇筑振捣完毕后，必须保持适当的温度和湿度，使水泥充分水化，以保证混凝土强度不断提高。

养护环境温度高，水泥水化速度加快，混凝土强度发展也快，早期强度高，如图1-3-9所示。但当养护温度超过40℃时，对于硅酸盐水泥和普通水泥，会因为水泥水化速率太快，生成的大量水化产物来不及转移、扩散，而使水化反应变慢，混凝土后期强度反而降低；但对于掺入大量混合材料的水泥(如矿渣水泥、火山灰水泥、粉煤灰水泥等)，因为有二次水化反应，提高养护温度不但能加快水泥的早期水化速度，而且对混凝土后期强度增长有利。

当养护温度降至冰点以下时,混凝土中的水分大部分结冰,水泥水化反应停止。这时不但混凝土强度停止发展,而且由于孔隙内水分结冰而引起膨胀,使混凝土的内部结构遭受破坏,使已经获得的强度受损。混凝土早期强度低,更容易冻坏,所以应特别防止混凝土早期受冻。

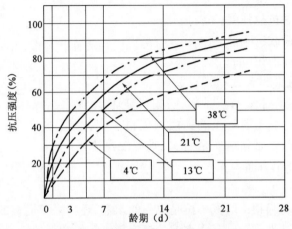

图1-3-9 混凝土强度与养护温度的关系

混凝土浇筑后,必须有较长时间在潮湿环境中养护。湿度适当时,水泥水化进行顺利,混凝土的强度能充分发展。如果湿度不够,混凝土会失水干燥,影响水泥水化的正常进行,甚至使水化停止,严重降低混凝土的强度。而且,因水化作用未能完成,使混凝土的结构疏松,抗渗性较差,或形成干缩裂缝,影响混凝土的耐久性。根据《混凝土结构工程施工规范》(GB 50666—2011)规定,混凝土浇筑完成后应及时进行保湿养护,保湿养护可采用洒水、覆盖、喷涂养护剂等方式。采用硅酸盐水泥、普通硅酸盐水泥或矿渣硅酸盐水泥配制的混凝土,养护时间不应少于7d;采用缓凝型外加剂、大掺量矿物掺和料配制的混凝土养护时间不应少于14d。

(5)龄期

龄期是指混凝土在正常养护下所经历的时间。混凝土在正常养护条件下(保证一定的温度和湿度),强度随龄期的增长而提高,最初的7d强度增长较快,而后增幅减少,28d以后,强度增长更趋缓慢,但如果养护条件得当,则在数十年内仍将有所增长。

在标准养护条件下,混凝土强度的发展大致与其龄期的对数成正比关系:

$$f_{cu,n} = f_{cu,a} \frac{\lg n}{\lg a} \tag{1-3-5}$$

式中:$f_{cu,n}$——n 天龄期混凝土的抗压强度(MPa);

$f_{cu,a}$——a 天龄期混凝土的抗压强度(MPa);

n、a——养护龄期(d)($n > a, a \geq 3$)。

式(1-3-5)表明,在一定条件下养护的混凝土,可根据其早期强度大致估计28d的强度。但是,由于影响混凝土强度的因素很多,上式仅适用于普通水泥制作的中等强度的混凝土。

(6)试验条件

在对混凝土试件进行强度测定时,试件的尺寸与形状、表面的平整状况、加荷速率以及含水状态等也会对所测的试件强度有一定影响。

①试验尺寸。大量的试验研究证明,试件的尺寸越小,测得的强度相对越高,这是由于大试件内存在孔隙、裂缝或局部缺陷的概率增大,使强度降低。

②试件形状。当受压面积相同,而高度不同时,高宽比越大,抗压强度越小。原因是试件受压面与压力机承压板之间的摩擦力,束缚了试件的横向膨胀作用,有利于强度的提高。由于这种"环箍效应"的影响,棱柱体试件的强度较立方体试件的强度低。

③表面状态。表面平整,则受力均匀,强度较高;而表面粗糙或凹凸不平,则受力不均匀,强度偏低。

④加荷速率。根据混凝土受压破坏理论,混凝土破坏是在变形达到极限值时发生的。当加载速度较快时,材料变形的增长落后于荷载的增加速度,故破坏时的强度值偏高;相反,当加载速度很慢,混凝土将产生徐变,使强度偏低。

⑤含水状态。混凝土含水率较高时,由于软化作用,强度较低;而混凝土干燥时,则强度较高,且混凝土强度等级越低,差异越大。

3. 提高混凝土强度的措施

(1) 采用高强度等级水泥或早强型水泥

在混凝土配合比相同的情况下,水泥的强度等级越高,混凝土的强度越高。采用早强型水泥可提高混凝土的早期强度,有利于加快施工进度。

(2) 采用低水胶比

采用低的水胶比,可以减少混凝土中的游离水,减少混凝土硬化后的孔隙,提高混凝土的密实度和强度。因此,降低水胶比是提高混凝土强度的最有效途径。但水胶比过小,将影响拌和物的流动性,造成施工困难,一般采取同时掺加减水剂的方法,使混凝土在低水胶比下,仍具有良好的和易性。

(3) 采用级配良好的碎石和合理砂率

在混凝土中,级配良好的碎石可充分发挥其骨架作用,而合理的砂率可使混凝土结构能被填充得更加密实。同时表面粗糙、有棱角的碎石与水泥浆的黏结力较强,有利于提高混凝土的强度。

(4) 采用蒸汽养护和蒸压养护

蒸汽养护是将混凝土放在温度低于100℃的常压蒸汽中进行养护。一般混凝土经过16～20h蒸汽养护,其强度可达正常条件下养护28d强度的70%～80%,蒸汽养护最适于掺活性混合材料的矿渣水泥、火山灰水泥及粉煤灰水泥制备的混凝土。因为蒸汽养护可加速活性混合材料内的活性SiO_2及活性Al_2O_3与水泥水化析出的$Ca(OH)_2$反应,使混凝土不仅提高早期强度,而且后期强度也有所提高,其28d强度可提高10%～20%。而对普通硅酸盐水泥和硅酸盐水泥制备的混凝土进行蒸汽养护,其早期强度也能得到提高,但因在水泥颗粒表面过早形成水化产物凝胶膜层,阻碍水分继续深入水泥颗粒内部,使后期强度增长速度反而减缓,其28d强度比标准养护28d的强度低10%～15%。

蒸压养护是将浇筑完的混凝土构件静置8～10h后,放入蒸压釜内,通入高压(≥8个大气压)、高温(≥175℃)饱和蒸汽进行养护,可加速水泥的水化和硬化,提高混凝土的强度。

(5) 掺加外加剂和掺和料

在混凝土中掺入早强剂可提高混凝土早期强度;掺入减水剂可减少用水量,降低水胶比,提高混凝土强度。此外，在混凝土中掺入高效减水剂的同时，掺入磨细的矿物掺和料（如硅灰、优质粉煤灰、超细磨矿渣等），可显著提高混凝土的强度。

（三）混凝土的变形

混凝土的变形，包括非荷载作用下的变形和荷载作用下的变形。非荷载作用下的变形，分为混凝土的化学收缩、干湿变形及温度变形；荷载作用下的变形，分为短期荷载作用下的变形及长期荷载作用下的变形——徐变。

1. 非荷载作用下的变形

（1）化学收缩

在混凝土硬化过程中，由于水泥水化产物的体积比反应前物质的总体积小，因而产生收缩，称为化学收缩。这种收缩随龄期的延长而增加，在40d内增长较快，以后逐渐减少并趋于稳定。化学收缩是不能恢复的，在混凝土内部可能产生微细裂缝，但对混凝土结构没有破坏作用。

（2）干湿变形

干湿变形主要表现为干缩湿胀。因混凝土内部水分蒸发引起的体积收缩，称为干缩；混凝土吸湿或吸水引起的膨胀，称为湿胀。混凝土收缩值较膨胀值大。在混凝土凝结硬化时，混凝土的干缩往往是表面较大，当收缩值过大，收缩应力超过混凝土的极限抗拉强度时，可导致混凝土产生干缩裂缝。当干缩变形受到约束时，常会引起构件的翘曲或开裂，影响混凝土的耐久性。因此，应通过选择干净的砂石、适当的水泥品种，减少水泥浆用量，采用振动捣实，加强早期养护等措施来减小混凝土的干缩。

（3）温度变形

混凝土与其他材料一样，也会随着温度的变化产生热胀冷缩的变形。混凝土的温度线膨胀系数为$(1 \sim 1.5) \times 10^{-5}/℃$，即温度每升高1℃，混凝土每米膨胀$0.01 \sim 0.015$mm。温度变形对大体积混凝土及大面积混凝土工程极为不利，易使这些混凝土产生温度裂缝。

在混凝土硬化初期，水泥水化放出较多热量，而混凝土又是热的不良导体，散热很慢，因此造成混凝土内外温差很大，有时可达$50 \sim 70℃$，这将使混凝土产生内胀外缩，结果在混凝土外表产生很大的拉应力，严重时使混凝土产生裂缝。因此，大体积混凝土施工时，常采用低热水泥，减少水泥用量，掺加缓凝剂及采用人工降温等措施，以减少因温度变形而引起的混凝土质量问题。

2. 荷载作用下的变形

（1）短期荷载作用下的变形

混凝土在短期荷载作用下，其应力与应变的关系呈曲线（图1-3-10），既会产生可以恢复的弹性变形（ε_t），又会产生不可恢复的塑性变形（ε_s），所以混凝土是一种弹塑性材料。

在应力—应变曲线上任一点的应力σ与其应变ε的比值，称作混凝土在该应力下的弹性模量。在混凝土结构或钢筋混凝土结构设计中，常以应力为轴心抗压强度1/3时

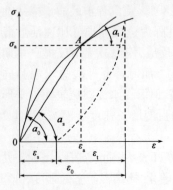

图1-3-10 混凝土应力—应变曲线
ε_0-全部应变；ε_s-塑性应变；ε_t-弹性应变

对应的静力抗压弹性模量,作为混凝土的弹性模量。

在道路路面及机场跑道工程中,水泥混凝土应测定其抗弯拉时的平均弹性模量作为设计参数,取抗弯拉强度50%时的加荷割线模量。

(2)长期荷载作用下的变形

混凝土在一定的应力水平(如50%~70%的极限强度)下,保持荷载不变,随着时间的延续而增加的变形称为徐变。加荷早期的徐变增加较快,后期减缓,一般2~3年可以稳定下来,如图1-3-11所示。混凝土在卸荷后,一部分变形瞬间恢复,这一变形小于最初加荷时产生的弹塑性变形。在卸荷后一定时间内,变形还会缓慢恢复一部分,称为徐变恢复。最后残留部分的变形称为残余变形。

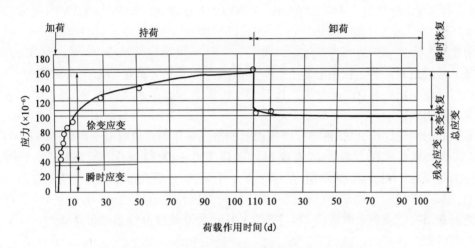

图1-3-11 混凝土的变形与荷载作用时间的关系曲线

在工程中,徐变的意义很大。在预应力钢筋混凝土结构中,由于混凝土的徐变而造成预应力受到损失,所以在预应力钢筋混凝土设计中,必须考虑混凝土的徐变。但徐变可以消除钢筋混凝土内的应力集中,使应力较均匀地重新分布。对大体积混凝土,徐变能消除一部分由温度变形所产生的破坏应力。

(四)混凝土的耐久性

混凝土的耐久性是指在外部和内部不利因素的长期作用下,保持其原有设计性能和使用功能的性质。外部因素指的是酸、碱、盐的腐蚀作用,冰冻破坏作用,水压渗透作用,碳化作用,干湿循环引起的风化作用,荷载应力作用和振动冲击作用等;内部因素主要指的是碱—集料反应和自身体积变化。

1.抗冻性

混凝土抗冻性是指混凝土在饱水状态下,能经受多次冻融循环作用而不破坏也不严重降低强度的性能,通常以抗冻等级表示。

混凝土的抗冻性试验采用快冻法,试验时以100mm×100mm×400mm棱柱体混凝土试件,经28d的龄期在吸水饱和后,于-18℃和5℃条件下快速冻结和融化。每隔25次冻融循环,对试件进行一次横向基频的测试并称重。当冻融至300次循环,或试件的相对动弹性模量下降至60%以下,或试件的质量损失率达5%,即可停止试验。根据试件能承受的最大抗冻循环次数即可划分混凝土的抗冻等级,如试件停止试验承受的最大冻融循环次数为50次,则其抗冻等级为F50。根据《混凝土质量控制标准》(GB 50164—2011)规定:混凝土的抗冻等级分为F50、F100、F150、F200、F250、F300、F350、F400、>F400等。

2. 抗渗性

混凝土的抗渗性是指其抵抗压力液体(水、油、溶液等)渗透作用的能力。混凝土抗渗性好,即混凝土密实性高,外界腐蚀介质不易侵入混凝土内部,从而抗腐蚀性能就好。同样,水不易进入混凝土内部,冰冻破坏作用和风化作用就小。

混凝土的抗渗性能用抗渗等级来表示。采用标准养护28d的标准试件,按规定方法进行试验,根据混凝土所能承受最大水压力,将混凝土的抗渗等级分为P4、P6、P8、P10、P12、>P12等,分别表示混凝土能抵抗0.4MPa、0.6MPa、0.8MPa、1.0MPa、1.2MPa、>1.2MPa的水压力而不渗漏。

3. 耐磨性

耐磨性是道路和桥梁工程用混凝土的重要性能之一。作为高级路面的水泥混凝土,必须具有抵抗车辆轮胎磨耗和磨光的性能。作为大型桥梁的墩台用水泥混凝土,也需要具有抵抗湍流空蚀的能力。

混凝土的耐磨性评价,以试件单位磨损面上的磨损量作为评价混凝土耐磨性的相对指标。按《公路工程水泥及水泥混凝土试验规程》(JTG E30—2005)规定,以150mm×150mm×150mm立方体试件,养护至27d龄期,在60℃烘干至恒重,然后在带有花轮磨头的混凝土磨耗试验机上,在200N负荷下磨削30转,记下相应质量为试件的原始质量(m_1),然后在200N负荷下再磨削60转,记录剩余质量(m_2)。按式(1-3-6)计算试件单位面积磨损量:

$$G_c = \frac{m_1 - m_2}{0.012\ 5} \tag{1-3-6}$$

式中:G_c——单位面积的磨损量(kg/m²);

m_1——试件的原始质量(kg);

m_2——试件磨损后的质量(kg);

0.012 5——试件磨损面积(m²)。

4. 抗碳化性能

混凝土碳化是指混凝土内水化产物Ca(OH)₂与空气中的CO_2在一定温度条件下发生化学反应,产生$CaCO_3$和水的过程。

碳化作用对混凝土的负面影响主要有两方面:一是碳化作用使混凝土的收缩率增大,导致混凝土表面产生拉应力,从而降低混凝土的抗拉强度和抗折强度,严重时直接导致混凝土开裂,开裂降低了混凝土的抗渗性能;二是碳化作用使混凝土的碱度降低,失去混凝土强碱环境对钢筋的保护作用,导致钢筋易锈蚀膨胀。

5. 碱—集料反应

碱—集料反应是指混凝土内水泥中所含的碱(K_2O和Na_2O),与集料中的活性SiO_2等发生化学反应,在集料表面形成碱—硅酸凝胶,吸水后将产生3倍以上的体积膨胀,从而导致混凝土膨胀开裂而破坏。碱集料反应引起的破坏,一般要经过若干年后才会发现,而一旦发生则很难修复。因此,对水泥中碱含量大于0.6%,集料中含有活性SiO_2且在潮湿环境或水中使用的混凝土工程,必须加以重视。大型水工结构、桥梁结构、高等级公路、飞机场跑道等一般均要求对集料进行碱活性试验或对水泥的碱含量加以限制。

混凝土所处的环境和使用条件不同,对其耐久性的要求也不相同,但影响耐久性的因素却有许多相同之处。混凝土的密实程度是影响耐久性的主要因素,其次是原材料的性质、施工质量等。提高混凝土耐久性的主要措施有:

(1)根据混凝土工程特点和所处环境条件,合理选择水泥品种及掺加适当的掺和料。

(2)选用质量良好、技术条件合格的砂、石集料。

(3)控制水胶比及保证足够的水泥用量,是保证混凝土密实度并提高混凝土耐久性的关键。《普通混凝土配合比设计规程》(JGJ 55—2011)规定了混凝土的最大水胶比和最小水泥用量的限值。

(4)掺入减水剂或引气剂,改善混凝土的孔结构,对提高混凝土的抗渗性和抗冻性有良好作用。

(5)改善施工操作,保证施工质量。

三、普通水泥混凝土的组成设计

混凝土配合比是指混凝土中各组成材料数量之间的比例关系,确定比例关系的工作为配合比设计。普通混凝土的配合比,应根据原材料性能及对混凝土的技术要求进行计算,并经试验室试配、调整后确定。

(一)概述

1. 混凝土配合比表示方法

(1)单位用量表示法

以每立方米混凝土中各种材料的用量表示。例如,水泥:矿物掺和料:水:细集料:粗集料 = 259kg:65kg:155kg:726kg:1 301kg。

(2)相对用量表示法

以水泥的质量为1,并按"水泥:矿物掺和料:细集料:粗集料;水胶比"的顺序排列表示。例如,1:0.25:2.80:5.02;$W/B = 0.48$。

2. 混凝土配合比设计的基本要求

(1)满足结构设计和质量验收规范规定的强度要求。

(2)满足现场施工条件所要求的和易性。

(3)满足工程所处环境对混凝土耐久性的要求。

(4)符合经济原则,在保证混凝土质量的前提下,尽量节约水泥,合理地使用材料和降低成本。

3. 混凝土配合比设计的资料准备

在设计混凝土配合比之前,必须通过调查研究,预先掌握下列基本资料:

(1)了解工程设计要求的混凝土强度等级、质量稳定性的强度标准差,以便确定混凝土配制强度。

(2)了解工程所处环境对混凝土耐久性的要求,以便确定所配制混凝土的最大水胶比和最小水泥用量。

(3) 了解结构构件断面尺寸及钢筋配置情况,以便确定混凝土集料的公称最大粒径。

(4) 了解混凝土施工方法,以便选择混凝土拌和物坍落度。

(5) 掌握原材料的性能指标,包括:水泥的品种、强度等级、密度;砂、石集料的种类、表观密度、级配、公称最大粒径;拌和用水的水质情况;外加剂的品种、性能、适宜掺量等。

(二)普通混凝土配合比设计的步骤

混凝土配合比的设计步骤,首先是按照已选择的原材料性能及对混凝土的技术要求进行初步计算,得出"初步配合比";再经过试验室试拌调整,得出"试拌配合比";然后,经过强度检验(如有抗渗、抗冻等其他性能要求,应当进行相应的检验),定出满足设计和施工要求并比较经济的"试验室配合比";最后根据现场砂、石的实际含水率,对试验室配合比进行调整,换算出"施工配合比"。

1. 初步配合比的计算

1) 确定混凝土的试配强度($f_{cu,0}$)

(1) 当混凝土设计强度等级小于 C60 时,配制强度应按式(1-3-7)确定:

$$f_{cu,0} \geq f_{cu,k} + 1.645\sigma \tag{1-3-7}$$

(2) 当混凝土设计强度等级不小于 C60 时,配制强度应按式(1-3-8)确定:

$$f_{cu,0} \geq 1.15 f_{cu,k} \tag{1-3-8}$$

式中:$f_{cu,0}$——混凝土配制强度(MPa);

$f_{cu,k}$——混凝土立方体抗压强度标准值(MPa),取混凝土的设计强度等级值;

σ——混凝土强度标准差(MPa)。

(3) 混凝土强度标准差应按下列规定确定:

① 当具有近 1~3 个月的同一品种、同一强度等级混凝土的强度资料,且试件组数不小于 30 时,其混凝土强度标准差应按式(1-3-9)计算:

$$\sigma = \sqrt{\frac{\sum_{i=1}^{n} f_{cu,i}^2 - n m_{fcu}^2}{n-1}} \tag{1-3-9}$$

式中:$f_{cu,i}$——第 i 组的试件强度(MPa);

m_{fcu}——n 组试件的强度平均值(MPa);

n——试件组数。

对于强度等级不大于 C30 的混凝土,当混凝土强度标准差计算值不小于 3.0MPa 时,应按式(1-3-9)的计算结果取值;当混凝土强度标准差计算值小于 3.0MPa 时,应取 3.0MPa。

对于混凝土强度等级大于 C30 且小于 C60 时,当混凝土强度标准差计算值不小于 4.0MPa 时,应按式(1-3-9)的计算结果取值;当混凝土强度标准差计算值小于 4.0MPa 时,应取 4.0MPa。

② 当没有近期同一品种、同一强度等级混凝土的强度资料时,其强度标准差 σ 可按表 1-3-18 取值。

标准差 σ 值（单位：MPa） 表1-3-18

混凝土强度标准值	≤C20	C25~C45	C50~C55
σ	4.0	5.0	6.0

2) 计算水胶比(W/B)

（1）当混凝土强度等级小于C60时，混凝土水胶比宜按式(1-3-10)计算：

$$\frac{W}{B} = \frac{\alpha_a f_b}{f_{cu,0} + \alpha_a \alpha_b f_b} \quad (1\text{-}3\text{-}10)$$

式中：W/B——混凝土水胶比；

α_a、α_b——回归系数，根据工程所使用的原材料，通过试验建立的水胶比与混凝土强度关系式来确定；当不具备试验统计资料时，可按表(1-3-19)选用；

f_b——胶凝材料28d胶砂抗压强度（MPa），可实测，且试验方法应按现行国家标准《水泥胶砂强度检验方法（ISO）》（GB/T 17671—1999）执行；无实测值时，可按式(1-3-11)计算。

回归系数(α_a、α_b)取值表 表1-3-19

系数 \ 粗集料品种	碎 石	卵 石
α_a	0.53	0.49
α_b	0.20	0.13

$$f_b = \gamma_f \gamma_s f_{ce} \quad (1\text{-}3\text{-}11)$$

式中：γ_f、γ_s——粉煤灰影响系数和粒化高炉矿渣粉影响系数，可按表1-3-20选用；

f_{ce}——水泥28d胶砂抗压强度（MPa），可实测；当无实测值时，也可按式(1-3-12)计算。

粉煤灰影响系数(γ_f)和粒化高炉矿渣粉影响系数(γ_s) 表1-3-20

掺量(%) \ 种类	粉煤灰影响系数 γ_f	粒化高炉矿渣粉影响系数 γ_s
0	1.00	1.00
10	0.85~0.95	1.00
20	0.75~0.85	0.95~1.00
30	0.65~0.75	0.90~1.00
40	0.55~0.65	0.80~0.90
50	—	0.70~0.85

注：1. 采用Ⅰ级、Ⅱ级粉煤灰宜取上限值。
2. 采用S75级粒化高炉矿渣粉宜取下限值，采用S95级粒化高炉矿渣粉宜取上限值，采用S105级粒化高炉矿渣粉可取上限值加0.05。
3. 当超出表中的掺量时，粉煤灰和粒化高炉矿渣粉影响系数应经试验确定。

$$f_{ce} = \gamma_c f_{ce,g} \quad (1\text{-}3\text{-}12)$$

式中：γ_c——水泥强度等级值的富余系数，可按实际统计资料确定；当缺乏实际统计资料是，也可按表1-3-21选用；
$f_{ce,g}$——水泥强度等级值(MPa)。

水泥强度等级值的富余系数(γ_c) 表1-3-21

水泥强度等级值	32.5	42.5	52.5
富余系数	1.12	1.16	1.10

(2)按耐久性校核水胶比。

按公式(1-3-10)计算所得的水胶比，是按强度要求计算得到的结果。在确定采用的水胶比时，还应根据混凝土所处的环境条件，参考《混凝土结构设计规范》(GB 50010—2010)允许的最大水胶比(表1-3-22)进行校核。如按强度计算的水胶比大于耐久性允许的最大水胶比，应采用允许的最大水胶比。

结构混凝土材料的耐久性基本要求 表1-3-22

环 境 等 级	最大水胶比	最低强度等级	最大氯离子含量(%)	最大碱含量(kg/m³)
一	0.60	C20	0.30	不限制
二 a	0.55	C25	0.20	3.0
二 b	0.50(0.55)	C30(C25)	0.15	3.0
三 a	0.45(0.50)	C35(C30)	0.15	3.0
三 b	0.40	C40	0.10	3.0

注：环境等级的划分如下：
一：指室内干燥环境；无侵蚀性静水浸没环境。
二 a：室内潮湿环境；非严寒和非寒冷地区的露天环境；非严寒和非寒冷地区与无侵蚀性的水或土壤直接接触的环境；严寒和寒冷地区的冰冻线以下与无侵蚀性的水或土壤直接接触的环境。
二 b：干湿交替环境；水位频繁变动环境；严寒和寒冷地区的露天环境；严寒和寒冷地区冰冻线以上与无侵蚀性的水或土壤直接接触的环境。
三 a：严寒和寒冷地区冬季水位变动区环境；受除冰盐影响环境；海风环境。
三 b：盐渍土环境；受除冰盐作用环境；海岸环境。

3)确定每立方米混凝土用水量(m_{w0})和外加剂用量(m_{a0})

(1)每立方米干硬性或塑性混凝土的用水量(m_{w0})应符合下列规定：
①混凝土水胶比在0.40~0.80范围时，可按表1-3-23和表1-3-24选取。
②混凝土水胶比小于0.40时，可通过试验确定。

干硬性混凝土的用水量(单位：kg/m³) 表1-3-23

拌和物稠度		卵石最大公称粒径(mm)			碎石最大公称粒径(mm)		
项目	指标	10.0	20.0	40.0	16.0	20.0	40.0
维勃稠度(s)	16~20	175	160	145	180	170	155
	11~15	180	165	150	185	175	160
	5~10	185	170	155	190	180	165

塑性混凝土的用水量（单位:kg/m³） 表1-3-24

拌和物稠度		卵石最大公称粒径(mm)				碎石最大公称粒径(mm)			
项目	指标	10.0	20.0	31.5	40.0	16.0	20.0	31.5	40.0
坍落度(mm)	10~30	190	170	160	150	200	185	175	165
	35~50	200	180	170	160	210	195	185	175
	55~70	210	190	180	170	220	205	195	185
	75~90	215	195	185	175	230	215	205	195

注:1. 本表用水量系采用中砂时的取值。采用细砂时，每立方米混凝土用水量可增加5~10kg；采用粗砂时，可减少5~10kg。

2. 掺用矿物掺和料和外加剂时，用水量应相应调整。

③掺外加剂时，每立方米流动性或大流动性混凝土的用水量(m_{w0})可按式(1-3-13)计算：

$$m_{w0} = m'_{w0}(1-\beta) \quad (1-3-13)$$

式中：m_{w0}——计算配合比每立方米混凝土的用水量(kg/m³)；

m'_{w0}——未掺外加剂时推定的满足实际坍落度要求的每立方米混凝土用水量(kg/m³)，以表1-3-24中90mm坍落度的用水量为基础，按每增大20mm坍落度相应增加5kg/m³用水量来计算，当坍落度增大到180mm以上时，随坍落度相应增加的用水量可减少；

β——外加剂的减水率(%)，应经混凝土试验确定。

(2)每立方米混凝土中外加剂用量(m_{a0})应按式(1-3-14)计算：

$$m_{a0} = m_{b0}\beta_a \quad (1-3-14)$$

式中：m_{a0}——计算配合比每立方米混凝土中外加剂用量(kg/m³)；

m_{b0}——计算配合比每立方米混凝土中胶凝材料用量(kg/m³)；

β_a——外加剂掺量(%)，应经混凝土试验确定。

4)计算胶凝材料、矿物掺和料和水泥用量

(1)每立方米混凝土的胶凝材料用量(m_{b0})应按式(1-3-15)计算。

$$m_{b0} = \frac{m_{w0}}{W/B} \quad (1-3-15)$$

式中：m_{b0}——计算配合比每立方米混凝土中胶凝材料用量(kg/m³)；

m_{w0}——计算配合比每立方米混凝土的用水量(kg/m³)；

W/B——混凝土水胶比。

(2)按耐久性要求校核单位胶凝材料用量。

除配制C15及其以下强度等级的混凝土外，混凝土的最小胶凝材料用量应符合表1-3-25的规定。

混凝土的最小胶凝材料用量 表1-3-25

最大水胶比	最小胶凝材料用量(kg/m³)		
	素混凝土	钢筋混凝土	预应力混凝土
0.60	250	280	300
0.55	280	300	300

续上表

最大水胶比	最小胶凝材料用量(kg/m³)		
	素混凝土	钢筋混凝土	预应力混凝土
0.50	320		
≤0.45	330		

(3)每立方米混凝土的矿物掺和料用量(m_{f0})按式(1-3-16)计算:

$$m_{f0} = m_{b0} \beta_f \qquad (1\text{-}3\text{-}16)$$

式中:m_{f0}——计算配合比每立方米混凝土中矿物掺和料用量(kg/m³);

β_f——矿物掺和料掺量(%),可参考表1-3-26确定。

钢筋(预应力)混凝土中矿物掺和料最大掺量　　表1-3-26

矿物掺和料种类	水 胶 比	最大掺量(%)	
		采用硅酸盐水泥时	采用普通硅酸盐水泥时
粉煤灰	≤0.40	45(35)	35(30)
	>0.40	40(25)	30(20)
粒化高炉矿渣粉	≤0.40	65(55)	55(45)
	>0.40	55(45)	45(35)
钢渣粉	—	30(20)	20(10)
磷渣粉	—	30(20)	20(10)
硅灰	—	10	10
复合掺和料	≤0.40	65(55)	55(45)
	>0.40	55(45)	45(35)

注:1.采用其他通用硅酸盐水泥时,宜将水泥混合材料掺量20%以上的混合材料计入矿物掺和料。
　　2.复合掺和料各组分的掺量不宜超过单掺时的最大掺量。
　　3.在混合使用两种或两种以上矿物时,矿物掺和料总掺量应符合表中复合掺和料的规定。

(4)每立方米混凝土的水泥用量(m_{c0})按式(1-3-17)计算:

$$m_{c0} = m_{b0} - m_{f0} \qquad (1\text{-}3\text{-}17)$$

式中:m_{c0}——计算配合比每立方米混凝土中水泥用量(kg/m³)。

5)选定砂率(β_s)

砂率应根据集料的技术指标、混凝土拌和物性能和施工要求,参考既有历史资料确定。当缺乏砂率的历史资料时,混凝土砂率的确定应符合下列规定:

(1)坍落度小于10mm的混凝土,其砂率应经试验确定。

(2)坍落度为10~60mm的混凝土,其砂率可根据粗集料品种、最大公称粒径及水胶比按表1-3-27选取;在表中不能直接查取的,可用内插法计算后选取确定。

(3)坍落度大于60mm的混凝土,其砂率可经试验确定,也可在表1-3-27的基础上,按坍落度每增大20mm、砂率增大1%的幅度予以调整。

混凝土的砂率(%)　　　　表1-3-27

水胶比	卵石最大公称粒径(mm)			碎石最大公称粒径(mm)		
	10.0	20.0	40.0	16.0	20.0	40.0
0.40	26~32	25~31	24~30	30~35	29~34	27~32
0.50	30~35	29~34	28~33	33~38	32~37	30~35
0.60	33~38	32~37	31~36	36~41	35~40	33~38
0.70	36~41	35~40	34~39	39~44	38~43	36~41

注：1. 本表数值系中砂的选用砂率，对细砂或粗砂，可相应地减少或增大砂率。
　　2. 采用人工砂配制混凝土时，砂率可适当增大。
　　3. 只用一个单粒级粗集料配制混凝土时，砂率应适当增大。

6）计算粗、细集料用量（m_{s0}、m_{g0}）

（1）质量法。此法是假定每立方米混凝土拌和物的质量为一固定值，混凝土拌和物各组成材料的单位用量之和即为该拌和物假定质量。在砂率值为已知的条件下，粗、细集料的单位用量可用式（1-3-18）计算：

$$\begin{cases} m_{f0} + m_{c0} + m_{g0} + m_{s0} + m_{w0} = m_{cp} \\ \dfrac{m_{s0}}{m_{s0} + m_{g0}} \times 100\% = \beta_s \end{cases} \tag{1-3-18}$$

式中：m_{g0}——计算配合比每立方米混凝土中的粗集料用量（kg/m³）；

m_{s0}——计算配合比每立方米混凝土中的细集料用量（kg/m³）；

β_s——砂率（%）；

m_{cp}——每立方米混凝土拌和物的假定质量（kg/m³），可取 2 350~2 450kg/m³。

（2）体积法。该法是假定混凝土拌和物的体积等于各组成材料绝对体积和混凝土拌和物中所含空气体积之和。在砂率为已知的条件下，粗、细集料的单位用量可由式（1-3-19）求得：

$$\begin{cases} \dfrac{m_{c0}}{\rho_c} + \dfrac{m_{f0}}{\rho_f} + \dfrac{m_{g0}}{\rho_g} + \dfrac{m_{s0}}{\rho_s} + \dfrac{m_{w0}}{\rho_w} + 0.01\alpha = 1 \\ \dfrac{m_{s0}}{m_{s0} + m_{g0}} \times 100 = \beta_s \end{cases} \tag{1-3-19}$$

式中：ρ_c——水泥密度（kg/m³），可按现行国家标准《水泥密度测定方法》(GB/T 208—2014)测定，也可取 2 900~3 100kg/m³；

ρ_f——矿物掺和料密度（kg/m³），可按现行国家标准《水泥密度测定方法》(GB/T 208—2014)测定；

ρ_g——粗集料的表观密度（kg/m³）；

ρ_s——细集料的表观密度（kg/m³）；

ρ_w——水的密度（kg/m³），可取 1 000kg/m³；

α——混凝土的含气量百分数，在不使用引气剂或引气型外加剂时，α 可取 1。

以上两种确定粗、细集料单位用量的方法，一般认为，质量法比较简便，不需要各种组成材料的密度资料，如施工单位已积累有当地常用材料所组成的混凝土拌和物表观密度资料，亦可得到准确的结果。体积法由于是根据各组成材料实测的密度来进行计算的，所以获得较为精确的结果。

2. 试配、调整提出试拌配合比

1）试配

(1) 试配材料要求。试配混凝土所用各种原材料,要与实际工程使用的材料相同。配合比设计所采用的细集料含水率应小于0.5%,粗集料含水率应小于0.2%。

(2) 搅拌方法和拌和物数量。混凝土试配应采用强制式搅拌机进行搅拌,搅拌方法宜与施工采用的方法相同。试拌时,每盘混凝土试配的最小搅拌量应符合表1-3-28的规定,并不应小于搅拌机公称容量的1/4且不应大于搅拌机公称容量。

混凝土试配的最小搅拌量　　　表1-3-28

粗集料最大公称粒径(mm)	拌和物数量(L)
≤31.5	20
40.0	25

2）校核和易性,调整提出试拌配合比

按初步配合比计算出试配所需的各材料用量,称取材料进行试拌,校核混凝土拌和物的和易性。若拌和物的和易性不能满足要求,宜保持计算水胶比不变,通过调整配合比其他参数使混凝土拌和物符合设计和施工要求。

混凝土拌和物和易性调整的方法如下：

(1) 若实测流动性大于设计要求,可在砂率不变的条件下,适当增加砂、石的用量,每减少10mm坍落度,增加2%~5%的砂石；或保持水胶比不变,减少水和水泥用量。

(2) 若实测流动性小于设计要求,应在保持水胶比不变的情况下,适当增加水和水泥用量,每增大10mm坍落度,需增加2%~5%的水泥浆。

(3) 若黏聚性和保水性不良时,实质上是混凝土拌和物中砂浆不足或砂浆过多,可适当增大砂率或适当降低砂率,直到符合要求为止。

根据混凝土拌和物和易性调整合格后的材料用量,修正计算配合比,然后提出"试拌配合比",即 $m_{ca}:m_{fa}:m_{wa}:m_{sa}:m_{ga}$。

3. 检验强度,确定试验室配合比

1）在试拌配合比的基础上进行混凝土强度试验

为校核混凝土的强度,应采用三个不同的配合比。其中一个是试拌配合比,另外两个配合比的水胶比宜较试拌配合比分别增加和减少0.05,用水量应与试拌配合比相同,砂率可分别增加和减少1%。

进行混凝土强度试验时,拌和物性能应符合设计和施工要求；每个配合比应至少制作一组试件,并应标准养护到28d或设计规定龄期时试压。

2）确定试验室配合比

(1) 根据强度检验结果修正配合比

①根据混凝土强度试验结果,宜绘制强度和胶水比的线性关系图或插值法确定略大于配制强度($f_{cu,0}$)对应的胶水比。

②在试拌配合比的基础上,用水量(m_{wb})和外加剂用量应根据确定的水胶比进行调整。

③胶凝材料用量(m_{bb})应以用水量乘以确定的胶水比计算得出,并分别计算出水泥用量(m_{cb})和矿物掺和料用量(m_{fb})。

④细集料和粗集料用量(m_{sb} 和 m_{gb})应根据用水量和胶凝材料用量进行调整。

(2)根据实测混凝土拌和物的表观密度校正配合比

①根据强度检验结果修正后定出的混凝土配合比,按式(1-3-20)计算出混凝土拌和物的表观密度计算值($\rho_{c,c}$):

$$\rho_{c,c} = m_{cb} + m_{fb} + m_{gb} + m_{sb} + m_{wb} \tag{1-3-20}$$

式中:$\rho_{c,c}$——混凝土拌和物的表观密度计算值(kg/m³)。

②混凝土配合比校正系数可按式(1-3-21)计算:

$$\delta = \frac{\rho_{c,t}}{\rho_{c,c}} \tag{1-3-21}$$

式中:δ——混凝土配合比校正系数;

$\rho_{c,t}$——混凝土拌和物的表观密度实测值(kg/m³)。

当混凝土拌和物的表观密度实测值与计算值之差的绝对值不超过计算值的2%时,则$m_{cb}:m_{fb}:m_{wb}:m_{sb}:m_{gb}$的配合比即为确定的试验室配合比;当二者之差超过2%时,应将配合比中每项材料用量均乘以校正系数 δ,即为最终确定的试验室配合比。

$$\begin{cases} m'_{cb} = m_{cb} \cdot \delta \\ m'_{fb} = m_{fb} \cdot \delta \\ m'_{wb} = m_{wb} \cdot \delta \\ m'_{sb} = m_{sb} \cdot \delta \\ m'_{gb} = m_{gb} \cdot \delta \end{cases} \tag{1-3-22}$$

即 $m'_{cb}:m'_{fb}:m'_{wb}:m'_{sb}:m'_{gb}$ 为最终的试验室配合比。

4. 施工配合比换算

在确定上述配合比时,集料均以干燥状态为基准。而施工现场的砂、石材料为露天堆放,都含有一定的含水率。因此,施工现场应根据砂、石的实际含水率,将试验室配合比换算为施工配合比。

设施工现场砂的含水率为 $a\%$,石子的含水率 $b\%$,则施工配合比的各种材料单位用量为:

水泥:

$$m_c = m'_{cb}$$

矿物掺和料:

$$m_f = m'_{fb}$$

砂:

$$m_s = m'_{sb}(1 + a\%)$$

石:

$$m_g = m'_{gb}(1 + b\%)$$

水:

$$m_w = m'_{wb} - (m'_{sb} \cdot a\% + m'_{gb} \cdot b\%)$$

5. 配合比设计例题

【例1-3-1】 试设计钢筋混凝土桥墩混凝土配合比。

1. 原始资料

(1)已知混凝土设计强度等级为C35,无强度历史统计资料,要求混凝土拌和物坍落度为30~50mm。桥梁所在地属非寒冷地区。

(2)组成材料:可供应强度等级为42.5级的复合硅酸盐水泥,密度为3 100kg/m³;砂为中砂,表观密度为2 650kg/m³;碎石最大公称粒径为31.5mm,表观密度为2 700kg/m³。

2. 设计要求

(1)按题给资料计算出初步配合比。

(2)按初步配合比在试验室进行试拌调整得出试验室配合比。

(3)若现场砂、石实测含水率分别为5%和1%,则该混凝土的施工配合比为多少?

解:设计步骤如下:

一、计算初步配合比

1. 确定混凝土的配制强度$f_{cu,0}$

按题意已知:设计要求混凝土强度标准值($f_{cu,k}$)为35MPa,无强度历史统计资料,查表1-3-18得强度标准差为5.0MPa。按式(1-3-7)计算混凝土配制强度:

$$f_{cu,0} = f_{cu,k} + 1.645\sigma = 35 + 1.645 \times 5 = 43.2\text{MPa}$$

2. 计算水胶比(W/B)

1)按强度要求计算水胶比

(1)计算胶凝材料强度。由题意已知采用强度等级为42.5复合硅酸盐水泥,查表1-3-21得水泥强度等级值的富余系数(γ_c)为1.16。则水泥28d胶砂抗压强度为:

$$f_{ce} = \gamma_c \cdot f_{ce,g} = 1.16 \times 42.5 = 49.3\text{MPa}$$

因未掺矿物掺和料,故

$$f_b = \gamma_f \gamma_s f_{ce} = 1.0 \times 1.0 \times 49.3 = 49.3\text{MPa}$$

(2)计算水胶比。已知混凝土配制强度$f_{cu,0}$为43.2MPa,胶凝材料强度f_b为49.3MPa。本单位无混凝土强度回归系数统计资料,采用碎石,查表1-3-19取回归系数$\alpha_a = 0.53$, $\alpha_b = 0.20$。按式(1-3-10)计算水胶比:

$$W/B = \frac{\alpha_a \cdot f_b}{f_{cu,0} + \alpha_a \cdot \alpha_b \cdot f_b} = \frac{0.53 \times 49.3}{43.2 + 0.53 \times 0.20 \times 49.3} = 0.54$$

2)按耐久性校核水胶比

根据混凝土所处环境属于非寒冷地区,查表1-3-22可知允许最大水胶比为0.55,按强度计算水胶比为0.54,满足耐久性要求,故采用计算水胶比$W/B = 0.54$。

3. 确定每立方米混凝土用水量m_{w0}

由题意已知,要求混凝土拌和物坍落度为30~50mm,碎石最大公称粒径为31.5mm。查表1-3-24选用每立方米混凝土用水量$m_{w0} = 185\text{kg/m}^3$。

4. 计算胶凝材料、矿物掺和料和水泥用量

(1)已知每立方米混凝土用水量$m_{w0} = 185\text{kg/m}^3$,水胶比$W/B$为0.55,按式(1-3-15)计算

每立方米混凝土凝胶材料用量为：

$$m_{b0} = \frac{m_{w0}}{W/B} = \frac{185}{0.54} = 343 \text{kg/m}^2$$

(2)按耐久性校核单位凝胶材料用量。

根据题意,查表1-3-25可知混凝土最小凝胶材料用量不得低于300kg/m³,按上式计算的凝胶材料用量符合耐久性要求,故每立方米混凝土凝胶材料用量确定为343kg/m³。

(3)计算每立方米混凝土矿物掺和料用量(m_{f0})。

按式(1-3-16),得:

$$m_{f0} = m_{b0}\beta_f = 343 \times 0\% = 0 \text{kg/m}^3$$

(4)计算每立方米混凝土水泥用量(m_{c0})。

按式(1-3-17),得:

$$m_{c0} = m_{b0} - m_{f0} = 343 - 0 = 343 \text{kg/m}^3$$

5. 选定砂率(β_s)

按前已知集料采用碎石,最大公称粒径31.5mm,水胶比$W/B = 0.54$,查表1-3-27,选取砂率$\beta_s = 34\%$。

6. 计算砂石用量

1)采用质量法

已知:每立方米混凝土水泥用量$m_{c0} = 343 \text{kg/m}^3$,每立方米混凝土矿物掺和料用量$m_{f0} = 0 \text{kg/m}^3$,每立方米混凝土用水量$m_{w0} = 185 \text{kg/m}^3$,假定每立方米混凝土拌和物质量$m_{cp} = 2400 \text{kg/m}^3$,砂率$m_s = 34\%$。

由式(1-3-18)得:

$$\begin{cases} m_{s0} + m_{g0} = 2400 - 343 - 0 - 185 \\ \dfrac{m_{s0}}{m_{s0} + m_{g0}} \times 100 = 34 \end{cases}$$

解得:$m_{s0} = 636 \text{kg/m}^3, m_{g0} = 1236 \text{kg/m}^3$。

按质量法计算得初步配合比:

$$m_{c0}:m_{f0}:m_{w0}:m_{s0}:m_{g0} = 343:0:185:636:1236$$

2)采用体积法

已知:水泥密度$\rho_c = 3100 \text{kg/m}^3$;砂的表观密度$\rho_s = 2650 \text{kg/m}^3$;碎石表观密度$\rho_g = 2700 \text{kg/m}^3$,非引气混凝土,$\alpha = 1$,由式(1-3-19)得:

$$\begin{cases} \dfrac{m_{s0}}{2650} + \dfrac{m_{g0}}{2700} = 1 - \dfrac{343}{3100} - \dfrac{185}{1000} - 0.01 \times 1 \\ \dfrac{m_{s0}}{m_{s0} + m_{g0}} \times 100 = 34 \end{cases}$$

解得:砂用量$m_{s0} = 633 \text{kg/m}^3$;碎石用量$m_{g0} = 1229 \text{kg/m}^3$。

按体积法计算得初步配合比:

$$m_{c0}:m_{f0}:m_{w0}:m_{s0}:m_{g0} = 343:0:185:633:1229$$

二、调整工作性、提出试拌配合比

1. 计算试拌材料用量

按计算初步配合比(以体积法计算的结果为例)试拌 20L 混凝土拌和物,则各种材料的用量为:

水泥:$343 \times 0.020 = 6.86$ kg。

水:$185 \times 0.020 = 3.70$ kg。

砂:$633 \times 0.020 = 12.66$ kg。

碎石:$1229 \times 0.020 = 24.58$ kg。

2. 调整工作性

按计算材料用量拌制混凝土拌和物,测定其坍落度为 20mm,未满足题给的施工和易性要求。为此,保持水胶比不变,增加 5% 的水和水泥用量。再经拌和,测定坍落度为 40mm,黏聚性和保水性亦良好,满足施工和易性要求。此时混凝土拌和物各组成材料实际用量为:

水泥:$6.86 \times (1 + 5\%) = 7.20$ kg。

水:$3.70 \times (1 + 5\%) = 3.89$ kg。

砂:12.66 kg。

石子:24.58 kg。

3. 提出试拌配合比

根据调整施工和易性后,混凝土拌和物的试拌配合比为:

$$m_{ca} : m_{wa} : m_{sa} : m_{ga} = 360 : 194 : 633 : 1\,229$$

三、检验强度、确定试验室配合比

1. 检验强度

采用水胶比分别为 $(W/B)_A = 0.49$、$(W/B)_B = 0.54$ 和 $(W/B)_C = 0.59$ 拌制三组混凝土拌和物。砂、碎石用量不变,用水量亦保持不变,则三组混凝土水泥用量分别为 A 组 7.94 kg,B 组 7.20 kg,C 组 6.59 kg。除试拌配合比一组外,其他两组亦经测定坍落度并观察其黏聚性和保水性均属合格。

按三组配合比经试拌制成试件,在标准条件下养护 28d,按规定方法测定其立方体抗压强度,结果如表 1-3-29 所示。

不同水胶比的混凝土强度值　　　　表 1-3-29

组　别	水胶比(W/B)	胶水比(B/W)	28d 立方体抗压强度值 $f_{cu,28}$(MPa)
A	0.49	2.04	48.5
B	0.54	1.85	44.2
C	0.59	1.69	40.2

根据表 1-3-29 的试验结果,绘制混凝土 28d 立方体抗压强度($f_{cu,28}$)与胶水比(B/W)线性关系图,如图 1-3-12 所示。

由图 1-3-12 可知,相应混凝土配制强度 $f_{cu,0}=43.2\text{MPa}$ 的胶水比 $B/W=1.81$,即水胶比为 0.55。

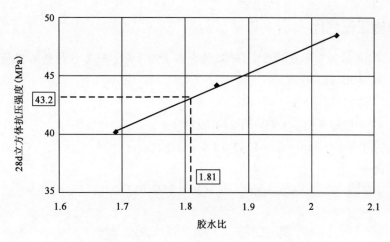

图 1-3-12 混凝土 28 抗压强度与胶水比关系曲线

2. 混凝土试验室配合比

(1)按强度试验结果调整配合比,各材料用量为:

用水量 $m_{wb}=185(1+5\%)=194\text{kg}$。

水泥用量 $m_{cb}=194\div0.55=353\text{kg}$。

砂、石用量按体积法计算:

$$\begin{cases} \dfrac{m_{sb}}{2\,650}+\dfrac{m_{gb}}{2\,700}=1-\dfrac{353}{3\,100}-\dfrac{194}{1\,000}-0.01\times 1 \\ \dfrac{m_{sb}}{m_{sb}+m_{gb}}=0.34 \end{cases}$$

解得:砂用量 $m_{sb}=622\text{kg/m}^3$,碎石用量 $m_{gb}=1\,207\text{kg/m}^3$。

修正配合比:

$$m_{cb}:m_{wb}:m_{sb}:m_{gb}=353:194:622:1\,207$$

(2)计算混凝土拌和物的表观密度:

$$\rho_{c,c}=353+194+622+1\,207=2\,376\text{kg/m}^3$$

实测混凝土拌和物的表观密度为 $\rho_{c,t}=2\,430\text{kg/m}^3$。

修正系数 $\delta=2\,430/2\,374=1.02$。

因为混凝土拌和物的表观密度实测值与计算值之差的绝对值(为 2.3%)超过计算值的 2%,则按混凝土拌和物的实测表观密度校正各种材料用量:

水泥用量 $m'_{cb}=353\times1.02=360\text{kg/m}^3$。

水用量 $m'_{wb}=194\times1.02=198\text{kg/m}^3$。

砂用量 $m'_{sb}=622\times1.02=634\text{kg/m}^3$。

碎石用量 $m'_{gb}=1207\times1.02=1\,231\text{kg/m}^3$。

因此,试验室配合比为:

$$m'_{cb} : m'_{wb} : m'_{sb} : m'_{gb} = 360 : 198 : 634 : 1\,231$$

四、换算施工配合比

根据工地实测,砂的含水量为5%,碎石的含水量为1%。则各种材料的用量为:

水泥用量 $m_c = 360 \text{kg/m}^3$。

砂用量 $m_s = 634 \times (1 + 5\%) = 666 \text{kg/m}^3$。

碎石用量 $m_g = 1232 \times (1 + 1\%) = 1\,244 \text{kg/m}^3$。

水用量 $m_w = 198 - (634 \times 5\% + 1232 \times 1\%) = 154 \text{kg/m}^3$。

施工配合比为:

$$m_c : m_s : m_g : m_w = 364 : 156 : 652 : 128$$

第二节 建筑砂浆

砂浆是由胶凝材料、细集料、掺和料和水拌和而成,必要时也可加入外加剂。常用的胶凝材料为水泥、石灰等,细集料则多采用天然砂,在工程中起着黏结、衬垫和传递应力的作用。在道路和桥隧工程中,砂浆主要用来砌筑圬工桥涵、挡土墙、隧道衬砌、涵洞及排水沟等。

砂浆按所用胶结材料不同可分为水泥砂浆、石灰砂浆和混合砂浆(常用的是水泥石灰砂浆),按其用途不同分为砌筑砂浆和抹面砂浆。

一、砌筑砂浆

砌筑砂浆是将砖、石、砌块等块材经砌筑成为砌体,起黏结、衬垫和传力作用的砂浆,分为现场配制砂浆和预拌砂浆。现场配制砂浆是指由水泥、细集料和水,以及根据需要加入的石灰、活性掺和料或外加剂在现场配制的砂浆,分为水泥砂浆和水泥混合砂浆。预拌砂浆则是指由专业生产厂生产的湿拌砂浆或干混砂浆。

(一)砌筑砂浆的组成材料

1. 水泥

砌筑砂浆中的水泥宜采用通用硅酸盐水泥或砌筑水泥,水泥强度等级应根据砂浆品种及强度等级的要求进行选择。由于砂浆强度不高,不必选用强度过高的水泥,否则会导致水泥用量太低,引起砂浆的保水性不良。通常 M15 及以下强度等级的砌筑砂浆宜选用32.5级的通用硅酸盐水泥或砌筑水泥,M15 以上强度等级的砌筑砂浆宜选用42.5级通用硅酸盐水泥。

2. 细集料

砂浆中所用细集料多为天然砂,应符合行业标准《普通混凝土用砂、石质量及检验方法标准》(JGJ 52—2006)的规定。

公路桥涵砌筑工程中,砂浆所用砂宜采用中砂或粗砂,当缺乏天然中砂或粗砂时,可采用满足质量要求的机制砂取代;在保证砂浆强度的基础上,也可采用细砂,但应适当增加水泥用量。砂的最大粒径,当用于砌筑片石时,不宜超过 4.75mm;当用于砌筑块石、粗料石时,不宜超过 2.36mm。

为保证砂浆的质量,应选用洁净的砂。砂中黏土杂质的含量不宜过大,一般规定砂的含泥量不应超过 5%。若砂中含泥量过大,不仅会增加砂浆中水泥的用量,还可能使砂浆的收缩值增大,耐久性降低。

3. 掺和料

为了节约水泥,改善砂浆的施工和易性,可在砂浆中掺入各种掺和料,如石灰膏、电石膏、粉煤灰、粒化高炉矿渣粉、硅灰、天然沸石粉等,配制成水泥混合砂浆。

生石灰熟化成石灰膏时,应用孔径不大于 3mm×3mm 的网过滤,熟化时间不得少于 7d;磨细生石灰粉的熟化时间不得少于 2d。沉淀池中储存的石灰膏,应采取防止干燥、冻结和污染的措施。严禁使用脱水硬化的石灰膏。消石灰粉不得直接用于砌筑砂浆。

制作电石膏的电石渣应用孔径不大于 3mm×3mm 的网过滤,检验时应加热至70℃后至少保持 20min,并应待乙炔挥发完后再使用。

石灰膏和电石膏试配时的稠度,应为 120mm±5mm。

粉煤灰、粒化高炉矿渣粉、硅灰、天然沸石粉应分别符合国家现行的有关标准的规定。

4. 外加剂

为使砂浆满足不同施工特点的要求,在配制砂浆时可以加入早强剂、膨胀剂、防水剂等。为了保证施工质量,应对所选择的外加剂进行检测和试配,符合要求才能使用。

5. 水

拌制砂浆用水应采用不含有害物质的洁净水,以免影响到水泥的正常凝结,或对钢筋产生锈蚀作用,其水质需符合行业标准《混凝土用水标准》(JGJ63—2006)的要求。

(二)砌筑砂浆的技术性质

新拌的砂浆必须具有良好的和易性,硬化后的砂浆应有足够的强度,并与基底有较强的黏结力,而且变形不宜过大。在外环境中,有良好的耐久性。

1. 新拌砂浆的和易性

新拌砂浆的和易性是指其在搅拌、运输和施工过程中不易产生离析、分层现象,并易于在粗糙的砌体表面上铺成均匀薄层的综合性能。通常包括流动性和保水性两方面要求。

(1)流动性

流动性是指新拌砂浆在自重或外力作用下是否易于流动的性能。砂浆的流动性用稠度表示,将新拌砂浆均匀装入砂浆筒中,置于砂浆稠度仪台座上(图 1-3-13),标准圆锥体锥尖由试样表面下沉,经 10s 的沉入深度(以毫米计)即为稠度。

砂浆的流动性与砌体种类、施工方法、气候条件等有关,对于多孔吸水的砌体材料和干热的天气,则要求砂浆的流动性大一些;相反,对于密实不吸水的砌体材料和湿冷的天气,要求砂浆的流动性小一些。砌筑砂浆施工时的稠度宜按表 1-3-30 选用。

图 1-3-13　砂浆稠度仪

砌筑砂浆的施工稠度　　　　　　　　表1-3-30

砌 体 种 类	砂浆稠度(mm)
烧结普通砖砌体、粉煤灰砖砌体	70～90
混凝土砖砌体、普通混凝土小型空心砌块砌体、灰砂砖砌体	50～70
烧结多孔砖砌体、烧结空心砖砌体、轻集料混凝土小型砌块砌体、蒸压加气混凝土砌块砌体	60～80
石砌体	30～50

（2）保水性

保水性是指新拌砂浆在运输及施工过程中保持水分不流失和各组分不分离的能力。不仅在使用过程中应不易产生离析现象，而且在铺筑后仍能维持必要的水分，以保证胶凝材料在硬化中所需的水分。

砂浆的保水性则用保水率表示。它是通过用滤纸吸水所测得的砂浆中保留水的质量占其原始水量的百分率，砌筑砂浆的保水率应符合表1-3-31的要求。

砌筑砂浆的保水率　　　　　　　　表1-3-31

砂浆种类	水泥砂浆	水泥混合砂浆	预拌砌筑砂浆
保水率(%)	≥80	≥84	≥88

2.砂浆的强度

根据《建筑砂浆基本性能试验方法标准》(JGJ/T 70—2009)规定，砂浆的强度是以70.7mm×70.7mm×70.7mm的立方体试件，在标准条件(温度20℃±2℃，相对湿度为90%以上)下养护28d后，用标准方法测得的抗压强度。按式(1-3-23)计算：

$$f_{m,cu} = \frac{F_u}{A} \tag{1-3-23}$$

式中：$f_{m,cu}$——砂浆立方体抗压强度（MPa）；

F_u——破坏荷载（N）；

A——承压面积（mm²）。

我国标准《砌筑砂浆配合比设计规程》(JGJ/T 98—2010)规定，水泥砂浆及预拌砌筑砂浆的强度等级可分为M5、M7.5、M10、M15、M20、M25、M30，水泥混合砂浆的强度等级可分为M5、M7.5、M10、M15。

3.砂浆的黏结力

为将砌体材料牢固黏结成为一个整体，砂浆应具有较强的黏结力。通常砂浆的强度越高黏结力越大。此外，黏结力大小还与基底材料的表面粗糙程度、润湿程度、清洁程度及养护条件等因素有关。粗糙的、洁净的、润湿的表面黏结力较好。所以，砌筑前应先将砌筑材料清洗干净并浇水润湿，干燥季节应定期洒水养护，以提高砂浆的黏结力，保证砌筑质量。

4.砂浆的耐久性

水工建筑物和道路建筑物用的砌筑砂浆，经常受环境水的作用，故除强度外，还应考虑抗渗、抗冻、抗侵蚀等性能。提高砂浆的耐久性，主要是要提高其密实度。

(三)砌筑砂浆的配合比设计

1. 现场配制砌筑砂浆

1)现场配制水泥混合砂浆

(1)计算砂浆试配强度($f_{m,0}$)

$$f_{m,0} = kf_2 \tag{1-3-24}$$

式中:$f_{m,0}$——砂浆的试配强度(MPa),应精确至0.1MPa;

f_2——砂浆强度等级值(MPa),应精确至0.1MPa;

k——系数,按表1-3-32取值。

砂浆强度标准值 σ 及 k 值　　　　　　　表1-3-32

强度等级 施工水平	强度标准差 σ(MPa)							k
	M5	M7.5	M10	M15	M20	M25	M30	
优良	1.00	1.50	2.00	3.00	4.00	5.00	6.00	1.15
一般	1.25	1.88	2.50	3.75	5.00	6.25	7.50	1.20
较差	1.50	2.25	3.00	4.50	6.00	7.50	9.00	1.25

其中砂浆强度标准差的确定应符合以下规定:

①当有统计资料时,按式(1-3-25)计算:

$$\sigma = \sqrt{\frac{\sum_{i=1}^{n} f_{m,i}^2 - n u_{fm}^2}{n-1}} \tag{1-3-25}$$

式中:$f_{m,i}$——统计周期内同一品种砂浆第 i 组试件的强度(MPa);

μ_{fm}——统计周期内同一品种砂浆 n 组试件强度的平均值(MPa);

n——统计周期内同一品种砂浆试件的总组数,$n \geq 25$。

②当无统计资料时,砂浆强度标准差可按表1-3-32取值。

(2)计算水泥用量(Q_C)

①每立方米砂浆中的水泥用量按式(1-3-26)计算:

$$Q_C = \frac{1000(f_{m,0} - \beta)}{\alpha \cdot f_{ce}} \tag{1-3-26}$$

式中:Q_C——每立方米砂浆的水泥用量(kg),应精确至1kg;

f_{ce}——水泥的实测强度(MPa),应精确至0.1MPa;

α、β——砂浆的特征系数,其中 α 取3.03,β 取 -15.09。

注:各地区也可用本地区试验资料确定 α、β 值,统计用的试验组数不得少于30组。

②在无法取得水泥的实测强度值时,可按式(1-3-27)计算:

$$f_{ce} = \gamma_c \cdot f_{ce,k} \tag{1-3-27}$$

式中:$f_{ce,k}$——水泥强度等级值(MPa);

γ_c——水泥强度等级值的富余系数,宜按实际统计资料确定;无统计资料时可取1.0。

(3)计算石灰膏用量(Q_D)

$$Q_D = Q_A - Q_C \tag{1-3-28}$$

式中：Q_D——每立方米砂浆的石灰膏用量(kg)，应精确至1kg；石灰膏使用时的稠度宜为 120mm±5mm；

Q_C——每立方米砂浆的水泥用量(kg)，应精确至1kg；

Q_A——每立方米砂浆中水泥和石灰膏总量，应精确至1kg，可为350kg。

(4)计算砂的用量

每立方米砂浆中的砂用量，应按干燥状态(含水率小于0.5%)的堆积密度值作为计算值(kg)。

(5)确定水的用量

每立方米砂浆中的用水量，可根据砂浆稠度等要求选用210~310kg。

注：①混合砂浆中的用水量，不包括石灰膏中的水。
②当采用细砂或粗砂时，用水量分别取上限或下限。
③稠度小于70mm时，用水量可小于下限。
④施工现场气候炎热或干燥季节，可酌量增加用水量。

2)现场配制水泥砂浆

(1)水泥砂浆的材料用量可按表1-3-33选用。

每立方米水泥砂浆材料用量(单位：kg/m³)　　　　表1-3-33

强度等级	水泥	砂子	用水量
M5	200~230		
M7.5	230~260		
M10	260~290		
M15	290~330	砂的堆积密度值	270~330
M20	340~400		
M25	360~410		
M30	430~480		

注：1. M15及以下强度等级水泥砂浆，水泥强度等级为32.5级；M15以上强度等级砂浆，水泥强度等级为42.5级。
2. 当采用细砂或粗砂时，用水量分别取上限或下限。
3. 稠度小于70mm时，用水量可小于下限。
4. 施工现场气候炎热或干燥季节，可酌量增加用水量。
5. 试配强度应按式(1-3-24)计算。

(2)水泥粉煤灰砂浆材料用量可按表1-3-34选用。

每立方米水泥粉煤灰砂浆材料用量(单位：kg/m³)　　　　表1-3-34

强度等级	水泥和粉煤灰总	粉煤灰	砂	用水量
M5	210~240			
M7.5	240~270	粉煤灰用量可占胶凝材料总量的15%~25%	砂的堆积密度	270~330
M10	270~300			
M15	300~330			

注：1. 表中水泥强度等级为32.5级。
2. 当采用细砂或粗砂时，用水量分别取上限或下限。
3. 稠度小于70mm时，用水量可小于下限。
4. 施工现场气候炎热或干燥季节，可酌量增加用水量。
5. 试配强度应按式(1-3-24)计算。

2．预拌砌筑砂浆

(1)预拌砌筑砂浆应满足下列规定：

①在确定湿拌砂浆稠度时，应考虑砂浆在运输和储存过程中的稠度损失。

②湿拌砌筑砂浆应根据凝结时间要求确定外加剂掺量。

③干混砌筑砂浆应明确拌制时的加水量范围。

④预拌砌筑砂浆的搅拌、运输、储存等应符合行业标准《预拌砂浆》(GB/T 25181—2010)的规定。

⑤预拌砂浆性能应符合行业标准《预拌砂浆》(GB/T 25181—2010)的规定。

(2)预拌砌筑砂浆的试配应符合下列规定：

①预拌砂浆生产前应进行试配，试配强度应按式(1-3-24)计算确定，试配时稠度取70～80mm。

②预拌砂浆中可掺入保水增稠材料、外加剂等，掺量应经试配后确定。

3．砌筑砂浆配合比试配、调整与确定

(1)砌筑砂浆试配时应考虑工程实际要求，采用机械搅拌，搅拌时间应自开始加水算起，并应符合下列规定：

①对水泥砂浆和水泥混合砂浆，搅拌时间不得少于120s。

②对预拌砌筑砂浆和掺有粉煤灰、外加剂、保水增稠材料等的砂浆搅拌时间不得少于180s。

(2)按计算或查表所得配合比进行试拌时，应按行业标准《建筑砂浆基本性能试验方法标准》(JGJ/T 70—2009)测定砌筑砂浆拌和物的稠度和保水率。当稠度和保水率不能满足要求时，应调整材料用量，直到符合要求为止，然后确定为试配时的砂浆基准配合比。

(3)试配时至少应采用三个不同的配合比，其中一个应为基准配合比，其余两个配合比的水泥用量应按基准配合比分别增加或减少10%。在保证稠度、保水率合格的条件下，可将用水量、石灰膏、保水增稠材料或粉煤灰等活性掺和料用量作相应调整。

(4)砌筑砂浆试配时稠度应满足施工要求，应按行业标准《建筑砂浆基本性能试验方法标准》(JGJ/T70—2009)分别测定不同配合比砂浆的表观密度及强度，并应选定符合试配强度及和易性要求、水泥用量最低的配合比作为砂浆的试配配合比。

(5)砌筑砂浆试配配合比应按下列步骤进行校正：

①应根据上述内容确定的砂浆配合比材料用量，按式(1-3-29)计算砂浆的理论表观密度值：

$$\rho_t = Q_C + Q_D + Q_S + Q_W \tag{1-3-29}$$

式中：ρ_t——砂浆的理论表观密度值(kg/m^3)，应精确至$10kg/m^3$。

②应按式(1-3-30)计算砂浆配合比校正系数δ：

$$\delta = \frac{\rho_c}{\rho_t} \tag{1-3-30}$$

式中：ρ_c——砂浆的实测表观密度值(kg/m^3)，应精确至$10kg/m^3$。

③当砂浆的实测表观密度值与理论表观密度值之差的绝对值不超过理论值的2%时，可将试配配合比确定为砂浆设计配合比；当超过2%时，应将试配配合比中每项材料用量均乘以校正系数(δ)后，确定为砂浆设计配合比。

(6)预拌砌筑砂浆生产前应进行试配、调整与确定,并应符合行业标准《预拌砂浆》(GB/T 25181—2010)的规定。

二、抹面砂浆

凡涂抹在建筑物、构筑物或构件表面的砂浆,称为抹面砂浆。抹面砂浆不承受外力,以薄层或多层抹于表面,可以保护墙体不受风雨、潮气等侵蚀,提高墙体的耐久性;同时也使建筑表面平整、光滑、清洁美观。抹面砂浆对强度要求不高,但要求有良好的和易性,与基底的黏附性好。

根据抹面砂浆功能的不同,可将其分为普通抹面砂浆和防水砂浆。

普通抹面砂浆主要对砌体起保护作用,通常分两层或三层施工,各层的成分和稠度要求各不相同。底层砂浆的作用是与基底牢固的黏结,因此要求砂浆具有良好的和易性及较高的黏结力,稠度较稀,其组成材料常随基底而异;中层砂浆主要起找平作用,有时可省去不用,较底层砂浆稍稠;面层砂浆主要起保护作用,一般要求用较细的砂,且易于涂抹平整。

◀ 本章小结 ▶

水泥混凝土是道路路面、机场跑道、桥梁工程结构及其附属构造物的重要建筑材料之一。

普通混凝土是由水泥、水、细集料和粗集料组成,必要时可掺入一定的外加剂和适量的掺和料。水泥混凝土的主要技术性质有:满足施工要求的和易性、符合设计要求的强度、与工程所处环境相适应的耐久性等。

混凝土拌和物的和易性包括流动性、黏聚性和保水性三方面,通常采用坍落度试验和维勃稠度试验进行评定。

水泥混凝土强度有抗压强度、抗弯拉强度、抗拉强度等,混凝土强度等级采用"立方体抗压强度标准值"确定。工程中混凝土的质量一般以立方体抗压强度来评定,抗弯拉强度用于道路路面和机场道面结构设计和质量控制,抗拉强度用于判断混凝土的抗裂性。

水泥混凝土的耐久性包括抗冻性、抗渗性、耐磨性、抗碳化能力、碱—集料反应等,受混凝土的密实程度影响显著,与水胶比和胶凝材料密切相关。因此在水泥混凝土配合比设计时,应按照其使用条件对混凝土的最大水胶比和最小胶凝材料用量进行校核。

水泥混凝土的组成设计内容包括:原材料的选择、初步配合比的计算、混凝土的试配与调整。水泥混凝土组成材料的性能,直接影响混凝土的性能。混凝土配合比设计的主要参数是水胶比、单位用水量和砂率。计算出的初步配合比,应经试配,检验其和易性和强度,通过调整使配合比能满足四项基本要求。

砂浆在建筑结构中起黏结、传递应力、衬垫防护和装饰作用。对砂浆的主要技术要求有施工和易性、抗压强度、黏结力、耐久性等。

◈ 思考与练习 ◈

一、填空题

1. 水泥混凝土主要是由_____、_____、_____、_____四种材料配制而成。

2. 水泥混凝土中粗集料比较理想的颗粒形状是接近_____体,而_____和_____颗粒不宜较多。

3. 水泥混凝土的技术性质包括:混凝土拌和物的_____;硬化后混凝土的_____和_____。

4. 坍落度试验适用于集料公称最大粒径不大于_____mm,坍落度值大于_____mm 的混凝土拌和物。

5. 混凝土拌和物的和易性是由_____、_____、_____等方面组成,评价和易性的指标有_____和_____。

6. 混凝土立方体抗压强度是指按标准方法制成边长为_____mm 的立方体试件,在标准养护条件(温度_____,相对湿度_____以上)下,养护至_____d 龄期,按标准方法测得的抗压强度值。

7. 混凝土配合比设计应满足_____、_____、_____、_____四项基本要求。

8. 水泥混凝土初步配合比确定后,一般应检验混凝土拌和物的_____与_____是否满足设计要求。

9. 若水泥混凝土拌和物坍落度不满足要求,应保持_____不变,适当增加_____或减少_____用量。

10. 砂浆按用途不同分为_____砂浆和_____砂浆。

11. 砂浆的流动性用_____来表示,保水性用_____来表示。

12. 砂浆的强度是以_____的立方体试件,在标准条件(温度_____,相对湿度为_____)下养护28d 后,用标准方法测得的抗压强度。

13. 试验测得两组混凝土抗压强度测定值为:
A. 26.5MPa;22.8MPa;21.5MPa;
B. 19.6MPa;20.2MPa;21.8MPa。
则 A 组抗压强度应为_____,B 组抗压强度应为_____。

二、判断题

1. 水泥强度等级越大,混凝土强度越高,故工程中应尽量采用高强度等级的水泥。 （　）

2. 水泥混凝土用砂的三个级配区采用细度模数来划分。 （　）

3. 水泥混凝土流动性大说明其施工和易性好。 （　）

4. 水胶比越大,流动性增大,因此配制水泥混凝土时水胶比越大越好。 （　）

5. 在水胶比一定时,增加用水量可使混凝土拌和物的和易性改善。 （　）

6. 在水泥品种及其他条件相同的前提下,水胶比越大,水泥浆用量越多,水泥混凝土的干缩越大。 （　）

7. C25 表示混凝土的立方体抗压强度值为25MPa。 （　）

8. 现场配制混凝土时,如果不考虑集料的含水率,会降低混凝土的强度。 （　）

9. 为了提高水泥混凝土耐久性,应控制其最小水胶比与最大胶凝材料用量。 （　）

10. 随着砂率的增大,混凝土的坍落度也增大。   （   ）

三、计算题

1. 已知某水泥混凝土配合比为水泥∶砂∶石 = 1∶1.76∶3.41,水灰比为 0.50。若已知单位用水量为 170kg/m³,求一次拌制 25L 水泥混凝土,各材料用量。

2. 已确定水泥混凝土水灰比为 0.5,每立方米混凝土用水量为 176kg,砂率为 32%,混凝土拌和物表观密度假定为 2 400kg/m³,试求该水泥混凝土各材料用量。

3. 现试验室求得 1m³ 混凝土的各材料用量为水泥 360kg,砂 615kg,石子 1 255kg,水 198kg。

(1)试用相对比表示该混凝土的配合比。

(2)若工地所用砂含水率 3%,石子含水率 1%,求该混凝土的施工配合比。

第四章 无机结合料稳定材料

【职业能力目标】

1. 能正确选择合适的材料来配制无机结合料稳定材料;
2. 能进行无机结合料稳定材料的组成设计。

【知识目标】

1. 了解无机结合料稳定材料的基本特点及分类方法;
2. 熟悉无机结合料稳定材料组成材料的技术要求;
3. 掌握无机结合料稳定材料的技术性质及强度的测定方法;
4. 掌握无机结合料稳定材料组成设计的方法。

第一节 概 述

以石灰、水泥或粉煤灰等为结合料,通过加水与被稳定材料共同拌和形成的混合料,称为无机结合料稳定材料。

一、无机结合料稳定材料的特点

无机结合料稳定材料主要用于公路路面的基层与底基层,具有稳定性好、结构本身自成板体、抗冻性较好等特点,但容易产生干缩和温缩裂缝,耐磨性差。其强度和刚度介于刚性水泥混凝土和柔性粒料之间,且强度和刚度有随时间增长的特征,因此亦称之为半刚性基层材料。

二、无机结合料稳定材料的分类

按照所用结合料的不同,无机结合料稳定材料分为:
(1)水泥稳定材料。以水泥为结合料,通过加水与被稳定材料共同拌和形成的混合料,包括水泥稳定级配碎石、水泥稳定级配砾石、水泥稳定石屑、水泥稳定土、水泥稳定砂等。

(2)石灰稳定材料。以石灰为结合料,通过加水与被稳定材料共同拌和形成的混合料,包括石灰碎石土、石灰土等。

(3)综合稳定材料。以两种或两种以上材料为结合料,通过加水与被稳定材料共同拌和形成的混合料,包括水泥石灰稳定材料、水泥粉煤灰稳定材料、石灰粉煤灰稳定材料等。

(4)工业废渣稳定材料。以石灰或水泥为结合料,以煤渣、钢渣、矿渣等工业废渣为主要被稳定材料,通过加水拌和形成的混合料。

第二节 无机结合料稳定材料的组成

一、被稳定材料

1. 粗集料

用作被稳定材料的粗集料宜采用各种硬质岩石或砾石加工成的碎石,也可直接采用天然砾石。粗集料应符合表1-4-1中Ⅰ类规定,用作级配碎石的粗集料应符合表1-4-1中Ⅱ类规定。作为高速公路、一级公路底基层和二级及二级以下公路基层、底基层被稳定材料的天然砾石材料除宜满足表1-4-1的要求外,还应满足级配稳定、塑性指数不大于9的要求。

粗集料技术要求   表1-4-1

指 标	层 位	高速公路和一级公路				二级及二级以下公路	
		极重、特重交通		重、中、轻交通			
		Ⅰ类	Ⅱ类	Ⅰ类	Ⅱ类	Ⅰ类	Ⅱ类
压碎值(%)	基层	≤22①	≤22	≤26	≤26	≤35	≤30
	底基层	≤30	≤26	≤30	≤26	≤40	≤35
针片状颗粒含量(%)	基层	≤18	≤18	≤22	≤18	—	≤20
	底基层	—	≤20	—	≤20	—	≤20
0.075mm以下粉尘含量(%)	基层	≤1.2	≤1.2	≤2	≤2	—	—
	底基层	—	—	—	—	—	—
软石含量(%)	基层	≤3	≤3	≤5	≤5	—	—
	底基层	—	—	—	—	—	—

注:①对花岗岩石料,压碎值可放宽至25%。

基层、底基层的粗集料规格要求宜符合表1-4-2的规定。级配碎石或砾石用作基层时,高速公路和一级公路公称最大粒径应不大于26.5mm,二级及二级以下公路公称最大粒径应不大于31.5mm;用作底基层时,公称最大粒径应不大于37.5mm。

粗集料规格要求   表1-4-2

规格名称	工程粒径(mm)	通过下列筛孔(mm)的质量百分率(%)									公称粒径(mm)
		53	37.5	31.5	26.5	19.0	13.2	9.5	4.75	2.36	
G1	20~40	100	90~100	—	—	0~10	0~5	—	—	—	19~37.5

续上表

规格名称	工程粒径(mm)	通过下列筛孔(mm)的质量百分率(%)								公称粒径(mm)
		53	37.5	31.5	26.5	19.0	13.2	9.5	4.75	2.36	
G2	20~30	—	100	90~100	—	0~10	0~5	—	—	—	19~31.5
G3	20~25	—	—	100	90~100	0~10	0~5	—	—	—	19~26.5
G4	15~25	—	—	100	90~100	—	0~10	0~5	—	—	13.2~26.5
G5	15~20	—	—	—	100	90~100	0~10	0~5	—	—	13.2~19
G6	10~30	—	100	90~100	—	—	—	0~10	0~5	—	9.5~31.5
G7	10~25	—	—	100	90~100	—	—	0~10	0~5	—	9.5~26.5
G8	10~20	—	—	—	100	90~100	—	0~10	0~5	—	9.5~19
G9	10~15	—	—	—	—	100	90~100	0~10	0~5	—	9.5~13.2
G10	5~15	—	—	—	—	100	90~100	40~70	0~10	0~5	4.75~13.2
G11	5~10	—	—	—	—	—	100	90~100	0~10	0~5	4.75~9.5

2. 细集料

细集料应洁净、干燥、无风化、无杂质,并有适当的颗粒级配。高速公路和一级公路用细集料技术要求应符合表1-4-3的规定。

细集料的技术要求　　　　　　　　　　　　　　　　表1-4-3

项 目	水泥稳定①	石灰稳定	石灰粉煤灰综合稳定	水泥粉煤灰综合稳定
颗粒分析	满足级配要求			
塑性指数②	≤17	适宜范围15~20	适宜范围12~20	—
有机质含量(%)	<2	≤10	≤10	<2
硫酸盐含量(%)	≤0.25	≤0.8	—	≤0.25

注:①水泥稳定包括水泥石灰综合稳定。
②应测定0.075mm以下材料的塑性指数。

细集料规格要求应符合表1-4-4的规定,其中对粒径为0~3mm和0~5mm的细集料应分别严格控制大于2.36mm和4.75mm的颗粒含量,对粒径为3~5mm的细集料应严格控制小于2.36mm的颗粒含量。在高速公路和一级公路中,细集料中粒径小于0.075mm的颗粒含量应不大于15%;二级及二级以下公路,细集料中粒径小于0.075mm的颗粒含量应不大于20%。

细集料规格要求　　　　　　　　　　　　　　　　表1-4-4

规格名称	工程粒径(mm)	通过下列筛孔(mm)的质量百分率(%)								公称粒径(mm)
		9.5	4.75	2.36	1.18	0.6	0.3	0.15	0.075	
XG1	3~5	100	90~100	0~15	0~5	—	—	—	—	2.36~4.75
XG2	0~3	—	100	90~100	—	—	—	—	0~15	0~2.36
XG3	0~5	100	90~100	—	—	—	—	—	0~20	0~4.75

二、无机结合料

1. 石灰

在土中掺加石灰可使土粒胶结成整体,密实性提高,水稳定性提高,强度提高。

在石灰剂量不大的情况下,钙质石灰稳定土比镁质石灰稳定土的初期强度高。在石灰剂量较大时,镁质石灰稳定土的后期强度优于钙质石灰稳定土。

石灰的技术指标应符合表1-2-2的规定(见第二章第一节石灰的技术标准)。高速公路和一级公路的基层,宜采用磨细消石灰。二级以下公路使用等外石灰时,有效氧化钙含量应在20%以上,且混合料强度应满足要求。

2. 水泥

水泥在稳定土中的作用是与水反应后能大大降低土的塑性,增加土的强度和水稳定性。

强度等级为32.5或42.5的普通硅酸盐水泥等均可使用,所用水泥初凝时间应大于3h,终凝时间应大于6h且小于10h。在水泥稳定材料中掺加缓凝剂或早强剂时,应对混合料进行试验验证,缓凝剂和早强剂的技术要求也应符合现行规范的规定。

3. 粉煤灰

粉煤灰加入土中既能起填充作用,与石灰反应的产物也能起胶结作用,由此可达到改善稳定土强度、密实性和水稳定性的目的。

大多数粉煤灰的主要成分是二氧化硅(SiO_2)和三氧化二铝(Al_2O_3),其总含量常超过70%,氧化钙(CaO)含量一般在2%~6%之间,这种粉煤灰称为硅铝粉煤灰。个别地方的粉煤灰含有10%~40%的氧化钙,称为高钙粉煤灰。干排或湿排的硅铝粉煤灰和高钙粉煤灰等均可用作基层或底基层的结合料。粉煤灰技术要求应符合表1-4-5的规定。

粉煤灰技术要求 表1-4-5

检测项目	SiO_2、Al_2O_3 和 Fe_2O_3 总含量(%)	烧失量(%)	比表面积(cm^2/g)	0.3mm筛孔通过率(%)	0.075mm筛孔通过率(%)	湿粉煤灰含水率(%)
技术要求	>70	≤20	>2500	≥90	≥70	≤35

各等级公路的底基层、二级及二级以下公路的基层使用的粉煤灰,通过率不满足表1-4-5要求时,应进行混合料强度试验,达到相关要求的强度指标时,方可使用。

三、水

符合现行标准要求的饮用水可直接作为基层、底基层材料拌和与养生用水,拌和使用的非饮用水应进行水质检验,技术要求应符合表1-4-6的规定。养生用水可不检验不溶物含量,其他指标应符合表1-4-6的规定。

非饮用水技术要求 表1-4-6

项次	项目	技术要求
1	pH值	≥4.5
2	Cl^- 含量(mg/L)	≤3 500
3	SO_4^{2-} 含量(mg/L)	≤2 700
4	碱含量(mg/L)	≤1 500
5	可溶物含量(mg/L)	≤10 000
6	不溶物含量(mg/L)	≤5 000
7	其他杂质	不应有漂浮的油脂和泡沫及明显的颜色和异味

第三节 无机结合料稳定材料的技术性质

一、强度

在土中掺入适量的石灰或水泥,在最佳含水率下拌和均匀并压实,由于无机结合料与土发生的一系列物理、化学作用,无机结合料稳定材料逐渐形成较高的强度。

1. 无机结合料稳定材料强度的测定方法

无机结合料稳定材料的强度采用7d龄期的无侧限抗压强度指标来表征,方法是按最佳含水率和工地要求达到的压实度计算出干密度及材料用量,将试件制成高径比为1:1的圆柱体(图1-4-1),在标准养护条件(温度20℃±2℃,相对湿度在95%以上)下养护6d,浸水1d,进行无侧限抗压强度测定(图1-4-2)。

图1-4-1 无侧限抗压强度试件

图1-4-2 无侧限抗压强度测定

2. 影响无机结合料稳定材料强度的因素

(1)土质

对于石灰稳定材料,塑性指数为15~20的黏性土较适宜,稳定效果显著,强度高。塑性指数过大的重黏土,难以粉碎及拌和,用石灰稳定易产生收缩裂缝,用水泥稳定则水泥用量过高,不经济。

对于水泥稳定材料,可用各种碎石、砂砾、粉质土和黏质土,但级配良好的碎石和砂砾效果最好,不但强度高,而且水泥用量少。

(2)结合料品种及用量

石灰的质量主要取决于其活性CaO+MgO的含量,活性成分越多,稳定的效果越好。在相同剂量下,石灰细度越大,石灰与土粒作用越充分,反应进行越快,稳定效果也越好。

随着石灰剂量的增加,土的塑性、膨胀性、吸水量减小,强度也随之提高;但剂量超过一定值时,强度反而下降。因此,石灰稳定材料中石灰存在一个最佳剂量。

对于水泥稳定材料,通常情况下硅酸盐水泥的稳定效果好,而铝酸盐水泥较差。且随着水泥分散度的增加,其活性程度和硬化能力也有所增大,从而使水泥稳定材料的强度也大大提高。水泥稳定材料的强度随水泥剂量的增加而增长,但过多的水泥用量,虽获得强度的增加,但不经济,效果也不一定显著,且容易开裂。

二灰稳定材料中粉煤灰用量越多,初期强度越低,但后期的强度增长幅度也越大。若需提高二灰稳定材料的早期强度,可以掺加少量水泥或某些早强剂。

(3) 含水率

一般情况下,在最佳含水率下压实,无机结合料稳定材料的干密度较大,强度也高,因此实际施工时应尽可能达到最佳含水率,并注意养护中水分的蒸发,以保证被稳定材料中水泥的充分水化。

(4) 密实度

无机结合料稳定材料的密实度越大,强度越高,受水的影响可能性越小。施工时可通过改善被稳定材料的级配和合适的施工工艺,严格控制混合料的压实度,以确保其密实度。

(5) 养生条件

无机结合料稳定材料的强度发展需要适当的温度、湿度,它们必须在潮湿的条件下养生,同时,养生温度越高,强度增长越快。

(6) 施工时间

施工时间的长短主要是针对水泥稳定材料而言,水泥稳定材料从开始加水拌和到完全压实的时间要尽可能短,一般不要超过6h,若时间过长,则水泥凝结,在碾压时,不但达不到压实度要求,而且会破坏已结硬水泥的胶凝作用,反而使水泥稳定材料的强度下降。

二、缩裂

无机结合料稳定材料在温度和湿度变化时容易产生开裂。当采用其作沥青路面的基层时,这些裂缝易于反射到面层,造成路面产生裂缝,进而严重影响到沥青路面的使用性能。

1. 缩裂特性

1) 干缩

随着无机结合料稳定材料的强度不断形成,水分逐渐消耗以及蒸发,体积发生收缩。当收缩受到约束,会逐渐产生裂缝,称为干缩裂缝。影响因素主要有以下几个方面:

(1) 土的类别及粒料含量

土中黏粒含量越多,稳定材料的干缩越大;土的塑性越大,即塑性指数越大,干缩越大。对于含细粒土较多的无机结合料稳定材料,常以干缩为主。而粒料增加,则可对干缩产生一定的抑制作用。

(2) 结合料的种类及剂量

通常石灰稳定材料比水泥稳定材料容易产生干缩裂缝。对于稳定细粒材料,三种稳定材料的干缩性大小排列顺序为:石灰土 > 水泥土和水泥石灰土 > 石灰粉煤灰土;对于稳定粒料类,干缩性大小的排列顺序为:石灰稳定类 > 石灰粉煤灰稳定类 > 水泥稳定类。

为减小收缩,在满足强度要求情况下,宜尽可能选择较低剂量的无机结合料。

(3) 养护条件

在养护初期,应保证无机结合料稳定材料表面潮湿,使稳定材料尽早成型,形成比较高的早期强度,可减轻其干缩裂缝。同时,随着龄期的增长,干缩也逐渐减小。

(4) 含水率和密实度

稳定材料制件时,含水率增加,其干缩应变也明显增大。密实程度越大,干缩应变则越小。

2) 温缩

无机结合料稳定材料具有热胀冷缩性,随着气温的降低,稳定材料会冷却产生收缩,一旦变形受到约束,即逐渐形成裂缝,称为温缩裂缝。实践表明:

(1) 石灰稳定材料比水泥稳定材料的温缩大。

对于稳定细粒材料,三种稳定材料的温缩性大小排列顺序为:石灰土>石灰粉煤灰土>水泥土和水泥石灰土;对于稳定粒料类,温缩性大小的排列顺序为:石灰稳定类>石灰粉煤灰稳定类>水泥稳定类。

(2) 细粒土比粗粒土的温缩大。

原材料中砂粒以上颗粒的温度收缩系数较小,黏土的温度收缩系数较大,故细粒土比粗粒土的温缩大。当采用稳定粒料做基层时,为减少基层材料的收缩性和减轻基层裂缝,集料中也不宜含有塑性指数大的土。

根据《公路路面基层施工技术细则》(JTG/T F20—2015)规定,无机结合料稳定细粒材料,如水泥稳定土、水泥稳定石屑,强度可以满足技术要求,但是抗冲刷性和抗裂性不足,并不适用于基层。其主要原因就是无机结合料稳定细粒材料的干缩和温缩较明显,容易产生严重的收缩裂缝,此外还具有遇水表层易软化,抗冲刷能力差等缺点。

(3) 掺加一定数量的粉煤灰可以降低无机结合料稳定材料的温缩系数。

(4) 无机结合料稳定材料的温缩系数随温度的降低而增大。

2. 缩裂的防治措施

(1) 改善土质。

在无机结合料稳定材料中,用土越黏,则缩裂越严重。所以可采用黏性较小的土,或在黏性土中掺加砂土、粉煤灰等,以降低土的塑性指数。

(2) 控制压实时的含水率及压实度。

无机结合料稳定材料因含水率过大产生的干缩裂缝显著,压实度小时产生的干缩比压实度大时严重,因此,稳定材料压实时含水率应比最佳含水率略小,并尽可能达到最佳压实效果。

(3) 掺加粗粒料。

掺入一定数量(掺入量60%~70%)的粗粒料,如砂、碎石、砾石等,使混合料满足最佳级配要求,可以提高其强度和稳定性,减少裂缝的产生,同时可以节约结合料,改善碾压时的拥挤现象。

(4) 加强初期养护。

无机结合料稳定材料在成型初期,干缩比较大。因此要重视初期养护,保证稳定材料表面潮湿,严禁干晒。

（5）为防止无机结合料稳定材料基层的缩裂反射到沥青路面的面层，可采取以下措施：

①设置沥青碎石或沥青灌入式联结层。

②设置碎石上基层。采用优质级配碎石作为上基层可有效地防止和减少半刚性基层收缩引起的反射裂缝。

🔲 工程案例

某高等级公路路面基层采用水泥稳定砂砾，施工配合比为 0～3.15cm 砂砾：水泥 = 100：6，最佳含水率为9.6%，基层施工设计强度为5MPa。养生期采用水车洒水，使基层在整个养生期内始终保持湿润。基层集料采用筛分后的天然砂砾，由于受自然条件的限制，集料中细集料含量较高，并含有一定的粒径小于0.075mm的细粒土，塑性指数为7.8。基层施工养生完毕后，基层顶面每隔15～20m出现一条横向贯通裂缝，且在烈日暴晒下，裂缝宽度扩展较明显。

原因分析：

（1）由于基层采用的天然砂砾级配较差，细集料含量高，且含有较多粒径小于0.075mm的土，为达到施工设计强度，水泥用量相对较高，含水率相对较大，水泥稳定粒料碾压成型后干缩较大，导致裂缝产生。

（2）施工中抽样检验强度明显偏高，也导致水泥含量增加，增大了裂缝出现的可能性。

（3）施工时正值炎热的夏季，在7d的养生期后，由于路面面层混凝土未能及时铺筑，导致基层长时间处在烈日暴晒下，从而加大了裂缝的扩展。

防治措施：

（1）在级配砂砾中掺入一定量的1～3cm碎石，改善基层稳定粒料的级配。

（2）经专题讨论，将基层控制强度调整为4.0MPa，以控制水泥用量。

（3）要求施工单位尽量确保基层养生完毕且验收合格后立即进行水泥混凝土面层的铺筑。确实不能保证按时铺筑路面面层时，在7d养生期结束后应继续保持始终湿润，直至铺筑水泥混凝土面层。

三、抗疲劳性能

所谓疲劳是指在荷载反复作用下，材料的极限强度会随着作用次数的增加而降低的现象。材料从开始至出现疲劳破坏的荷载作用次数称为疲劳寿命。无机结合料稳定材料一般采用劈裂疲劳或小梁疲劳试验测定其抗疲劳性能。试验表明，石灰粉煤灰稳定材料的抗疲劳性能优于水泥砂砾。

在一定的应力水平条件下，材料的疲劳寿命取决于材料的强度和刚度，强度越大，刚度越小，疲劳寿命就越长。

四、水稳定性和抗冻性

稳定类基层材料除具有适当的强度，能承受设计荷载以外，还应具备一定的水稳定性和冰冻稳定性，否则，稳定类基层由于面层开裂、渗水或者两侧路肩渗水将使稳定土含水率增加，强度降低，从而使路面过早破坏。在冰冻地区，冰冻将加剧这种破坏。评价材料的水稳定性和抗冻性可用浸水强度和冻融循环试验。影响水稳定性和冰冻稳定性的主要因素如下：

（1）土类。细土含量多，塑性指数大的土水稳定性和抗冻性能差。

（2）稳定剂种类和剂量。石灰粉煤灰粒料和水泥粒料剂量适宜时水稳定性最好。当稳定剂剂量不足时，胶结作强用弱，透水性大，强度达不到要求，其稳定性也差。

（3）密实度。密实度大时，透水能力降低，水稳定性增强。

（4）龄期。由于某些稳定剂如水泥、石灰或二灰的强度形成需要一定的时间，因此这类稳定土的水稳定性随龄期的增长而增长。

第四节 无机结合料稳定材料的组成设计

无机结合料稳定材料组成设计的主要目的是：根据强度指标和使用性能要求，确定其组成材料的比例；根据击实试验确定无机结合料稳定材料的最大干密度和最佳含水率，作为工地现场进行质量控制的参考数据。所配制的无机结合料稳定材料各项使用性能应能符合路面结构的设计要求，并能够准确地进行生产质量控制，易于摊铺与压实，比较经济。

一、强度要求

根据《公路路面基层施工技术细则》（JTG/T F20—2015），无机结合料稳定材料进行组成设计时，应采用7d龄期无侧限抗压强度作为主要控制指标，高速公路和一级公路还应验证所用材料的7d龄期无侧限抗压强度与90d或180d龄期弯拉强度的关系。各种无机结合料稳定材料的强度标准R_d（按7d龄期）见表1-4-7。

无机结合料稳定材料的7d无侧限抗压强度标准R_d（单位：MPa）　　表1-4-7

结构层		公路等级	极重、特重交通	重交通	中、轻交通
水泥稳定材料	基层	高速公路和一级公路	5.0~7.0	4.0~6.0	3.0~5.0
		二级及二级以下公路	4.0~6.0	3.0~5.0	2.0~4.0
	底基层	高速公路和一级公路	3.0~5.0	2.5~4.5	2.0~4.0
		二级及二级以下公路	2.5~4.5	2.0~4.0	1.0~3.0
石灰粉煤灰稳定材料	基层	高速公路和一级公路	≥1.1	≥1.0	≥0.9
		二级及二级以下公路	≥0.9	≥0.8	≥0.7
	底基层	高速公路和一级公路	≥0.8	≥0.7	≥0.6
		二级及二级以下公路	≥0.7	≥0.6	≥0.5
水泥粉煤灰稳定材料	基层	高速公路和一级公路	4.0~5.0	3.5~4.5	3.0~4.0
		二级及二级以下公路	3.5~4.5	3.0~4.0	2.5~3.5
	底基层	高速公路和一级公路	2.5~3.5	2.0~3.0	1.5~2.5
		二级及二级以下公路	2.0~3.0	1.5~2.5	1.0~2.0

续上表

结构层		公路等级	极重、特重交通	重交通	中、轻交通
石灰稳定材料	基层	高速公路和一级公路	—		
		二级及二级以下公路		≥0.8①	
	底基层	高速公路和一级公路		≥0.8	
		二级及二级以下公路		0.5~0.7②	

注：1. 公路等级高或交通荷载等级高或结构安全性要求高时，推荐取上限强度标准。
2. 表中强度标准指的是7d龄期无侧限抗压强度的代表值。
3. 石灰粉煤灰稳定材料强度不满足表中要求时，可外加混合料质量1%~2%的水泥。
4. 石灰土强度达不到表中规定的抗压强度标准时，可添加部分水泥，或改用另一种土。塑性指数过小的土，不宜用石灰稳定，宜改用水泥稳定。
①在低塑性材料（塑性指数小于7）地区，石灰稳定砾石土和碎石土的7d龄期无侧限抗压强度应大于0.5MPa（100g平衡锥测液限）。
②低限用于塑性指数小于7的黏性土，且低限值宜仅用于二级以下公路。高限用于塑性指数大于7的黏性土。

二、材料组成设计步骤

无机结合料稳定材料组成设计应包括原材料检验、混合料的目标配合比设计、混合料的生产配合比设计和施工参数确定四部分。其中生产配合比设计和施工参数确定均是在目标配合比设计的基础上进行，借助于施工单位的拌和设备、摊铺和碾压设备，在进行试生产的基础上完成。本节主要介绍混合料的目标配合比设计方法。

1. 原材料检验
(1)土：检验含水率、液限、塑限、颗粒分析、有机质和硫酸盐含量等。
(2)砾石（碎石）：检验含水率、级配、液限、塑限、毛体积相对密度和吸水率、压碎值、粉尘含量、针片状颗粒含量、软石含量等。
(3)细集料：检验含水率、级配、液限、塑限、毛体积相对密度和吸水率、有机质和硫酸盐含量等。
(4)石灰：检验含水率、有效钙镁含量、残渣含量。
(5)水泥：检验强度等级和初、终凝时间。
(6)粉煤灰：检验含水率、烧失量、细度、二氧化硅等氧化物含量。

2. 拟定混合料配合比，制备试件
(1)选择不少于5种不同结合料剂量，分别制备混合料，规范建议的剂量如表1-4-8~表1-4-11所示。

水泥稳定材料配合比试验推荐水泥试验剂量表　　表1-4-8

被稳定材料	条件		推荐试验剂量(%)
有级配的碎石或砾石	基层	$R_d \geq 5.0\text{MPa}$	5、6、7、8、9
		$R_d < 5.0\text{MPa}$	3、4、5、6、7
土、砂、石屑等		塑性指数<12	5、7、9、11、13
		塑性指数≥12	8、10、12、14、16

续上表

被稳定材料	条件		推荐试验剂量(%)
有级配的碎石或砾石	底基层	—	3、4、5、6、7
土、砂、石屑等	底基层	塑性指数<12	4、5、6、7、8
		塑性指数≥12	6、8、10、12、14
碾压贫混凝土	基层	—	7、8.5、10、11.5、13

水泥的最小剂量(%)　　　　　　　　　　　　　　　　　　　表1-4-9

被稳定材料类型	拌和方法	
	路拌法	集中厂拌法
中、粗粒材料	4	3
细粒材料	5	4

注:1. 粗粒材料是指公称最大粒径不小于26.5mm的材料。
2. 中粒材料是指公称最大粒径不小于16mm,且小于26.6mm的材料。
3. 细粒材料是指公称最大粒径小于16mm的材料。

石灰粉煤灰稳定材料和石灰煤渣稳定材料推荐比例　　　　　　表1-4-10

材料类型	材料名称	使用层位	结合料间比例	结合料与被稳定材料间比例
石灰粉煤灰	硅铝粉煤灰的石灰粉煤灰类①	基层或底基层	石灰:粉煤灰=1:9~1:2	—
	石灰粉煤灰土	基层或底基层	石灰:粉煤灰=1:4~1:2②	石灰粉煤灰:细粒材料=30:70③~10:90
	石灰粉煤灰稳定级配碎石或砾石	基层	石灰:粉煤灰=1:4~1:2	石灰粉煤灰:被稳定材料=20:80~15:85④
石灰煤渣	石灰煤渣稳定材料	基层或底基层	石灰:煤渣=15:85~20:80	—
	石灰煤渣土	基层或底基层	石灰:煤渣=1:4~1:1	石灰煤渣:细粒材料=1:1~1:4⑤
	石灰煤渣稳定材料	基层或底基层	石灰:煤渣:被稳定材料=(7~9):(26~33):(67~58)	

注:①CaO含量为2%~6%的硅铝粉煤灰。
②粉土以1:2为宜。
③采用此比例时,石灰与粉煤灰之比宜为1:3~1:2。
④石灰粉煤灰与粒料之比为15:85~20:80时,在混合料中,粒料形成骨架,石灰粉煤灰起填充孔隙和胶结作用,这种混合料称为骨架密实式石灰粉煤灰粒料。
⑤混合料中石灰应不少于10%,可通过试验选取强度较高的配合比。

水泥粉煤灰稳定材料和水泥煤渣稳定材料推荐比例　　　　　　表1-4-11

材料类型	材料名称	使用层位	结合料间比例	结合料与被稳定材料间比例
水泥粉煤灰	硅铝粉煤灰的水泥粉煤灰类①	基层或底基层	水泥:粉煤灰=1:9~1:3	—
	水泥粉煤灰土	基层或底基层	水泥:粉煤灰=1:5~1:3	水泥粉煤灰:细粒材料=10:90~30:70②
	水泥粉煤灰稳定级配碎石或砾石	基层	水泥:粉煤灰=1:5~1:3	石灰粉煤灰:被稳定材料=20:80~15:85③

续上表

材料类型	材料名称	使用层位	结合料间比例	结合料与被稳定材料间比例
水泥煤渣	水泥煤渣稳定材料	基层或底基层	水泥:煤渣 = 5:95 ~ 15:85	—
	水泥煤渣土	基层或底基层	水泥:煤渣 = 1:5 ~ 1:2	水泥煤渣:细粒材料 = 1:2 ~ 1:5[④]
	水泥煤渣稳定材料	基层或底基层	水泥:煤渣:被稳定材料 = (3 ~ 5):(26 ~ 33):(71 ~ 62)	

注:①CaO 含量为 2% ~ 6% 的硅铝粉煤灰。
②采用此比例时,水泥与粉煤灰之比宜为 1:3 ~ 1:2。
③水泥粉煤灰与粒料之比为 20:80 ~ 15:85 时,在混合料中,粒料形成骨架,水泥粉煤灰起填充孔隙和胶结作用。
④混合料中水泥应不少于 4%,可通过试验选取强度较高的配合比。

(2)采用重型击实法(或振动压实法)确定各种不同结合料剂量混合料的最佳含水率和最大干密度。

(3)按规定压实度分别计算不同剂量时试件应有的干密度。

(4)按最佳含水率和计算得的干密度制备试件。试件采用静压法成型,径高比应为 1:1。无机结合料稳定细粒材料的试件直径应为 100mm,无机结合料稳定中、粗粒材料的试件直径应为 150mm。强度试验时,平行试验的最少数量应符合表 1-4-12 的规定。试验结果的变异系数大于表中规定值时,应重做试验或增加试件数量。

平行试验的最少试件数量　　　　　表 1-4-12

材料类型	变异系数要求		
	<10%	10% ~ 15%	15% ~ 20%
细粒材料	6	9	—
中粒材料	6	9	13
粗粒材料	—	9	13

3. 试件的强度试验

试件在规定温度下保湿养生 6d,浸水 1d 后,进行无侧限抗压强度试验。根据试验结果,按式(1-4-1)计算强度代表值 R_d^0:

$$R_d^0 = \overline{R} \cdot (1 - Z_\alpha C_V) \tag{1-4-1}$$

式中:Z_α——标准正态分布表中随保证率或置信度 α 而变的系数,高速公路和一级公路应取保证率 95%,即 $Z_\alpha = 1.645$;二级及二级以下公路应取保证率 90%,即 $Z_\alpha = 1.282$;

$\overline{R}$——一组试验的强度平均值;

C_V——一组试验的强度变异系数。

4. 选定结合料剂量

根据表 1-4-7 的强度标准,选定合适的结合料剂量,此剂量试件室内试验结果的强度代表值 R_d^0 应不小于强度标准值 R_d,当 $R_d^0 < R_d$ 时,应重新进行配合比试验。

对水泥稳定材料,工地实际采用的水泥剂量宜比室内试验确定的剂量多 0.5% ~ 1.0%。采用集中厂拌法施工时宜增加 0.5%;采用路拌法施工时宜增加 1%。

【例1-4-1】 设计某地二级公路路面基层用水泥稳定碎石的配合比。

解：

1. 设计要求

水泥稳定碎石的设计无侧限抗压强度标准值(7d)为3.0~3.5MPa，工地要求压实度为98%，工地上采用集中厂拌法施工。

2. 原材料选用

(1)集料：选用四种单级配集料，集料规格为4号9~31.5mm、3号9.5~19mm、2号4.75~9.5mm、1号0.075~4.75mm。根据混合料级配要求，确定掺配比例为4号:3号:2号:1号=19%:28%:22%:31%。

(2)水泥：复合硅酸盐水泥，强度等级为32.5。

3. 设计计算

(1)确定水泥剂量范围

查表1-4-8，选用4.0%、4.5%、5.0%、5.5%、6.0%五种不同的水泥剂量，分别与掺配的集料拌制水泥稳定碎石。

(2)测定水泥稳定碎石的最佳含水率和最大干密度

采用重型击实法，测定五种不同水泥剂量的水泥稳定碎石的最佳含水率和最大干密度，试验结果见表1-4-13。

击实试验及强度检测结果　　　　　表1-4-13

水泥剂量 (%)	最佳含水率 ω_0 (%)	最大干密度 γ_{max} (g/cm³)	计算干密度 $\gamma_{i,max}$ (g/cm³)	抗压强度$\overline{R}$ (MPa)	强度代表值 R_d^0	强度标准值 R_d	$R_d^0 \geqslant R_d$
(1)	(2)	(3)	(4)	(5)	(6)	(7)	(8)
4.0	4.8	2.198	2.154	3.5	2.9		否
4.5	5.2	2.201	2.157	3.6	3.0		否
5.0	5.5	2.202	2.158	4.0	3.4	3.0~3.5	是
5.5	5.9	2.205	2.161	4.3	3.8		偏高
6.0	6.0	2.207	2.163	5.0	4.5		偏高

(3)强度检验

根据工程要求，工地预定压实度为98%，将98%乘以最大干密度，计算出不同水泥剂量下的水泥稳定碎石试件的干密度，见表1-4-13第4列中的数据，按此干密度和最佳含水率制备试件。水泥稳定碎石试件在标准条件下养生，进行7d无侧限抗压强度试验，每一组强度平均值列入表1-4-13第5列，并计算强度代表值R_d^0列入表1-4-13第6列。

(4)确定水泥的最佳剂量

从表1-4-13可知，满足$R_d^0 \geqslant R_d$的水泥最佳剂量为5.0%，既符合技术质量要求，又符合经济效益要求。根据施工条件，工地上实际采用的水泥剂量为5.5%，该水泥稳定碎石的最大干密度为2.205g/cm³，最佳含水率为5.9%。

本章小结

无机结合料稳定材料是指以石灰、水泥或粉煤灰等为结合料,通过加水与被稳定材料共同拌和形成的混合料,其在压实和养生后,整体性强,后期强度高、水稳性较好。主要用于各种路面的基层、底基层,因刚度较大,又被称为半刚性基层材料。

按结合料的不同,无机结合料稳定材料可分为石灰稳定材料、水泥稳定材料、综合稳定材料及工业废渣稳定材料。

无机结合料稳定材料的主要技术要求为强度、抗裂性及水稳定性等,这些性质取决于结合料的质量与掺量、被稳定材料的种类、含水率、养生温度与龄期等。

无机结合料稳定材料的组成设计采用无侧限抗压强度为主要控制指标,设计内容包括原材料检验、混合料的目标配合比设计、混合料的生产配合比设计和施工参数确定四部分。

思考与练习

一、填空题

1. 无机结合料稳定材料是指以_____、_____或_____等为结合料,通过加水与被稳定材料共同拌和形成的混合料。
2. 无机结合料稳定材料的强度采用指标_____来表征。
3. 级配良好的碎石和砂砾用_____稳定效果最好。
4. 水泥稳定材料从开始加水拌和到完全压实的时间要尽可能短,一般不要超过_____。
5. 石灰稳定材料的干缩比水泥稳定材料的_____。
6. 无机结合料稳定材料的最佳含水率和最大干密度是通过_____试验测得。
7. 工地实际采用的石灰(或水泥)剂量宜比室内试验确定的剂量多_____。

二、选择题

1. 为防止水泥稳定材料基层出现裂缝,正确的处理方法是(   )。
   A. 应采用塑性指数较高的土
   B. 应尽量加大水泥用量
   C. 应根据土的性质采用最佳含水率
   D. 应尽可能采用快凝水泥
2. 无机结合料稳定材料基层进行质量检验时,需检测(   )。
   A. 立方体抗压强度   B. 无侧限抗压强度
   C. 抗弯拉强度   D. 劈裂强度
3. 无机结合料稳定材料适用于(   )。
   A. 路基   B. 路面基层
   C. 路面面层   D. 表面磨耗层

4. 石灰稳定砂砾强度试验时,试件需在标准条件下养生一定龄期,养生期间温度应保持为( )。

  A. 20℃   B. 25℃   C. 20℃±2℃   D. 25℃±2℃

5. 半刚性基层材料无侧限抗压强度应以( )龄期的强度为评定依据。

  A. 7d   B. 14d   C. 28d   D. 90d

6. 无机结合料稳定材料强度标准的确定依据中不包括( )。

  A. 公路等级   B. 路面结构层次
  C. 土的类型   D. 稳定材料类型

7. 测定无机结合料稳定材料的无侧限抗压强度时,试件应浸水( )。

  A. 1d   B. 2d   C. 3d   D. 7d

8. 下列几种无机结合料稳定材料,在最佳含水率状态下干缩系数最大的是( )。

  A. 水泥稳定土   B. 石灰土
  C. 水泥稳定碎石   D. 二灰稳定砾石

第五章 沥青材料

【职业能力目标】

1. 能按试验规程规定的方法完成石油沥青样品三大指标的测定；
2. 能根据气候分区，合理选择石油沥青的标号，并根据试验结果判断其质量。

【知识目标】

1. 了解沥青材料的分类；
2. 熟悉石油沥青的化学组分和胶体结构特点；
3. 掌握石油沥青的技术性质和技术标准；
4. 熟悉乳化沥青的特点、组成材料和技术要求；
5. 熟悉常用改性沥青的特点及改性沥青的主要技术性质。

沥青是由一些极其复杂的高分子碳氢化合物及其非金属(氧、硫、氮等)衍生物所组成的混合物，在常温下一般呈固体或半固态黏稠状物质，也有少数沥青呈黏性液体状态，颜色为深褐色或黑色。

沥青作为一种有机胶凝材料，具有良好的黏性、塑性、耐腐蚀性和憎水性。沥青与矿物集料的黏结力强，由沥青与矿质混合料拌和而成的沥青混合料是道路工程中重要的筑路材料，它具有良好的力学性能及一定的高温稳定性和低温柔韧性，大量用于道路路面工程。

沥青按其在自然界中获得的方式不同，可分为地沥青和焦油沥青两大类。

1. 地沥青

地沥青是地下原油演变或加工而得到的沥青，又可分为天然沥青和石油沥青。

(1) 天然沥青。由自然界的沥青湖或从含有沥青的岩石中提炼而得的产物，如湖沥青、岩沥青、海底沥青等。

(2)石油沥青。由石油原油分馏出各种油产品后的残渣经加工而制成的产品。

2. 焦油沥青

焦油沥青是干馏各类有机燃料(如煤、页岩、木材等)所得焦油,再经加工制得的产物。按干馏的原料不同,焦油沥青可分为煤沥青、木沥青、页岩沥青等。

在道路工程中,最常用的是石油沥青和少量的煤沥青。

第一节 石油沥青

一、石油沥青的分类

地壳中的原油,开采后经过常压、减压蒸馏后,采用溶剂脱沥青或氧化、深拔装置等工艺过程得到的暗褐色或黑色的半固体或固体物质即为石油沥青。石油沥青可根据不同情况分类如下:

1. 按原油的成分分类

原油是生产石油沥青的原材料。在炼油时采用的原油成分不同,制得的沥青成分也不相同。原油一般按照"关键馏分特性"和"含硫量"进行分类,根据原油关键馏分所隶属的基属,原油可分为石蜡基原油、环烷基原油和中间基原油;根据含硫量可将原油分为低硫原油、含硫原油和高硫原油。

(1)石蜡基沥青:由含大量烷烃的石蜡基原油提炼而得,其蜡的含量一般大于5%。蜡在常温下往往以结晶体存在,降低了沥青的黏结性和温度稳定性。

(2)环烷基沥青:也称沥青基沥青,含有较多的环烷烃和芳香烃,含蜡量一般低于2%,沥青的黏结性和塑性均较好。优质的道路石油沥青大多是环烷基沥青。

(3)中间基沥青:也称混合基沥青,含蜡量为2%~5%,其所含烃类成分和沥青的性质一般均界于石蜡基沥青和环烷基沥青之间。

2. 按加工方法分类

(1)直馏沥青

直馏沥青也称残留沥青,是用常压和减压蒸馏的方法将石油在不同沸点的馏分(如汽油、煤油、柴油等)提炼出之后,最后残留的黑色液体状产品。符合沥青标准的,称为直馏沥青;不符合沥青标准,针入度大于300,含蜡量大的称为渣油。在一般情况下,低稠度原油生产的直馏沥青,其温度稳定性不足,还需要进行氧化处理才能达到黏稠石油沥青的性能指标要求。

(2)氧化沥青

氧化沥青是将常压或减压重油,或低稠度直馏沥青在250~300℃高温下吹入空气,经过数小时氧化可获得常温下为半固体或固体状的沥青。氧化沥青具有良好的温度稳定性。在道路工程中使用的沥青,为保证沥青在低温下有一定的变形能力,氧化程度不能太深,有时也称为半氧化沥青。

(3)溶剂沥青

溶剂沥青是将含蜡量较高的重油采取萃取工艺,提炼出润滑油原料后所余残渣。在溶剂萃取过程中,一些石蜡成分溶解在萃取溶剂中随之被提出,使溶剂沥青中石蜡成分相对减少,其性质较由石蜡基原油生产的渣油或氧化沥青有很大的改善。

3. 按常温下稠度分类

根据用途的不同,要求石油沥青具有不同的稠度,一般可分为黏稠沥青和液体沥青两大类。黏稠沥青在常温下为半固体或固体状态。如按针入度分级时,针入度<40 为固体沥青,针入度在 40~300 之间的呈半固体,而针入度>300 则为黏性液体状态。

二、石油沥青的组分

石油沥青的化学成分非常复杂,很难把其中的化合物逐个分离出来,为了方便研究石油沥青化学组成与使用性能之间的关系,通常将沥青分离为化学成分和物理性质相近,并具有某些共同特征的几个组,这些组就称为"组分"。目前沥青组分划分的方法常用的有三组分分析法和四组分分析法。

1. 三组分分析法

三组分分析法是将石油沥青分离为油分、树脂和沥青质三个组分。因我国富产石蜡基和中间基沥青,在油分中往往含有蜡,故在分析时还应将油蜡分离。由于这一方法在进行组分分析时,利用的是沥青在不同有机溶剂中的选择性溶解或不同吸附剂上的选择性吸附等性质,因此又称为溶解—吸附法。按三组分分析法所得各组分的性状如表 1-5-1 所示。

石油沥青三组分分析法的各组分性状　　　　表 1-5-1

性状 组分	外 观 特 征	平均分子量 M_w	碳氢比 C/H	物 化 特 征
油分	淡黄色透明液体	200~700	0.5~0.7	几乎可溶于大部分有机溶剂,具有化学活性,常发现有荧光,相对密度为 0.910~0.925
树脂	红褐色黏稠半固体	800~3 000	0.7~0.8	温度敏感性高,熔点低于 100℃,相对密度大于 1.000
沥青质	深褐色固体粉末状微粒	1 000~5 000	0.8~1.0	加热不熔化,分解为硬焦炭,使沥青呈黑色

不同的组分对石油沥青性能的影响不同,在三组分分析法中,油分赋予沥青流动性;树脂使沥青具有良好的塑性和黏结性;沥青质则决定沥青的稳定性(包括耐热性、黏性和脆性)。

石油沥青的技术性能与各组分之间的比例也密切相关。如液体沥青中油分和树脂的含量较多,因此,其流动性较好;而黏稠沥青中树脂和沥青质的含量相对较多,所以其热稳定性较好,且黏结性能也较好。

沥青中各组分的比例并不是固定不变的,在大气因素长期作用下,油分会向树脂转变,而树脂会向沥青质转变,于是沥青中的油分、树脂会逐渐减少,沥青质含量会逐渐增多,使得沥青的流动性、塑性逐渐变小,脆性增加,直至断裂,这就是所说的老化现象。

2. 四组分分析法

四组分分析法是将石油沥青划分为沥青质、胶质、芳香分、饱和分四个组分。各组分的含量与沥青的技术性质的关系如下:

(1)沥青质:占沥青含量的 5%~25%,对沥青的热稳定性、流变性和黏性有很大影响。其含量越高,沥青软化点越高,黏度也越大,沥青相应也就越硬、越脆。

(2)胶质:具有很强的黏附力,胶质和沥青质之间的比例决定了沥青的胶体结构类型。

(3)芳香分:占沥青总量的20%~50%,黏稠状液体,呈深棕色,对其他高分子烃类物质有较强的溶解能力。

(4)饱和分:占沥青的5%~20%,随饱和分含量增加,沥青的稠度降低,温度感应性加大。

3. 沥青的含蜡量

我国富产石蜡基原油,故沥青组分中易含较多的蜡。蜡在常温下呈白色晶体存在于沥青中,当温度达到45℃时就会由固体转变为液体。蜡属于沥青中的有害物质,其对沥青路用性能的影响主要表现在以下几个方面:

(1)蜡在高温时融化,使沥青变软,影响高温稳定性,增大温度敏感性,导致沥青路面夏季高温时易出现车辙。

(2)蜡在低温时结晶析出,易造成沥青低温发脆,路面易产生开裂。

(3)蜡会使沥青与集料的黏附性降低,在水分的作用下,会使路面石子与沥青产生剥落现象,造成路面破坏。

(4)含蜡沥青会使沥青路面的抗滑性降低,影响路面的行车安全。

三、石油沥青的结构

1. 胶体结构的形成

沥青的技术性质,不仅取决于它的化学组分及其化学结构,还取决于它的胶体结构。现代胶体理论认为:沥青的胶体结构,是以固态超细微粒的沥青质为分散相,通常是若干个沥青质聚集在一起,它们吸附了极性半固态的胶质,而形成"胶团"。由于胶质的胶溶作用,使胶团分散于液态的芳香分和饱和分组成的分散介质中,形成稳定的胶体。

2. 胶体结构的分类

根据沥青中各组分的化学组成和相对含量的不同,可以形成不同的胶体结构。沥青的胶体结构可分为下列三个类型。

(1)溶胶型结构

当沥青中沥青质含量较少,同时有一定数量的胶质使胶团能够完全胶溶而分散在液态的芳香分和饱和分的介质中时,沥青质胶团相距较远,它们之间的吸引力很小,胶团在胶体结构中运动较为自由,如图1-5-1a)所示,这种胶体结构称为溶胶型结构。

这种结构的沥青特点是黏滞性小,流动性大,塑性好,温度稳定性较差,具有较好的自愈性和低温时变形能力。

(2)凝胶型结构

当沥青中沥青质含量较高,并有相当数量的胶质来形成胶团时,沥青质胶团之间的相互距离缩短,吸引力增加,胶团移动较为困难,如图1-5-1c)所示,这种胶体结构称为凝胶型结构。

凝胶型结构的沥青弹性和黏性较好,温度敏感性较小,流动性、塑性较低,虽具有较好的温度稳定性,但低温变形能力较差。

(3)溶—凝胶型结构

当沥青中沥青质数量适当,并有较多数量的胶质,这样形成的胶团数量较多,胶体中胶团的浓度增加,胶团距离相对靠近,如图 1-5-1b)所示。它们之间有一定的吸引力。这种介于溶胶与凝胶之间的结构,称为溶—凝胶结构。

这类沥青的路用性能较好,在高温时具有较低的感温性;低温时又具有较好的变形能力。优质道路石油沥青多为溶—凝胶型结构。

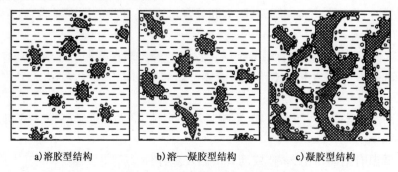

a)溶胶型结构　　　b)溶—凝胶型结构　　　c)凝胶型结构

图 1-5-1　沥青的胶体结构示意图

3. 胶体结构类型的判定

沥青的胶体结构与其路用性能有密切的关系。为工程使用方便,通常采用针入度指数法。该法是根据沥青的针入度指数(PI)值,按表 1-5-2 来划分其胶体结构类型。

沥青的针入度指数和胶体结构类型　　　　　　表 1-5-2

沥青的针入度指数(PI)	< −2	−2 ~ +2	> +2
沥青胶体结构类型	溶胶	溶—凝胶	凝胶

四、石油沥青的技术性质

(一)黏滞性

黏滞性是指沥青在外力作用下抵抗变形的能力。沥青的黏滞性随沥青的化学组分和温度的变化而变化。当沥青中的油分减少或沥青质数量增加,沥青的黏滞性就增加。在一定的温度范围内,当温度升高时,黏滞性随之降低,反之则增大。

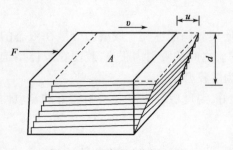

图 1-5-2　沥青绝对黏度概念图

1. 沥青黏滞性的表达式

如果采用一种剪切变形的模型来描述沥青在沥青与矿质材料的混合料中的应用,可取一对互相平行的平面(图 1-5-2),在两平面之间分布有一沥青薄膜,薄膜与平面的吸附力远大于薄膜内部胶团之间的作用力。当下层平面固定,外力作用于顶层表面发生位移时,按牛顿定律可得到下式:

$$F = \eta \cdot A \frac{v}{d} \tag{1-5-1}$$

式中:F——移动顶层平面的力(即等于沥青薄膜内部胶团抵抗变形的能力)(N);

A——沥青薄膜层的面积(cm^2);

v——顶层位移的速度(m/s);

d——沥青膜的厚度(cm);

η——反应沥青黏滞性的系数,即动力黏度(Pa·s)。

令 $\tau = F/A$,即沥青薄膜层单位面积所受的剪切力,称为剪应力(N/cm²);$\gamma = v/d$,即位移速度在 d 方向的变化率,称为剪应变速率(简称剪变率,s⁻¹)。则:

$$\eta = \frac{\tau}{\gamma} \tag{1-5-2}$$

2. 沥青黏滞性的测定方法

沥青黏滞性的测定方法可分为两类,一类为绝对黏度法,另一类为相对黏度法(或称条件黏度法)。由于相对黏度指标测试简便、直观,工程上多测定沥青的相对黏度。

1)绝对黏度法

(1)毛细管法

毛细管法是测定沥青运动黏度的一种方法,该法是沥青在规定的温度下(黏稠石油沥青为135℃,液体石油沥青为60℃),通过选定型号的毛细管黏度计(通常采用坎芬式逆流毛细管黏度计,如图1-5-3所示),流经规定体积,所需的时间(以 s 计)。

按式(1-5-3)计算运动黏度:

$$v_T = ct \tag{1-5-3}$$

式中:v_T——沥青在温度 T 时的运动黏度(mm²/s);

c——黏度计标定常数(mm²/s²);

t——沥青流经规定体积所需时间(s)。

(2)真空减压毛细管法

真空减压毛细管法是测定沥青动力黏度的一种方法,该法是沥青在规定的试验条件下(温度为60℃,真空度为40kPa),通过选定型号的真空减压毛细管黏度计(通常采用美国沥青学会式,即 AI 式,如图1-5-4所示),流经规定体积所需的时间(以 s 计)。

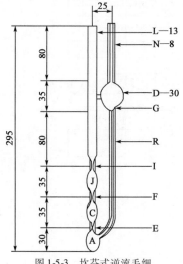

图1-5-3 坎芬式逆流毛细管黏度计(尺寸单位:mm)

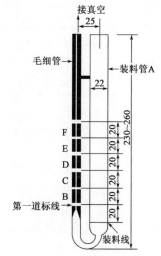

图1-5-4 美国沥青学会式真空减压毛细管黏度计(尺寸单位:mm)

按式(1-5-4)计算动力黏度:

$$\eta = kt \tag{1-5-4}$$

式中:η——沥青在试验规定温度下的动力黏度(Pa·s);
k——黏度计常数(Pa·s/s);
t——沥青流经规定体积所需时间(s)。

(3)沥青旋转黏度试验(布洛克菲尔德黏度计法)

布洛克菲尔德黏度计法测定的是沥青在45℃以上温度范围内的表观黏度,以Pa·s计。试验时,将少量沥青样品盛于恒温控制的试样筒中,转子在沥青试样中转动,测定相应的转动阻力所反映出来的扭矩。扭矩计读数乘以仪器参数即可得到沥青的黏度,如图1-5-5所示。

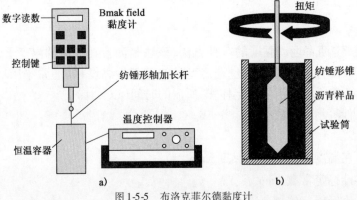

图1-5-5 布洛克菲尔德黏度计

试验通过将不同温度条件下测定的黏度,绘于图1-5-6所示的黏温曲线中,确定沥青混合料的施工温度。当使用石油沥青时,宜以黏度为0.17Pa·s±0.02Pa·s的温度作为拌和温度范围;以0.28Pa·s±0.03Pa·s时的温度作为压实成型温度范围。

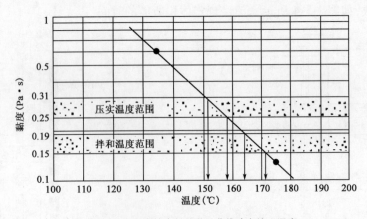

图1-5-6 由沥青结合料的黏温曲线确定施工温度

2)相对黏度法(或称条件黏度法)

(1)针入度试验

针入度试验是经常用来测定黏稠沥青(固体、半固体)稠度的一种方法,采用针入度仪测定(图 1-5-7)。

针入度是指沥青材料在规定的温度条件下,附加一定质量的标准针经过规定时间垂直贯入沥青试样的深度,以 0.1mm 表示。试验条件以 $P_{T,m,t}$ 表示,其中 P 表示针入度;T 表示试验温度(℃);m 表示荷重(g),即标准针(包括连杆及砝码)的质量;t 表示贯入时间(s)。我国行业标准《公路工程沥青及沥青混合料试验规程》(JTG E20—2011)规定,标准的试验条件为:温度25℃,荷重100g,贯入时间5s。

在相同的试验条件下,针入度值越大,表示沥青越软(稠度越小),黏滞性越小。

针入度是道路石油沥青重要的技术指标,也是划分沥青标号的依据。

(2)标准黏度试验

对于液体沥青、乳化沥青、煤沥青等,表征沥青黏滞性的指标是黏度,采用道路沥青标准黏度计法测定(图 1-5-8)。

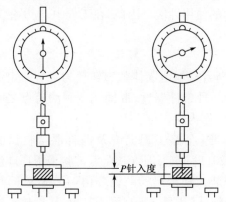

图 1-5-7　沥青针入度测定示意图

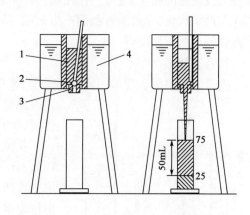

图 1-5-8　标准黏度计测定液体沥青示意图
1-沥青试样;2-活动球杆;3-流孔;4-水

黏度是液态沥青在标准黏度计中,于规定的温度(20℃、25℃、30℃或60℃)条件下,通过规定直径(3mm,4mm,5mm 及 10mm)的流孔,流出 50ml 所需的时间(s)。黏度常以符号 $C_{T,d}$ 表示,其中 d 为孔径(mm);T 为试验时沥青的温度(℃)。

在相同温度和孔径条件下,黏度越大,表示沥青的黏滞性越大,流动性越小。

我国道路用液体石油沥青是采用黏度来划分技术等级的。

(二)塑性

塑性是指沥青在外力作用下发生变形而不破坏的能力。塑性的大小与沥青的化学组分和温度有关,树脂含量多,温度升高时,塑性较大。

沥青的塑性用延度表示,采用延度仪测定。我国行业标准《公路工程沥青及沥青混合料试验规程》(JTG E20—2011)规定:延度是将沥青试样制成∞字形标准试件(中间最小截面积为1cm²),在规定温度(25℃、15℃、10℃或5℃)和规定速度(5cm/min)条件下进行拉伸,直至试件断裂时试件的伸长值,以厘米(cm)表示,如图 1-5-9 所示。

沥青延度越大,表明其塑性越好,可减少沥青路面裂缝产生,并减少摩擦时的噪声。

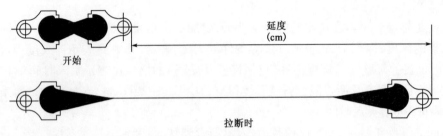

图 1-5-9　延度测定示意图

(三) 温度稳定性(感温性)

沥青在外界温度升高时变软,在外界温度降低时变脆,其黏滞性和塑性随温度的升降而变化的性能,称为温度稳定性,又称感温性。感温性大的沥青,温度稳定性差,在温度降低时,会很快变成脆硬的物体,受外力作用极易产生裂缝以致破坏;当温度升高时,又有可能由于日照的作用产生软化,导致沥青路面产生车辙,降低路面的使用性能。因此,在工程中,应尽量采用感温性较小的石油沥青。

1. 高温敏感性

沥青的高温敏感性采用软化点表示,软化点是沥青材料由固体状态转变为具有一定流动性的黏塑态时的一种条件温度,取固化点到滴落点之间温度间隔的 87.21% 作为软化点。

我国行业标准《公路工程沥青及沥青混合料试验规程》(JTG E20—2011)规定,沥青软化点试验采用环球法测定。将沥青试样装入规定尺寸的铜环(内径 18.9mm)中,再将规定质量的钢球(质量 3.5g)置于其上,然后放入有水或甘油的烧杯中,以 5℃/min 的升温速度加热,使沥青软化下垂达到 25.4mm 时的温度,即为沥青的软化点,以摄氏度(℃)表示。其测定示意图如图 1-5-10 所示。

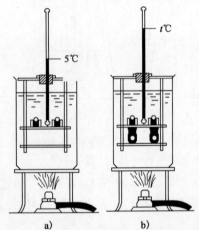

图 1-5-10　软化点测定示意图

软化点越高,表明沥青的耐热性越好,即温度稳定性越好。

沥青的针入度、延度、软化点是评价道路石油沥青的常用指标,通称为"三大指标"。

2. 低温抗裂性

沥青材料在低温下,常会因为变脆导致其变形能力降低,在荷载作用下产生断裂。沥青的低温抗裂性用脆点表示,脆点是指沥青材料由粘塑状态转变为固体状态达到条件脆裂时的温度。

我国脆点试验采用弗拉斯法测定。它是将沥青试样 0.4g 在标准金属薄片上摊成薄层,然后置于有冷却设备的脆点仪内,摇动脆点仪的曲柄,使涂有沥青薄膜的金属片产生弯曲,随着温度以 1℃/min 的速度降低,温度每降低 1℃,金属片就被弯曲一次,直到沥青薄膜在规定弯曲条件下产生断裂时的温度,即为沥青的脆点。

在工程应用中,要求沥青具有较高的软化点和较低的脆点,以保证沥青材料夏季不流淌冬季不开裂,具有良好的使用性能。

3. 针入度指数

针入度指数是根据沥青在25℃时的针入度值和软化点来表征沥青感温性的一种指标,同时也可采用针入度指数来判断沥青的胶体结构类型。

(1)针入度—温度感应性系数 A

由荷兰学者普费等人经大量试验发现,当以沥青针入度的对数值 $\lg P$ 为纵坐标,相应的温度 T 为横坐标,在半对数坐标图上可得到一直线(图1-5-11),并可用式(1-5-5)表示:

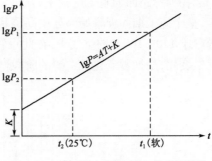

图1-5-11 沥青针入度的对数—温度关系图

$$\lg P = AT + K \tag{1-5-5}$$

式中:P——沥青针入度(0.1mm);
T——温度(℃);
K——截距;
A——针入度温度感应性系数,由针入度和软化点确定。

普费等人根据对多种沥青的研究,认为沥青在软化点温度时,针入度在600~1 000(0.1mm)之间,假定为800(0.1mm)时,则针入度温度感应性系数 A 可按式(1-5-6)计算求得:

$$A = \frac{\lg 800 - \lg P_{(25℃,100g,5s)}}{T_{R\&B} - 25} \tag{1-5-6}$$

式中:$P_{(25℃,100g,5s)}$——沥青在25℃,100g,5s条件下测定的针入度值(0.1mm);
$T_{R\&B}$——环球法测定的软化点(℃)。

式(1-5-6)假定软化点温度时针入度值为800(0.1mm),与实际不完全相符。因此,计算的 A 仅为简化值。A 越大,表示沥青针入度对温度的变化越敏感。

(2)针入度指数(PI)的确定

因 A 值为小数,为使用方便,改用针入度指数(PI)表示,即:

$$\text{PI} = \frac{30}{1 + 50A} - 10 \tag{1-5-7}$$

针入度指数 PI 越大,表示沥青的感温性越小,温度稳定性越好。

测定 PI 时,A 可根据不同温度的针入度通过直线回归确定。在15℃、25℃、30℃(或5℃)3个或3个以上(必要时增加10℃、20℃等)温度条件下分别测定沥青的针入度,但用于仲裁试验的温度条件应为5个。直线回归相关系数不得小于0.997。

针入度指数还可根据针入度指数诺模图求得,如图1-5-12所示。

(四)耐老化性

路用沥青在使用过程中受到储运、加热、拌和、摊铺、碾压、交通荷载以及自然因素的作用,会使沥青发生一系列的物理化学变化,逐渐改变其原有的性能而变硬变脆,这种变化称为沥青的老化。老化后沥青的黏附性、塑性等性质会劣化,使沥青的耐久性、水稳性和低温抗裂性降低。沥青路面应具有良好的使用性能和较长的使用年限,因此要求沥青有较好的耐老化性。

沥青的老化过程一般分为两个阶段,即施工过程中的热老化和沥青路面在长期使用过程中的老化。

在沥青路面的施工过程中,从沥青的运输与储存,到沥青混合料的拌和、运输、摊铺和压实,整个施工期间沥青始终处于高温状态,特别是沥青与矿料的拌和阶段,沥青是在薄膜状态暴露于140～160℃的空气中,在此短暂时间内沥青由于氧化以及轻质馏分的挥发,使其性能发生变化,是沥青老化最主要的阶段。沥青在施工阶段的老化称为短期老化。

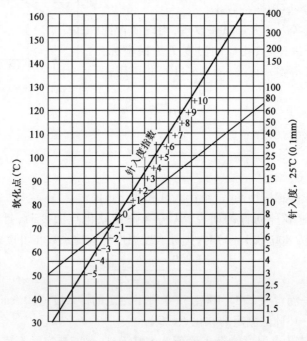

图 1-5-12 确定沥青针入度指数用诺模图

沥青路面在长期使用过程中,由于空气、温度、光和水等自然因素的作用,特别是路面空隙率较大的情况下,沥青同样也会发生老化。沥青在使用过程中发生的老化称为长期老化。

因此,评价沥青耐老化性的试验方法包括:模拟沥青在施工过程中的老化试验——沥青薄膜加热试验(TFOT)和旋转薄膜加热试验(RTFOT)以及模拟沥青在道路使用过程中的老化试验——压力老化容器加速沥青老化试验。

1. 模拟沥青在施工过程中的老化试验

我国行业标准《公路工程沥青及沥青混合料试验规程》(JTG E20—2011)规定:道路石油沥青采用沥青薄膜加热试验和沥青旋转薄膜加热试验,以沥青加热后的质量损失和残留物的性质变化来评价沥青短期受热时的耐老化性。

(1)沥青薄膜加热试验(TFOT)

将50g沥青装入内径140mm,深9.5～10mm的盛样皿中,使沥青成为约3.2mm的薄膜。在163℃±1℃通风烘箱的条件下以5.5r/min的速率水平旋转,经过5h后取出试件。冷却后测定沥青试样的质量损失,并按规定测残留物的针入度、软化点、延度、黏度等指标的变化。沥青薄膜加热试验如图1-5-13所示。

(2)沥青旋转薄膜加热试验(RTFOT)

将沥青试样35g装入高140mm、直径64mm的开口玻璃瓶中,盛样瓶插入旋转烘箱中,一边接受以 4 000mL/min 流量吹入的热空气,一边在 163℃ 的高温下以 15r/min 的速度旋转,经过 75min 的老化后,测定沥青残留物的针入度、黏度、延度及脆点等性质的变化。沥青旋转薄膜加热试验如图 1-5-14 所示。

图 1-5-13 沥青薄膜加热试验

图 1-5-14 沥青旋转薄膜加热试验

2. 模拟沥青在道路使用过程中的老化试验

模拟沥青在道路使用过程中的老化试验,根据我国行业标准《公路工程沥青及沥青混合料试验规程》(JTG E20—2011)规定,采用压力老化容器加速沥青老化试验。

试验时将旋转薄膜烘箱试验后的沥青残渣倒入 PAV 盘中,每盘试样重 50g,放入压力老化容器中再老化 20h。老化温度视沥青标号不同规定为 90~110℃,容器内的充气压力为 2.1MPa。然后,再进行残留物的弯曲蠕变劲度试验、流变性质试验、断裂性能试验等以评价沥青的耐老化性能。

(五) 施工安全性

在实际施工中,沥青拌和站加热沥青温度经常为 140~160℃,甚至更高,沥青中挥发出的可燃性气体与空气混合,当达到一定浓度后,遇火即会发生闪火甚至燃烧、爆炸等安全事故。为保证沥青加热质量和施工安全,需测定沥青的闪点和燃点。

道路石油沥青闪燃点采用克利夫兰开口杯式闪点仪(图 1-5-15)测定。将沥青试样盛于标准杯中,按规定加热速度进行加热。当点火器扫拂过沥青试样表面,出现一瞬即灭的蓝色火焰状闪光时,此时温度即为闪点。继续加热,至点火器扫拂过沥青试样表面发生燃烧火焰,并持续 5s 以上,此时的温度即为燃点。闪燃点相差 10℃ 左右。

(六) 黏附性

沥青以薄膜形式裹覆在干燥石料表面后,如果遇水,大多数沥青容易被水所剥离,直接影响沥青路面的使用质量和耐久性。沥青裹覆矿料后的抗剥性(或抗水性)取决于沥青与集料的黏附性,其不仅与

图 1-5-15 克利夫兰开口杯式闪点仪

沥青的性质有关,而且与集料的酸碱性有关。为了保证沥青与集料的黏附性,在选择集料时应尽量选择碱性集料。根据《公路沥青路面施工技术规范》(JTG F40—2004)规定:若使用与沥青黏附性达不到要求的集料时,宜掺加消石灰、水泥或用饱和石灰水处理后使用,必要时可同时在沥青中掺加耐热、耐水、长期性能好的抗剥落剂,也可采用改性沥青的措施,使沥青路面的水稳定性检验达到要求。

测定沥青与集料黏附性的试验最常用的有水煮法和水浸法,《公路工程沥青及沥青混合料试验规程》(JTG E20—2011)规定:对于最大粒径大于13.2mm的集料应用水煮法;对于最大粒径小于或等于13.2mm的集料应用水浸法。

1. 水煮法

取5个粒径为13.2~19mm的石子,逐个用细线在中部系牢,再置于105℃±5℃烘箱中1h。浸入预先加热好的沥青中45s,冷却后在微沸的水中煮3min,取出观察其表面沥青膜剥落程度,按表1-5-3来评价其黏附性。水煮法如图1-5-16所示。

2. 水浸法

取粒径为9.5~13.2mm的石子100g与5.5g沥青加热拌匀,挑出裹有沥青的石子20个,冷却至室温。再浸入80℃±1℃水中30min,观察其表面沥青膜剥落程度,由剥离面积百分率按表1-5-3评定沥青与集料黏附性的等级。

图1-5-16 水煮法

沥青与集料的黏附性等级 表1-5-3

试验后集料表面上沥青膜剥落情况	黏附性等级
沥青膜完全保存,剥离面积百分率接近于0	5
沥青膜少部为水所移动,厚度不均匀,剥离面积百分率小于10%	4
沥青膜局部明显地为水所移动,基本保留在集料表面上,剥离面积百分率小于30%	3
沥青膜大部为水所移动,局部保留在集料表面上,剥离面积百分率大于30%	2
沥青膜完全为水所移动,集料基本裸露,沥青完全浮于水面上	1

(七)密度和相对密度

沥青密度是在规定温度(15℃)下单位体积所具有的质量,以克每立方厘米(g/cm^3)计。沥青相对密度是指在同一温度下,沥青质量与同体积的水质量之比值,无纲量。

(八)溶解度

溶解度是指石油沥青在三氯乙烯中溶解的百分率(即有效物质含量),用以限制有害的不溶物的含量。

(九)含水量

沥青中含水,挥发慢,会影响施工进度;另外加热过程中有水会产生"溢锅",引起火灾。故应限制含水量。

五、石油沥青的技术要求

(一)道路石油沥青等级

《公路沥青路面施工技术规范》(JTG F40—2004)规定,根据沥青生产和使用水平,道路石油沥青分为 A、B、C 三个等级,各个等级的适用范围见表 1-5-4 的规定。

道路石油沥青的等级与适用范围　　　表 1-5-4

沥青等级	适 用 范 围
A 级沥青	各个等级的公路,适用于任何场合和层次
B 级沥青	1. 高速公路、一级公路沥青下面层以及以下的层次,二级及二级以下公路的各个层次; 2. 用作改性沥青、乳化沥青、改性乳化沥青、稀释沥青的基质沥青
C 级沥青	三级及三级以下公路的各个层次

(二)道路石油沥青的技术要求

道路石油沥青按针入度划分为 160 号、130 号、110 号、90 号、70 号、50 号、30 号七个标号,各标号沥青的技术指标具体要求见表 1-5-5。

(三)道路用液体石油沥青的技术要求

道路用液体石油沥青的技术要求,按照其凝固速度分为快凝、中凝和慢凝 3 个等级,除黏度外,对蒸馏的馏分及残留物性质、闪点和含水量也提出相应的要求。道路用液体石油沥青的技术要求如表 1-5-6 所示。

道路用液体石油沥青的技术要求　　　表 1-5-6

试验项目		快凝		中凝						慢凝						试验方法
		AL(R)-1	AL(R)-2	AL(M)-1	AL(M)-2	AL(M)-3	AL(M)-4	AL(M)-5	AL(M)-6	AL(S)-1	AL(S)-2	AL(S)-3	AL(S)-4	AL(S)-5	AL(S)-6	
黏度(s)	$C_{25.5}$	<20	—	<20	—	—	—	—	—	<20	—	—	—	—	—	T 0621
	$C_{60.5}$	—	5~15	—	5~15	16~25	26~40	41~100	101~200	—	5~15	16~25	26~40	41~100	101~200	
蒸馏体积(%)	225℃前	>20	>15	<10	<7	<3	<2	0	0	—	—	—	—	—	—	T 0632
	315℃前	>35	>30	<35	<25	<17	<14	<8	<5	—	—	—	—	—	—	
	360℃前	>45	>35	<50	<35	<30	<25	<20	<15	<40	<35	<25	<20	<15	<5	
蒸馏后残留物	针入度(25℃)(0.1mm)	60~200	60~200	100~300	100~300	100~300	100~300	100~300	100~300	—	—	—	—	—	—	T 0604
	延度(25℃)(cm)	>60	>60	>60	>60	>60	>60	>60	>60	—	—	—	—	—	—	T 0605
	浮漂度(5℃)(s)	—	—	—	—	—	—	—	—	<20	<20	<30	<40	<45	<50	T 0631
闪点(TOC法)(℃)		>30	>30	>65	>65	>65	>65	>65	>65	>70	>70	>100	>100	>120	>120	T 0633
含水量(%)≤		0.2	0.2	0.2	0.2	0.2	0.2	0.2	0.2	2.0	2.0	2.0	2.0	2.0	2.0	T 0612

表 1-5-5

道路石油沥青技术要求

指 标	单位	等级	160号④	130号④	110号	90号		70号③		50号	30号④	试验方法①
针入度(25℃,100g,5s)	0.1mm		140~200	120~140	100~120	80~100		60~80		40~60	20~40	T 0604
适用的气候分区⑥			注④	注④	2-1 2-2 3-2	1-1 1-2 1-3	2-2 2-3	1-3 1-4 2-2	2-3	1-4	注④	附录A⑤
针入度指数 PI②		A				−1.5 ~ +1.0						T 0604
		B				−1.8 ~ +1.0						
软化点(R&B),不小于	℃	A	38	40	43	45		46	45	49	55	T 0606
		B	36	39	42	43		44	43	46	53	
		C	35	37	41	42		43		45	50	
60℃动力黏度②,不小于	Pa·s	A	—	60	120	160		180	160	200	260	T 0620
10℃延度②,不小于	cm	A	50	50	40	30	20	20	15	15	10	T 0605
		B	30	30	30	20	15	15	10	10	8	
15℃延度,不小于	cm	A,B	80	80	60	50		40		80	50	
		C				100				30	20	
蜡含量(蒸馏法),不大于	%	A				2.2						T 0615
		B				3.0						
		C				4.5						
闪点,不小于	℃		230	230	230	245		260		260	260	T 0611
溶解度,不小于	%					99.5						T 0607

续上表

指 标	单位	等级	沥青标号							试验方法①
			160号④	130号④	110号	90号	70号③	50号	30号④	
密度(15℃)	g/cm³		实测记录							T 0603
			TFOT(或RTFOT)后⑤							
质量变化,不大于	%		±0.8							T 0610 或 T 0609
残留针入度比,不小于	%	A	48	54	55	57	61	63	65	T 0604
		B	45	50	52	54	58	60	62	
		C	40	45	48	50	54	58	60	
残留延度(10℃),不小于	cm	A	12	12	10	8	6	4	—	T 0605
		B	10	10	8	6	4	2	—	
残留延度(15℃),不小于	cm	C	40	35	30	20	15	10	—	T 0605

注:①试验方法按照现行《公路工程沥青及沥青混合料试验规程》(JTJ E20—2011)规定的方法执行。用于仲裁试验求取PI时的5个温度的针入度关系的相关系数不得小于0.997。
②经建设单位同意,表中PI值、60℃动力黏度、10℃延度可作为选择性指标,也可不作为施工质量检验指标。
③70号沥青可根据需要求供应商提供针入度范围为60～70或70～80的沥青,50号沥青可要求提供针入度范围为40～50或50～60的沥青。
④30号沥青仅适用于沥青稳定基层。130号和160号沥青除寒冷地区可直接应用外,通常用作乳化沥青、稀释沥青、改性沥青的基质沥青。
⑤老化试验以TFOT为准,也可以RTFOT代替。
⑥气候分区见表1-6-7。

第二节 乳化沥青

一、概述

乳化沥青是指将黏稠石油沥青加热至流动态,经机械作用使沥青形成细小的微粒(粒径为 $2\sim5\mu m$),加入有乳化剂和稳定剂的水溶液中,所形成均匀、稳定的乳状液。其外观为茶褐色,在常温下具有良好的流动性。乳化沥青的特点如下:

(1)可冷态施工,节约能源。通常道路石油沥青需加热至 $140\sim160℃$ 才能用于施工。乳化沥青可以在常温下进行喷洒、贯入或拌和摊铺,现场无须加热,操作程序简单,节省能源。

(2)可在潮湿的环境下使用。其他品种的沥青必须与干燥的矿料拌和形成混合料,而且只能铺筑在干燥的基层上,才能保证沥青与矿料、沥青混合料与基层具有足够的黏结力。乳化沥青则可以直接与湿集料拌和,在潮湿的基层上铺筑,施工方便且黏结力不降低。

(3)可改善施工环境。乳化沥青无毒、无嗅、不燃,施工安全,不污染环境,且对操作人员无有害影响。

(4)稳定性差。乳化沥青储存期不能超过半年,储存期过长容易引起凝聚分层,储存温度应在 $0℃$ 以上。

(5)路面成型期长。乳化沥青修筑的路面,待乳化沥青破乳且水分蒸发后才能发挥沥青的黏结作用,故路面成型期较长。最初应控制车辆的行驶速度。

乳化沥青常用于路面的维修与养护,用于铺筑表面处治、贯入式、沥青碎石、乳化沥青混凝土等各种结构形式的路面,还可用于旧沥青路面的冷再生,防尘处理等。

二、乳化沥青的组成材料

乳化沥青主要由沥青、乳化剂、稳定剂和水等组分组成。

1. 沥青

沥青是乳化沥青组成的主要材料,在选择时首先要求沥青应有易乳化性,沥青的易乳化性与其化学结构有密切关系。一般来说,相同油源和工艺的沥青,针入度较大者易于形成乳液。但是针入度的选择,应根据乳化沥青在路面工程中的用途而决定。另外,沥青中活性组分的含量对沥青乳化难易性有直接关系,通常认为沥青酸总量大于 1% 的沥青,采用通用乳化剂和一般工艺即易于形成乳化沥青。

2. 乳化剂

乳化剂是乳化沥青形成的关键材料,它是表面活性剂的一种。其分子结构由具有易溶于油的亲油基和易溶于水的亲水基所组成,这两个基团具有使不相溶的沥青和水连接起来的特殊功能。在沥青、水分散体系中,沥青微粒被乳化剂分子的亲油基吸引,此时以沥青微粒为固体核,乳化剂包裹在沥青微粒表面形成吸附层。乳化剂的另一端与水分子吸引,形成一层水膜,它可机械地阻碍沥青微粒的聚集。

乳化剂按其亲水基在水中是否电离分为离子型和非离子型两大类,离子型乳化剂又分为阴离子型、阳离子型和两性离子型三类。

(1) 阴离子型乳化剂。阴离子型乳化剂是溶于水中时,能电离为离子或离子胶束,且与亲油基相连接的亲水基团带有阴(负)电荷的乳化剂。

(2) 阳离子型乳化剂。阳离子型乳化剂是溶于水中时,能电离为离子或离子胶束,且与亲油基相连接的亲水基团带有阳(正)电荷的乳化剂。阳离子型乳化剂是当前应用最为广泛的乳化剂。

(3) 两性离子型乳化剂。两性离子型乳化剂是在水中溶解时,能电离为离子或离子胶束,且与亲油基相连接的亲水基团,既带有阴电荷又带有阳电荷的乳化剂。

(4) 非离子型乳化剂。非离子型乳化剂是在水中溶解时,不能离解成离子或离子胶束,而是依赖分子所含的羟基(−OH)和醚链(−O−)等作为亲水基团的乳化剂。

3. 稳定剂

为了使乳液具有良好的储存稳定性以及在施工中喷洒或拌和的机械作用下的稳定性,必要时可加入适量的稳定剂。稳定剂可分为有机稳定剂和无机稳定剂两类。

稳定剂对乳化剂的协同作用,与它们之间的性质有关。有的稳定剂可在生产乳液时同时加入乳化剂溶液中,但有的稳定剂会影响乳化剂的乳化作用,而需后加入乳液中,因此必须通过试验来确定它们的匹配作用。

4. 水

水是乳化沥青的主要组成部分,在乳化沥青中起着湿润、溶解及化学反应的作用。自然界获得的水,可溶解或悬浮各种物质,影响水的 pH 值,或者含有钙、镁离子等,这些因素都可能影响某些乳化沥青的形成或引起乳化沥青的过早分裂。因此,生产乳化沥青的水应当纯净,不含其他杂质,一般要求每升水中氧化钙含量不得超过 80mg。

三、乳化沥青的技术性质及评价指标

1. 筛上剩余量

筛上剩余量是为了检验乳液中沥青微粒的均匀程度,是评价乳化沥青质量的重要指标。检验方法为:待乳液完全冷却或基本消泡后,称取沥青乳液 500g,通过 1.18mm 筛,求出筛上残留物占过筛乳液质量的百分率。

2. 蒸发残留物含量及残留物性质

蒸发残留物含量是将一定量的乳液脱水后,求出其蒸发残留物占乳液的百分比,用以检验乳液中实际的沥青含量。乳液中沥青含量过高会使乳液黏度变大,储存稳定性不好,不利于施工和储存。乳液中沥青含量过低,乳液黏度较低,施工时容易流失,不能保证要求的沥青用量,同时增加了乳液的运输成本,提高了乳化剂用量。

蒸发残留物的性质以针入度、延度和软化点表征,用来比较沥青乳化后与原沥青在技术性能上有何变化。

3. 黏度

对于不同的施工方法、施工季节和路面结构层次,对沥青乳液的黏度要求不同,乳液黏度不当则可能造成路面过早损坏。我国采用道路沥青标准黏度计或恩氏黏度计测定乳液的黏度。测试条件为:温度 60℃,流孔直径 3mm。

4. 黏附性

阳离子乳化沥青的黏附性试验是将 5 个粒径为 19.0~31.5mm 的干净集料颗粒,逐个用

细线系好,将集料颗粒浸水 1min 后,放入乳液中浸泡 1min,取出在室温放置 24h,再于微沸的水中浸煮 3min 后,取出后观察颗粒表面沥青膜的裹覆面积。

阴离子乳化沥青的黏附性试验是将干净的粒径为 13.2~19mm 的集料约 50g 排列在滤筛上,将滤筛连同集料一起浸入乳液 1min,取出在室温下放置 24h,然后在 40℃ 温水中浸泡 5min,观察颗粒表面沥青膜的裹覆面积。

5. 储存稳定性

储存稳定性是检验乳液的存放稳定性。将乳液在容器中置放规定的时间后,检验容器上下乳液的浓度变化。一般采用 5d 的储存稳定性,如时间紧迫也可用 1d 的稳定性。

6. 低温储存稳定性

低温储存稳定性是检验乳液经受冰冻后,其状态发生的变化。将乳液在 -5℃ 的温度下放置 30min,然后在 25℃ 下放置 10min,循环两次后,将试样过 1.18mm 筛,如果筛上没有结块等残余物,则低温储存稳定性合格。

7. 微粒离子电荷性

微粒离子电荷性用于确定乳液是否属于阳离子或阴离子类型。在乳液中放入两块电极板,通入 6V 直流电,3min 后观察电极板上沥青微粒的黏附量。如果负极板上吸附大量沥青微粒,表明沥青微粒带正电荷,则该乳液为阳离子型,反之亦然。

8. 破乳速度

乳化沥青在路面施工时,为发挥其黏结的功能,沥青液滴必须从乳液中分裂出,聚集在集料的表面而形成连续的沥青薄膜,这一过程称为"分裂",俗称"破乳"。"破乳"的外观特征是乳化沥青的颜色由棕褐色变为黑色。

破乳速度试验是将乳液与规定级配(分 A 组和 B 组)的矿料拌和后,由矿料表面被乳液薄膜裹覆的均匀程度,判断乳液的拌和效果,并鉴别乳液属于快裂、中裂或慢裂类型。乳化沥青的破乳速度按照表 1-5-7 的标准分级。

乳化沥青的破乳速度分级　　　　　　　　表 1-5-7

代号	破乳速度	A 组矿料拌和结果	B 组矿料拌和结果
RS	快裂	混合料呈松散状态,一部分矿料颗粒未裹覆沥青,沥青分布不够均匀,并有些凝聚成块	乳液中的沥青在拌和后立即凝聚成团块,不能拌和均匀
MS	中裂	混合料混合均匀	混合料呈松散状态,沥青分布不匀,并可见凝聚的团块
SS	慢裂		混合料呈糊状,沥青乳液分别均匀

9. 水泥拌和试验

水泥拌和试验的目的是评价慢裂型乳液在与水泥的拌和过程中乳液的凝结情况,是乳化沥青用于加固稳定砂石土基层、稀浆封层等施工的一项重要性能。将 50g 水泥与 50g 乳液试样拌和均匀后,加入 150mL 蒸馏水拌匀,然后过 1.18mm 筛,结果用筛上残留物占水泥和沥青总质量的百分比表示。

四、乳化沥青的技术要求

(1)乳化沥青适用于沥青表面处治路面、沥青贯入式路面、冷拌沥青混合料路面,修补裂缝,喷洒透层、黏层与封层等。乳化沥青的品种和适用范围宜符合表1-5-8的规定。

乳化沥青品种及适用范围　　　　　　　　表1-5-8

分　类	品种及代号	适　用　范　围
阳离子乳化沥青	PC-1	表处、贯入式路面及下封层用
	PC-2	透层油及基层养生用
	PC-3	黏层油用
	BC-1	稀浆封层或冷拌沥青混合料用
阴离子乳化沥青	PA-1	表处、贯入式路面及下封层用
	PA-2	透层油及基层养生用
	PA-3	黏层油用
	BA-1	稀浆封层或冷拌沥青混合料用
非离子乳化沥青	PN-2	透层油用
	BN-1	与水泥稳定集料同时使用(基层路拌或再生)

(2)乳化沥青的质量应符合表1-5-9的规定。在高温条件下宜采用黏度较大的乳化沥青,寒冷条件下宜使用黏度较小的乳化沥青。

道路用乳化沥青技术要求　　　　　　　　表1-5-9

试验项目		单位	品种及代号										试验方法
			阳离子				阴离子				非离子		
			喷洒用			拌和用	喷洒用			拌和用	喷洒用	拌和用	
			PC-1	PC-2	PC-3	BC-1	PA-1	PA-2	PA-3	BA-1	PN-2	BN-1	
破乳速度			快裂	慢裂	快裂或中裂	慢裂或中裂	快裂	慢裂	快裂或中裂	慢裂或中裂	慢裂	慢裂	T 0658
粒子电荷			阳离子(+)				阴离子(-)				非离子		T 0653
筛上残留物(1.18mm筛)不大于		%	0.1				0.1				0.1		T 0652
黏度	恩格拉黏度计 E_{25}		2~10	1~6	1~6	2~30	2~10	1~6	1~6	2~30	1~6	2~30	T 0622
	道路标准黏度计 $C_{25,3}$	s	10~25	8~20	8~20	10~60	10~25	8~20	8~20	10~60	8~20	10~60	T 0621
蒸发残留物	残留分含量,不小于	%	50	50	50	55	50	50	50	55	50	55	T 0651
	溶解度,不小于	%	97.5				97.5				97.5		T 0607
	针入度(25℃)	0.1mm	50~200	50~300	45~150	50~200	50~300	45~150	50~300	60~300			T 0604
	延度(15℃),不小于	cm	40				40				40		T 0605
与粗集料的黏附性,裹覆面积不小于			2/3			—	2/3			—	2/3	—	T 0654
与粗、细粒式集料拌和试验			—			均匀	—			均匀	—	均匀	T 0659

续上表

试验项目	单位	品种及代号										试验方法
		阳离子				阴离子				非离子		
		喷洒用			拌和用	喷洒用			拌和用	喷洒用	拌和用	
		PC-1	PC-2	PC-3	BC-1	PA-1	PA-2	PA-3	BA-1	PN-2	BN-1	
水泥拌和试验的筛上剩余,不大于	%	—				—					3	T 0657
常温储存稳定性: 1d,不大于 5d,不大于	%	1 5				1 5				1 5		T 0655

注:1. P 为喷洒型,B 为拌和型,C、A、N 分别表示阳离子、阴离子、非离子乳化沥青。
2. 黏度可选用恩格拉黏度计或沥青标准黏度计之一测定。
3. 表中的破乳速度与集料的黏附性、拌和试验的要求、所使用的石料品种有关,质量检验时应采用工程上实际的石料进行试验,仅进行乳化沥青产品质量评定时可不要求此三项指标。
4. 储存稳定性根据施工实际情况选用试验时间,通常采用 5d,乳液生产后能在当天使用时也可用 1d 的稳定性。
5. 当乳化沥青需要在低温冰冻条件下储存或使用时,尚需按 T 0656 进行 -5℃ 低温储存稳定性试验,要求没有粗颗粒、不结块。
6. 如果乳化沥青是将高浓度产品运到现场经稀释后使用时,表中的蒸发残留物等各项指标指稀释前乳化沥青的要求。

第三节 改性沥青

改性沥青是指掺加橡胶、树脂、高分子聚合物、天然沥青、磨细的橡胶粉或其他材料等改性剂,或采用对沥青轻度氧化等措施,使性能得到改善后的沥青。

通过对沥青材料的改性,可以改善以下几个方面的性能:提高高温抗变形能力,可以增强沥青路面的抗车辙性能;提高沥青的弹性性能,可以增强沥青的抗低温和抗疲劳开裂性能;改善沥青与石料的黏附性,提高路面的水稳定性;改善沥青的抗老化能力,延长沥青路面的寿命。

一、改性剂的种类

1. 聚合物类改性剂

(1)橡胶类

使用最多的是丁苯橡胶(SBR)和氯丁橡胶(CR)。这类改性沥青出现较早、应用比较广泛,尤其是胶乳形式的 SBR 使用越来越广泛,CR 具有极性,常掺入到煤沥青中使用,已成为煤沥青的改性剂。

SBR 改性沥青最大的特点是低温稳定性较好,但老化试验后的延度严重降低,主要适宜于寒冷地区。

(2)热塑性橡胶类

该类改性剂主要是苯乙烯嵌段共聚物,如苯乙烯—丁二烯—苯乙烯(SBS)、苯乙烯—异戊二烯—苯乙烯(SIS)等。其中 SBS 常用于路面沥青混合料,SIS 常用于热熔黏结料。

目前,世界各国使用最多的为 SBS 改性沥青,其最大特点是高温稳定性和低温抗裂性都好,且具有良好的弹性恢复性能和抗老化性能。

(3) 热塑性树脂类

常用的热塑性树脂类改性剂有聚乙烯(PE)、乙烯—乙酸乙烯共聚物(EVA)、无规聚丙烯(APP)、聚氯乙烯(PVC)以及聚苯乙烯等。

这类热塑性树脂的共同特点是加热后软化,冷却时变硬,使沥青在常温下黏度增大,高温稳定性提高,但不能提高沥青的弹性,并且加热后容易产生离析现象,再次冷却时产生弥散体。

2. 纤维类改性剂

常用的纤维物质有:各种人工合成纤维(如聚乙烯纤维、聚酯纤维)和矿质石棉纤维、土工布等。掺入纤维类改性剂后,沥青高温稳定性得到显著提高,并且低温抗裂性也能得到改善,但须注意的是这类物质往往对人体健康有影响,需谨慎使用。

3. 固体颗粒改性剂

主要有废橡胶粉、炭黑、高钙粉煤灰、火山灰和页岩粉等,这些固体颗粒的级配、表面性质和孔隙状态等都影响着沥青混合料的高温流变特性和低温变形能力。

4. 硫磷类改性剂

硫磷在沥青中的链桥作用,可提高沥青的高温稳定性,但应采用"预溶法",否则改善了高温稳定性,但低温抗裂性则明显降低。

5. 黏附性改性剂

(1) 无机类

如水泥、石灰或电石渣,将这类改性剂预处理集料表面或直接加入沥青中,可提高沥青与集料的黏附性。

(2) 有机酸类

掺加各类合成高分子有机酸,可提高沥青活性。

(3) 重金属皂类

常用的有皂角铁、环烷酸铝皂等,可降低沥青与集料的界面张力,改善黏附性。

(4) 合成化学抗剥剂

如醚胺、醇胺类、烷基胺类等,这些高效低剂量抗剥剂对黏附性的改善效果较好,一般用于对黏附性要求很高的高等级路面,应用时,须通过试验路段的试验。

6. 耐老化改性剂

耐老化改性剂包括受阻酚、受阻胺等抗老化剂,但它们价格较为昂贵,目前常用的是炭黑。炭黑粒径小、表面积大,弥散于沥青中,可吸附沥青热氧化作用产生的游离基,阻止沥青老化的链式反应,并且炭黑又是一种屏蔽剂,能阻止紫外线进入,使光致老化作用受到抑制。

二、改性沥青的评价指标

由于改性沥青具有不同的技术特点,除沥青常规试验针入度、延度、软化点、黏度等指标外,还采用了几项与评价沥青性能不同的技术指标。

1. 聚合物改性沥青离析试验

聚合物改性沥青在停止搅拌、冷却过程中,聚合物可能从沥青中离析,当聚合物改性沥青在生产后不能立即使用,而需经过储运再加热等过程使用时,需进行离析试验,以评价改性剂与基质沥青的相溶性。

不同的改性沥青离析的状况不同,SBS、SBR类聚合物改性沥青,离析时表现为聚合物上浮。试验时是将试样约为50g置于规定条件的盛样管中,并在163℃烘箱中放置48h后从聚合物改性沥青的顶部和底部分别取样,测定其软化点,以软化点差值表示离析程度。对PE、EVA类聚合物改性沥青,观察经135℃持续烘烤24h的改性沥青试样,并用小刀徐徐探测,检查表面层稠度、底部及四周的沉淀物来判断其离析情况。

2. 沥青弹性恢复试验

沥青弹性恢复试验用于评价热塑性橡胶类聚合物改性沥青的弹性恢复性能。试验中采用延度试件在25℃条件下,以5cm/min速度拉伸10cm后停止。立即剪断沥青试样,保持在水中1h,然后将两个半截试件对至尖端刚好接触,测量试件的长度X,按式(1-5-8)计算弹性恢复率,即延度试件拉长至10cm后的可恢复变形的百分率,用D表示。

$$D = \frac{10-X}{10} \times 100\% \tag{1-5-8}$$

3. 沥青黏韧性试验

沥青黏韧性试验是测定沥青在规定温度条件下(25℃),高速拉伸(500mm/min)时与金属半球的黏韧性和韧性,是评价橡胶类改性沥青的一种较好的方法。

三、改性沥青的技术要求

聚合物改性沥青性能评价方法,首先根据聚合物类型将改性沥青分为Ⅰ(SBS类)、Ⅱ(SBR类)、Ⅲ(EVA、PE类)三类,按照软化点的不同,Ⅰ和Ⅲ类将聚合物改性沥青分为A、B、C和D四个等级,Ⅱ类分为A、B和C三个等级,以适应不同的气候条件。同一类型中的A、B、C或D主要反映基质沥青标号及改性剂含量的不同,由A~D表示改性沥青针入度减少,黏度增加,即高温性能提高,但低温性能下降。对于采用几种不同种类改性剂制备的复合改性沥青,可以根据所掺各种改性剂的种类和剂量比例,按照工程对改性沥青的使用要求,参照表1-5-10,综合确定应该达到的质量要求。

聚合物改性沥青技术要求　　　　　表1-5-10

指标	单位	SBS类(Ⅰ类)				SBR类(Ⅱ类)			EVA、PE类(Ⅲ类)				试验方法
		Ⅰ-A	Ⅰ-B	Ⅰ-C	Ⅰ-D	Ⅱ-A	Ⅱ-B	Ⅱ-C	Ⅲ-A	Ⅲ-B	Ⅲ-C	Ⅲ-D	
针入度(25℃,100g,5s)	0.1mm	>100	80~100	60~80	30~60	>100	80~100	60~80	>80	60~80	40~60	30~40	T 0604
针入度指数PI,不小于		-1.2	-0.8	-0.4	0	-1.0	-0.8	-0.6	-1.0	-0.8	-0.6	-0.4	T 0604
延度5℃,5cm/min 不小于	cm	50	40	30	20	60	50	40	—				T 0605
软化点$T_{R\&B}$,不小于	℃	45	50	55	60	45	48	50	48	52	56	60	T 0606
运动黏度135℃,不大于	Pa·s	3											T 0625 T 0619
闪点,不小于	℃	230				230			230				T 0611
溶解度,不小于	%	99				99			—				T 0607

续上表

指 标	单位	SBS类（Ⅰ类）				SBR类（Ⅱ类）			EVA、PE类（Ⅲ类）				试验方法
		Ⅰ-A	Ⅰ-B	Ⅰ-C	Ⅰ-D	Ⅱ-A	Ⅱ-B	Ⅱ-C	Ⅲ-A	Ⅲ-B	Ⅲ-C	Ⅲ-D	
弹性恢复25℃，不小于	%	55	60	65	75	—			—				T 0662
黏韧性，不小于	N·m	—				5			—				T 0624
韧性，不小于	N·m	—				2.5			—				T 0624
储存稳定性离析，48h软化点差，不大于	℃	2.5				—			无改性剂明显析出、凝聚				T 0661
TFOT（或RTFOT）后残留物													
质量变化，不大于	%	±1.0											T 0610 或 T 0609
针入度比25℃，不小于	%	50	55	60	65	50	55	60	50	55	58	60	T 0604
延度5℃，不小于	cm	30	25	20	15	30	20	10					T 0605

聚合物改性沥青的评价指标，除常规指标外，针对其不同特点，各自有几种重点评价指标。SBS改性沥青的高温和低温性能都好，且具有良好的弹性恢复性能，因此采用软化点、5℃低温延度、回弹率作为主要指标。SBR改性沥青的低温性能较好，因此以5℃低温延度及黏韧性作为主要评价指标。EVA及PE改性沥青高温性能改善明显，以软化点作为评价指标。

四、改性沥青的应用

目前，改性沥青常用于排水及防水层；为防止反射裂缝，在老路面上做应力吸收膜中间层；用于加铺沥青面层以提高路面的耐久性；在老路面上或新建一般公路上做表面处治等。

◀ 本章小结 ▶

石油沥青是公路工程中常用的一种有机胶凝材料，其化学成分非常复杂，可将其分离成油分、树脂、沥青质三个组分（三组分分析法），或饱和分、芳香分、胶质和沥青质四个组分（四组分分析法）。国产沥青多为石蜡基沥青，含蜡量较高。蜡对沥青的高温稳定性、低温抗裂性、沥青与集料的黏附性、路面的抗滑性均会产生不利影响，是沥青中的有害物质。石油沥青属于胶体结构，可分为溶胶型、凝胶型、溶—凝胶型三种类型，优质的道路石油沥青多为溶—凝胶型结构。

石油沥青的主要技术性质包括黏滞性、塑性、温度稳定性、耐老化性、施工安全性、黏附性等。沥青的针入度、延度、软化点是评价道路石油沥青的常用指标，通称为"三大指标"。

乳化沥青是由沥青、乳化剂、稳定剂和水所制成的均匀稳定的乳状液，具有可冷态施工的特点，其技术评价指标主要有筛上剩余量、蒸发残留物含量、黏度、黏附性、储存稳定性等。

改性沥青是通过掺加各种改性剂使沥青性能得到改善。工程中最常用的为聚合物类改性剂，主要有橡胶类、热塑性橡胶类和热塑性树脂类三种。改性沥青具有不同的技术特点，采用了几项不同的技术指标来评价其性质，如聚合物改性沥青离析试验、沥青弹性恢复试验、沥青黏韧性试验等。

◈ 思考与练习 ◈

一、填空题

1. 我国石油沥青的主要化学组分是油分、树脂、沥青质_____。
2. 按胶体理论,石油沥青可以分为_____、_____、_____三种胶体结构类型,路用优质沥青属于_____。
3. 沥青的黏滞性对于道路石油沥青用_____表示,道路液体石油沥青用_____表示。
4. 我国道路石油沥青的标号是按_____划分的。该指标以_____为单位,测试条件为_____。
5. 评价道路石油沥青路用性能最常用的三大指标是_____、_____、_____。
6. 在工程实际应用中,要求沥青具有较高的_____和较低的_____,否则容易发生沥青材料夏季流淌或冬季变脆甚至开裂等现象。
7. 沥青在自然因素的作用下,产生"不可逆"的化学变化,导致路用性能劣化,通常称之为_____。
8. 乳化沥青的组成材料有_____、_____、_____和_____。
9. 乳化沥青在路面施工时,沥青液滴从乳液中分裂出,聚集在集料的表面形成连续的沥青薄膜,这一过程称为_____。
10. 聚合物改性沥青主要有_____、_____、_____三类。

二、判断题

1. 石油沥青针入度越大,其软化点越高,延度越大。　　　　　　　　　　　(　　)
2. 测得两种沥青的黏度分别为:A 沥青黏度为 30s,B 沥青黏度为 20s,则 A 的黏结力大于 B。
　　　　　　　　　　　　　　　　　　　　　　　　　　　　　　　　　(　　)
3. 当沥青质含量多,树脂油分含量少时,沥青的胶体结构为凝胶结构。　　　(　　)
4. 针入度指数的大小表征沥青的感温性和胶体结构类型。　　　　　　　　(　　)
5. 乳化沥青所用沥青材料的针入度越大越好。　　　　　　　　　　　　　(　　)
6. 含蜡沥青会使沥青路面的抗滑性降低,影响路面的行车安全。　　　　　(　　)
7. 加热稳定性是表征沥青材料随温度的升高或降低而产生软化或脆裂的性能。(　　)
8. 目前世界各国用于道路沥青改性使用最多的是 SBS 改性沥青。　　　　　(　　)
9. 蜡会使沥青与石料的黏附性降低,路面的抗滑性降低。　　　　　　　　(　　)

第六章 沥青混合料

【职业能力目标】

1. 能根据工程要求,进行矿质混合料的组成设计;
2. 能根据施工规范对沥青混合料质量进行检测并评定;
3. 能根据设计要求,合理选择材料,进行沥青混合料的目标配合比设计。

【知识目标】

1. 掌握矿质混合料的级配类型和组成设计方法;
2. 了解沥青混合料的组成结构,熟悉其组成材料的技术要求;
3. 掌握沥青混合料的技术性质和技术标准,及常用技术指标的测定方法;
4. 掌握沥青混合料的配合比设计方法。

第一节 矿质混合料的组成设计

矿质混合料是指不同粒径的集料或矿粉组成的混合材料,简称矿料。矿质混合料一般和各种结合料(如水泥或沥青等)组成混合料使用到工程中,如水泥混凝土、沥青混合料和无机结合料稳定材料中,但也有单独使用的,如级配碎石。

为使混合料具有优良的路用性能,不同粒径的各级矿质集料必须按一定的比例搭配,使矿质混合料达到最小空隙率,各级集料紧密排列,密实度达到最大,形成一个多级空间骨架结构,具有最大的摩擦力。因此,在配制沥青混合料时首先需要对矿质混合料进行组成设计,以确定组成混合料各集料的比例。

一、矿质混合料的级配

1. 级配类型

各种不同粒径的集料,按一定比例搭配,要达到较小的空隙率和较大的内摩擦力,可以采用两类级配。

(1) 连续级配

连续级配是指在矿质混合料中,颗粒的尺寸由大到小连续分级,每一级集料都占适当比例,绘制出的级配曲线应平顺圆滑,见图 1-6-1 中曲线 A。

(2) 间断级配

间断级配是指在矿质混合料中,缺少一级或几个粒级的颗粒,形成的一种不连续的级配。其所做的级配曲线见图 1-6-1 中曲线 B。间断级配矿料能较好地发挥集料的骨架作用,但在施工过程中易于离析。

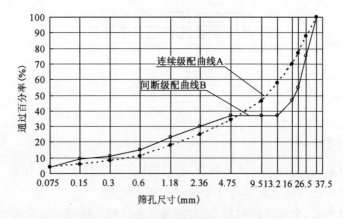

图 1-6-1　连续级配和间断级配曲线比较

2. 级配范围

各级矿质集料搭配达到最大密实度时,在理论上各粒径集料存在一个最佳的比例,这就是理想级配,也称为理论级配。但由于矿料在轧制过程中的不均匀性,以及混合料配制时的误差等因素影响,使所配制的混合料往往不可能与理论级配完全相符。因此,必须允许配料时的级配在适当的范围内波动,这就是级配范围。根据已确定的沥青混合料类型,查阅施工规范所推荐的矿质混合料级配表,即可确定所需的矿质混合料的级配范围。

二、矿质混合料的组成设计方法

天然的或人工轧制的单一集料的级配一般很难完全符合某一合适级配范围的要求,因此,必须采用几种集料按照一定比例进行搭配才能达到级配范围的要求,这就需要对矿质混合料进行组成设计。确定矿质混合料组成比例方法很多,主要采用试算法和图解法。

在进行矿质混合料组成设计之前必须先完成以下资料的收集:

(1) 各种集料的筛分结果。

(2) 按技术规范要求的矿质混合料的级配范围。

(一) 试算法

1. 基本原理

试算法适用于 2~3 种集料组成的混合料,方法简单适用。试算的基本思路是在确定混合料各组成集料的比例时,先假定矿质混合料中某种粒径的颗粒只是来源于该粒径占优势的集料,而忽略其他集料所含的这种粒径的颗粒。这样根据各个主要粒径去试算各种集料的大致比例,如果比例不合适,则加以调整,最终达到符合矿质混合料的级配要求。

现有 A、B、C 三种集料,欲配制成某一级配要求的矿质混合料 M。确定这三种集料在矿质混合料 M 中的配合比例(即配合比)时作下列两点假设:

(1)设 A、B、C 三种集料在矿质混合料 M 中的用量比例分别为 X、Y、Z,则:

$$X + Y + Z = 100\% \tag{1-6-1}$$

(2)又设矿质混合料 M 中某一级粒径 i 要求的含量为 $a_{M(i)}$,A、B、C 三种集料在该粒径的含量分别为 $a_{A(i)}$、$a_{B(i)}$、$a_{C(i)}$。则:

$$a_{A(i)}X + a_{B(i)}Y + a_{C(i)}Z = a_{M(i)} \tag{1-6-2}$$

2. 计算步骤

(1)计算 A 集料在矿质混合料中的用量

在 A 集料中选取某一占优势的粒径(i),忽略其他集料在该粒径的含量(即 $a_{B(i)} = a_{C(i)} = 0$),则由式(1-6-2)可得:

$$X = \frac{a_{M(i)}}{a_{A(i)}} \times 100\% \tag{1-6-3}$$

(2)计算 C 集料在矿质混合料中的用量

在 C 集料中选取某一占优势的粒径(j),忽略其他集料在该粒径的含量(即 $a_{A(j)} = a_{B(j)} = 0$),则由式(1-6-2)可得:

$$Z = \frac{a_{M(j)}}{a_{C(j)}} \times 100\% \tag{1-6-4}$$

(3)计算 B 集料在矿质混合料中的用量

$$Y = 100\% - (X + Z) \tag{1-6-5}$$

(4)校核调整

按以上计算的混合比例必须进行校核,经校核如不在要求的级配范围内,应调整混合比例并重新计算和复核,直到符合要求为止。如经调整确实不能满足级配要求时,应调整或增加集料品种。

【例 1-6-1】 采用试算法计算某矿质混合料的配合比。

1. 已知条件

碎石、石屑和矿粉的筛分试验结果列于表 1-6-1 中第 2~4 列;设计级配范围列于表 1-6-1 中第 5 列。

集料的分计筛余和矿质混合料要求的级配范围　　　　表 1-6-1

筛孔尺寸 (mm)	各集料的筛分试验结果			设计级配范围及中值			
	碎石分计筛余 $a_{A(i)}$(%)	石屑分计筛余 $a_{B(i)}$(%)	矿粉分计筛余 $a_{C(i)}$(%)	通过百分率范围 $P_{(i)}$(%)	通过百分率中值 $P_{M(i)}$(%)	累计筛余中值 $A_{M(i)}$(%)	分计筛余中值 $a_{M(i)}$(%)
(1)	(2)	(3)	(4)	(5)	(6)	(7)	(8)
13.2	5.2	—	—	90~100	95	5	5

续上表

筛孔尺寸 (mm)	各集料的筛分试验结果			设计级配范围及中值			
	碎石分计筛余 $a_{A(i)}$ (%)	石屑分计筛余 $a_{B(i)}$ (%)	矿粉分计筛余 $a_{C(i)}$ (%)	通过百分率范围 $P_{(i)}$ (%)	通过百分率中值 $P_{M(i)}$ (%)	累计筛余中值 $A_{M(i)}$ (%)	分计筛余中值 $a_{M(i)}$ (%)
9.5	41.7	—	—	68~85	76.5	23.5	18.5
4.75	50.5	1.6	—	38~68	53	47	23.5
2.36	2.6	24.0	—	24~50	37	63	16
1.18	—	22.5	—	15~38	26.5	73.5	10.5
0.6	—	16.0	—	10~28	19	81	7.5
0.3	—	12.4	—	7~20	13.5	86.5	5.5
0.15	—	11.5	—	5~15	10	90	3.5
0.075	—	10.8	13.2	4~8	6	94	4
<0.075	—	1.2	86.8	—	0	100	6

2. 计算要求

按试算法确定碎石、石屑和矿粉在矿质混合料中所占比例,校核矿质混合料合成级配计算结果是否符合规范要求的级配范围。

解:(1)先将矿质混合料设计级配范围由通过百分率转换为分计筛余百分率,计算结果列于表1-6-1中第6~8列。

(2)计算碎石在矿质混合料中的用量X。

分析表1-6-1中碎石的筛分结果可知,碎石中4.75mm粒径颗粒含量占优势。假设混合料中4.75mm粒径颗粒全部由碎石组成,则$a_{B(i)} = a_{C(i)} = 0$,由式(1-6-3)可得:

$$X = \frac{a_{M(4.75)}}{a_{A(4.75)}} \times 100\% = \frac{23.5}{50.5} \times 100\% = 46.5\%$$

(3)计算矿粉在矿质混合料中的用量Z。

同理,根据表1-6-1可知,矿粉中<0.075mm粒径颗粒含量占优势,忽略碎石和石屑中此粒径颗粒的含量,即$a_{A(j)} = a_{B(j)} = 0$,则由式(1-6-4)可得:

$$Z = \frac{a_{M(<0.075)}}{a_{C(<0.075)}} \times 100\% = \frac{6}{86.8} \times 100\% = 6.9\%$$

(4)计算石屑在矿质混合料中的用量Y。

$$Y = 100\% - (X + Z) = 100\% - (46.5\% + 6.9\%) = 46.6\%$$

(5)合成级配的计算与校核。

根据以上计算,矿质混合料中各集料的比例为碎石:石屑:矿粉 = 46.5%:46.6%:6.9%。按表1-6-2计算合成级配及校核,根据矿质混合料的通过百分率与要求级配范围比较可知,该合成级配符合设计级配范围要求。

矿质混合料组成计算校核表　　　　　　　　　　　　　　　　　　　表1-6-2

筛孔尺寸 d_i (mm)	碎石 碎石分计筛余 $a_{A(i)}$ (%)	碎石 用量比例 X (%)	碎石 占混合料百分率 $a_{A(i)}X$ (%)	石屑 石屑分计筛余 $a_{B(i)}$ (%)	石屑 用量比例 Y (%)	石屑 占混合料百分率 $a_{B(i)}Y$ (%)	矿粉 矿粉分计筛余 $a_{C(i)}$ (%)	矿粉 用量比例 Z (%)	矿粉 占混合料百分率 $a_{C(i)}Z$ (%)	矿质混合料合成级配 分计筛余 $a_{M(i)}$	矿质混合料合成级配 累计筛余 $A_{M(i)}$	矿质混合料合成级配 通过率 $P_{M(i)}$	设计级配范围 $P_{(i)}$ (%)
13.2	5.2		2.4	—		—	—		—	2.4	2.4	97.6	90~100
9.5	41.7		19.4	—		—	—		—	19.4	21.8	78.2	68~85
4.75	50.5		23.5	1.6		0.7	—		—	24.2	46.0	54.0	38~68
2.36	2.6		1.2	24.0		11.2	—		—	12.4	58.4	41.6	24~50
1.18	—	46.5	—	22.5	46.6	10.5	—	6.9	—	10.5	68.9	31.1	15~38
0.6	—		—	16.0		7.5	—		—	7.5	76.4	23.6	10~28
0.3	—		—	12.4		5.8	—		—	5.8	82.2	17.8	7~20
0.15	—		—	11.5		5.4	—		—	5.4	87.6	12.4	5~15
0.075	—		—	10.8		5.0	13.2		0.9	5.9	93.5	6.5	4~8
<0.075	—		—	1.2		0.5	86.8		6.0	6.5	100	—	—

(二)图解法

采用图解法进行矿质混合料的组成设计时,常用的是修正平衡面积法。对3种以上的多种集料进行组成设计时,修正平衡面积法十分方便。

修正平衡面积法的设计步骤如下:

1.绘制级配曲线图

(1)根据技术规范要求的该矿质混合料的级配范围,计算出对应于每一粒径(筛孔尺寸)的级配范围通过率的中值。表1-6-3为某混合料用矿料的级配范围要求及级配中值。

某混合料用矿料级配范围　　　　　　　　　　　　　　　　　　　表1-6-3

筛孔尺寸(mm)	16.0	13.2	9.5	4.75	2.36	1.18	0.6	0.3	0.15	0.075
级配范围(%)	100	95~100	70~88	46~68	36~53	24~41	18~30	12~22	8~16	4~8
级配中值(%)	100	98	79	57	45	33	24	17	12	6

(2)绘制级配曲线坐标图。

如图1-6-2所示,按照一定的尺寸(10cm×15cm)绘制矩形图框,连接对角线OO'作为设计级配中值曲线。按常数标尺在纵坐标上标出通过百分率位置,然后将设计级配中值要求的各筛孔通过百分率,标于纵坐标上,并从纵坐标引水平线与对角线相交,再从交点作垂线与横坐标相交,该交点即为相应筛孔尺寸的位置。

(3)在坐标图上绘制各种集料的级配曲线。

组成集料(A、B、C和D)的级配曲线绘制见图1-6-3。

2.确定各种集料的用量比例

从级配曲线图上最粗集料(集料A)开始,依次分析两种相邻集料的级配曲线,直至最细的集料。在分析过程中,两相邻集料的级配曲线可能出现重叠、相接和相离三种情况,根据不同情况可采用不同作图法确定各集料的用量比例。

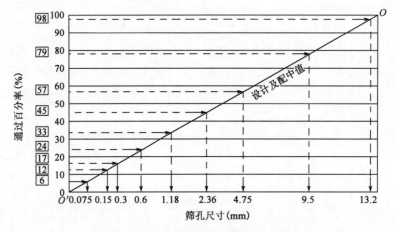

图 1-6-2　图解法确定级配曲线坐标图

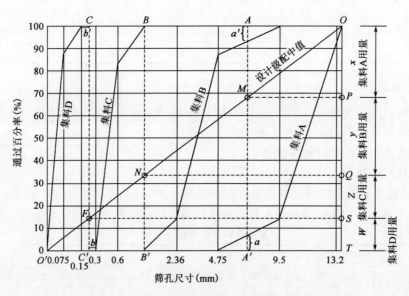

图 1-6-3　组成集料级配曲线和作图确定集料用量比例

(1)两相邻级配曲线重叠

图 1-6-3 中集料 A 的级配曲线下部与集料 B 的级配曲线上部相重叠,可引一条直线 AA' 使其与横坐标相垂直,并与两集料曲线相交,使其与集料 A、B 级配曲线的截距相等,即 $a=a'$。此时,直线 AA' 与对角线 OO' 交于点 M,通过 M 作一水平线与纵坐标交于 P 点,OP 即为集料 A 的用量比例。

(2)两相邻级配曲线相接

图 1-6-3 中集料 B 的级配曲线末端与集料 C 的级配曲线首端正好在同一垂直线上。此时将集料 B 的级配曲线末端与集料 C 的级配曲线首端直接相连,即为垂线 BB'。此时,BB' 与对角线 OO' 交于点 N,过点 N 作一水平线与纵坐标交于 Q 点,PQ 即为集料 B 的用量比例。

(3) 两相邻级配曲线相离

图 1-6-3 中集料 C 的级配曲线末端与集料 D 的级配曲线首端相离一段距离。此时,作一条垂线 CC' 平分这段水平距离,使 $b=b'$,直线 CC' 与对角线 OO' 交于点 R,通过 R 作一水平线与纵坐标交于 S 点,QS 即为集料 C 的用量。剩余 ST 即为集料 D 的用量。

3. 合成级配的计算与校核

与试算法相同,在图解法求解过程中,各种集料用量比例也是根据部分筛孔确定的,所以需要对矿料的合成级配进行校核,当超出级配范围时,应调整各集料的用量。合成级配的计算与校核方法与试算法相同。

【例 1-6-2】 试用图解法设计某高速公路用细粒式沥青混凝土的矿料的配合比。

1. 已知条件

现有碎石、石屑、砂和矿粉四种矿料,筛析试验得各粒径通过百分率列于表 1-6-4。选用的细粒式沥青混凝土的矿质混合料级配范围见表 1-6-4。

矿质集料级配与设计级配范围　　　　表 1-6-4

材料名称	筛孔尺寸(方孔筛)(mm)								
	16.0	13.2	9.5	4.75	2.36	1.18	0.6	0.3	0.15	0.075
	通过百分率(%)								
碎石	100	93	17	0	—	—	—	—	—	—
石屑	100	100	100	84	14	8	4	0	—	—
砂	100	100	100	100	92	82	42	21	11	4
矿粉	100	100	100	100	100	100	100	100	96	87
设计级配范围	100	90~100	68~85	38~68	24~50	15~38	10~28	7~20	5~15	4~8
级配范围中值	100	95	76.5	53	37	26.5	19	13.5	10	6

2. 设计要求

采用图解法进行矿质混合料配合比设计,确定各集料的用量,并校核矿质混合料的合成级配是否符合设计级配范围的要求。

解:(1) 绘制级配曲线图。

计算设计级配范围中值,列入表 1-6-4 中。

绘制矩形图框(10cm×15cm),连接对角线 OO' 作为设计级配中值曲线。根据表 1-6-4 中设计级配范围中值,确定各筛孔尺寸在横坐标上的位置,然后根据筛分结果绘制碎石、石屑、砂和矿粉的级配曲线,如图 1-6-4 所示。

(2) 在碎石和石屑级配曲线相重叠部分作一垂线 AA',使垂线交于这两条级配曲线的截距相等(即 $a=a'$)。自垂线 AA' 与对角线交点 M 引一水平线,与纵坐标交于 P 点,OP 的长度 $X = 35\%$,即为碎石的用量。

同理,求出石屑的用量 $Y=32\%$,砂的用量 $Z=25\%$,则矿粉用量 $W=8\%$。

(3) 配合比校核与调整。

按照碎石:石屑:砂:矿粉 = 35%:32%:25%:8% 的比例,计算矿质混合料的合成级配,结果列于表 1-6-5。由表 1-6-5 可知,合成级配在筛孔 0.075mm 的通过百分率为 8%,未接近设计级配范围中值,需要对各集料比例进行调整。通过试算,采用增加砂用量并减少矿粉用量的方法来调整配合比。

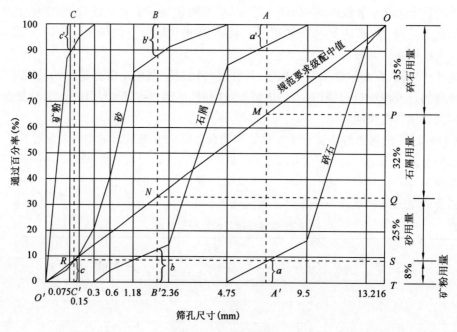

图 1-6-4　级配曲线图

矿质混合料合成级配校核计算表　　　　　　　　　　　　　　　　　表 1-6-5

材料名称		筛孔尺寸(方孔筛)(mm)								
		16.0	13.2	9.5	4.75	2.36	1.18	0.6	0.3	0.15	0.075
		通过百分率(%)									
原材料级配	碎石100%	100	93	17	0						
	石屑100%	100	100	100	84	14	8	4	0		
	砂100%	100	100	100	100	92	82	42	21	11	4
	矿粉100%	100	100	100	100	100	100	100	100	96	87
各种矿料在混合料中的级配	碎石35%(35%)	35.0(35.0)	32.6(32.6)	6.0(6.0)	0(0)						
	石屑32%(32%)	32.0(32.0)	32.0(32.0)	32.0(32.0)	26.9(26.9)	4.5(4.5)	2.6(2.6)	1.3(1.3)	0(0)		
	砂25%(27%)	25.0(27.0)	25.0(27.0)	25.0(27.0)	25.0(27.0)	23.0(24.8)	20.5(22.1)	10.5(11.3)	5.3(5.7)	2.8(3.0)	1.0(1.1)
	矿粉8%(6%)	8.0(6.0)	8.0(6.0)	8.0(6.0)	8.0(6.0)	8.0(6.0)	8.0(6.0)	8.0(6.0)	8.0(6.0)	7.7(5.8)	7.0(5.2)
矿质混合料的合成级配		100(100)	97.6(97.6)	71.0(71.0)	59.9(59.9)	35.5(35.3)	31.1(30.7)	19.8(18.6)	13.3(11.7)	10.5(8.8)	8.0(6.3)
设计级配范围		100	90~100	68~85	38~68	24~50	15~38	10~28	7~20	5~15	4~8

按调整后的配合比,即碎石:石屑:砂:矿粉=35%:32%:27%:6%重新计算合成级配,结果见表1-6-5中括号内数值。可以看出,合成级配曲线完全在设计要求的级配范围之内,并且接近中值。因此确定矿质混合料配合比为碎石:石屑:砂:矿粉=35%:32%:27%:6%。

第二节 沥青混合料

沥青混合料是由矿质混合料与沥青结合料拌和而成的混合料的总称,其中矿质混合料通常由适当比例的粗集料、细集料及填料组成,简称矿料。沥青混合料经摊铺、压实成型后成为沥青路面。

一、概述

1. 沥青混合料的特点

沥青混合料是现代高等级公路应用的主要路面材料,它具有以下一些特点:

(1)沥青混合料是一种黏弹性材料,具有良好的力学性质,铺筑的路面平整无接缝,振动小,噪声低,行车舒适。

(2)路面平整且有一定的粗糙度,耐磨性好,无强烈反光,有利于行车安全。

(3)施工可全部采用机械化,有利于质量控制,施工后即可开放交通。

(4)养护维修简便,适宜于分期修建和再生利用。

但是,沥青混合料路面目前还存在一定的缺点,主要是:

(1)易老化:在长期的大气因素作用下,因沥青塑性降低,脆性增强,黏附性降低,导致路面表层产生松散开裂,引起路面破坏。

(2)温度稳定性差:夏季高温沥青易软化,路面易产生车辙、波浪等现象;冬季低温时易脆裂,在车辆重复荷载作用下易产生开裂。

2. 沥青混合料的分类

1) 按矿料的级配类型分类

(1)连续级配沥青混合料:沥青混合料中矿料是按级配原则,从大到小各级粒径都有,按比例互相搭配组成的连续级配混合料。

(2)间断级配沥青混合料:矿料级配中缺少一个或几个粒级所形成的沥青混合料。

2) 按集料的公称最大粒径分类

集料的最大粒径是指通过百分率为100%的最小标准筛的筛孔尺寸。

集料的公称最大粒径是指全部通过或允许少量不通过(一般允许筛余不超过10%)的最小标准筛的筛孔尺寸,通常比最大粒径小一个粒级。

按集料的公称最大粒径,沥青混合料可分为以下几种:

(1)特粗式沥青混合料:公称最大粒径等于或大于31.5mm的沥青混合料。

(2)粗粒式沥青混合料:公称最大粒径为26.5mm的沥青混合料。

(3)中粒式沥青混合料:公称最大粒径为16mm或19mm的沥青混合料。

(4)细粒式沥青混合料:公称最大粒径为9.5mm或13.2mm的沥青混合料。

(5)砂粒式沥青混合料:公称最大粒径小于9.5mm的沥青混合料。

3）按矿料级配组成及空隙率大小分类

（1）密级配沥青混合料

按密实级配原理设计组成的各种粒径颗粒的矿料与沥青结合料拌和而成，设计空隙率较小（对不同交通及气候情况、层次可作适当调整）的密实式沥青混凝土混合料（以 AC 表示）和密实式沥青稳定碎石混合料（以 ATB 表示）。按关键性筛孔通过率的不同又可分为细型、粗型密级配沥青混合料等。粗集料嵌挤作用较好的也称嵌挤密实型沥青混合料。

（2）半开级配沥青混合料

由适当比例的粗集料、细集料及少量填料（或不加填料）与沥青结合料拌和而成，经马歇尔标准击实成型试件的剩余空隙率在 6%～12% 的半开式沥青碎石混合料（以 AM 表示）。

（3）开级配沥青混合料

矿料级配主要由粗集料嵌挤组成，细集料及填料较少，设计空隙率为 18% 的沥青混合料。如排水式沥青磨耗层混合料（OGFC）等。

4）按制造工艺分类

根据沥青混合料制造工艺的不同，可分为热拌沥青混合料、冷拌沥青混合料、再生沥青混合料等。

热拌沥青混合料是经人工组配的矿料与沥青在专门设备中加热拌和而成，用保温运输工具运至施工现场，在热态下进行摊铺和压实的混合料。

冷拌沥青混合料，也称常温沥青混合料，是指矿料与乳化沥青或液体沥青在常温状态下拌和、铺筑的沥青混合料。

再生沥青混合料是指利用已破坏的旧沥青路面材料，通过添加再生剂、新沥青和新集料，合理设计配合比，重新拌和、铺筑的沥青混合料。

目前，公路工程中最常用的是热拌沥青混合料，它适用于各种等级公路的沥青路面。其种类按集料公称最大粒径、矿料级配、空隙率划分，分类见表 1-6-6。

热拌沥青混合料种类　　表 1-6-6

混合料类型	密级配			开级配		半开级配	公称最大粒径（mm）	最大粒径（mm）
	连续级配		间断级配	间断级配				
	沥青混凝土	沥青稳定碎石	沥青玛蹄脂碎石	排水式沥青磨耗层	排水式沥青碎石基层	沥青碎石		
特粗式	—	ATB-40	—	—	ATPB-40	—	37.5	53.0
粗粒式	—	ATB-30	—	—	ATPB-30	—	31.5	37.5
	AC-25	ATB-25	—	—	ATPB-25	—	26.5	31.5
中粒式	AC-20	—	SMA-20	—	—	AM-20	19.0	26.5
	AC-16	—	SMA-16	OGFC-16	—	AM-16	16.0	19.0
细粒式	AC-13	—	SMA-13	OGFC-13	—	AM-13	13.2	16.0
	AC-10	—	SMA-10	OGFC-10	—	AM-10	9.5	13.2
砂粒式	AC-5	—	—	—	—	AM-5	4.75	9.5
设计空隙率（%）	3～5	3～6	3～4	>18	>18	6～12	—	—

二、沥青混合料的组成结构类型

沥青混合料是由沥青、粗集料、细集料和填料按一定比例拌和而成的一种复合材料。按矿质骨架的结构状况,其组成结构可分为以下三种类型,见图 1-6-5。

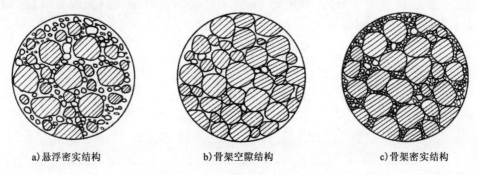

a) 悬浮密实结构　　　　b) 骨架空隙结构　　　　c) 骨架密实结构

图 1-6-5　沥青混合料的典型组成结构

1. 悬浮密实结构

当采用连续密级配矿料配制沥青混合料时,矿质集料由大到小连续存在,并各具有一定的数量。较大颗粒被较小颗粒挤开,不能直接接触形成嵌挤骨架结构,彼此分离悬浮于较小颗粒和沥青胶浆之间,而较小颗粒与沥青胶浆较为密实,形成悬浮密实结构,见图 1-6-5a)。我国常用的沥青混凝土混合料 AC 是典型的悬浮密实结构。

悬浮密实结构的沥青混合料经压实后,密实度较大,水稳定性、低温抗裂性和耐久性较好,是使用较为广泛的沥青混合料,但这种沥青混合料受沥青的影响较大,高温稳定性差。

2. 骨架空隙结构

当采用连续开级配矿料与沥青组成沥青混合料时,较粗颗粒彼此接触,形成互相嵌挤的骨架,但较细粒料数量较少,不足以充分填充骨架空隙,压实后混合料中的空隙率较大,形成骨架空隙结构,见图 1-6-5b)。沥青碎石混合料 AM 和开级配磨耗层沥青混合料 OGFC 是典型的骨架空隙结构。

骨架空隙结构的沥青混合料受沥青的影响较小,高温稳定性较好,但压实后沥青混合料的空隙率较大,耐久性较差。

3. 骨架密实结构

当采用间断型密级配时,在沥青混合料中既有足够数量的粗集料形成骨架,又根据粗集料骨架空隙的大小填入了足够的细集料和沥青胶浆,使之填满骨架的空隙,形成较高密实度的骨架结构,见图 1-6-5c)。这种结构兼具上述两种结构的优点,是一种较为理想的结构类型。沥青玛蹄脂碎石混合料 SMA 是一种典型的骨架密实结构。

三、沥青混合料的技术性质和技术标准

(一)沥青路面使用性能的气候分区

沥青混合料的性能与使用环境、气温和湿度关系密切。因此,在选择沥青标号,进行沥青混合料配合比设计,检验沥青混合料的使用性能时,应考虑沥青路面工程的环境因素,尤其是

温度和湿度条件。所以,应按照不同的气候分区的特点对沥青混合料的技术性能提出相应要求。

沥青路面使用性能气候分区由一、二、三级区划组合而成,以综合反映该地区的气候特征,见表1-6-7。每个气候分区用3个数字表示:第一个数字代表高温分区,第二个数字代表低温分区,第三个数字代表雨量分区,数字越小,表示气候因素对沥青路面的影响越严重。如1-3-1,表示为夏炎热冬冷潮湿区。

沥青路面使用性能气候分区　　　　表1-6-7

气候分区指标		气候分区			
按照高温指标	高温气候区	1	2	3	
	气候区名称	夏炎热区	夏热区	夏凉区	
	七月份平均最高温度(℃)	>30	20~30	<20	
按照低温指标	低温气候区	1	2	3	4
	气候区名称	冬严寒区	冬寒区	冬冷区	冬温区
	极端最低气温(℃)	< -37.5	-37.5 ~ -21.5	-21.5 ~ -9.0	> -9.0
按照雨量指标	雨量气候区	1	2	3	4
	气候区名称	潮湿区	湿润区	半干区	干旱区
	年降雨量(mm)	>1 000	500 ~ 1 000	250 ~ 500	<250

(二)沥青混合料的技术性质

铺筑路面面层的沥青混合料,要直接承受车辆荷载的反复作用和大气因素的长期影响,因此为了给车辆提供稳定耐久的服务,保证行车的安全和舒适,沥青混合料应具有以下几个方面的技术性质。

1. 高温稳定性

高温稳定性是指沥青混合料在夏季高温(60℃)的条件下,能够抵抗车辆反复作用,不会产生显著永久变形(车辙、拥包、波浪等),保证沥青路面平整的特性。

1)高温稳定性的评价方法及评价指标

我国《公路沥青路面施工技术规范》(JTG F40—2004)规定,采用马歇尔稳定度试验评价沥青混合料高温稳定性,对于高速公路、一级公路、城市快速路、主干路用沥青混合料,还应通过车辙试验检验其抗车辙能力。

(1)马歇尔稳定度试验

马歇尔稳定度试验用于测定沥青混合料试件的破坏荷载和抗变形能力。标准的马歇尔圆柱体试件的尺寸为直径101.6mm±0.2mm;高63.5mm±1.3mm;大型马歇尔圆柱体试件的尺寸为直径152.4mm±0.2mm,高95.3mm±2.5mm。

将沥青混合料制备成规定尺寸的圆柱体试件,试验时将试件横向置于两个半圆形压头中,使试件受到一定的侧限,在规定温度(60℃±1℃)和加荷速度(50mm/min±5mm/min)下,对试件施加压力,如图1-6-6所示,记录试件所受压力与变形曲线。试件受压破坏时承受的最大荷载(kN)称为稳定度,用 MS 表示;达到最大破坏荷载时试件的垂直变形(0.1mm)称为流值;稳定度除以流值的商称为马歇尔模数。

马歇尔稳定度越大、流值较小,说明高温稳定性越好。而马歇尔模数有关学者则认为与车辙深度有一定的相关性,马歇尔模数愈大,车辙深度愈小。

（2）车辙试验

车辙试验的目的是测定沥青混合料的高温抗车辙能力,可供沥青混合料配合比设计的高温稳定性检验。

目前通常是采用轮碾法成型,将沥青混合料制成300mm×300mm×50mm大小的试件,在60℃温度条件下,让试验轮对板块状试件产生0.7MPa的压

图1-6-6 马歇尔稳定度试验

强,在同一轨迹上作一定时间的反复行走,形成一定程度的车辙深度。计算试件单位变形（1mm）时所需试验轮的行走次数,即为动稳定度。动稳定度越大,沥青混合料抗车辙变形的能力越强,高温稳定性越好。

2）影响高温稳定性的主要因素

沥青混合料高温稳定性的形成主要来源于矿料颗粒间的嵌锁作用及沥青的高温黏度。

（1）矿料的性质

矿料性质对沥青混合料高温性能影响至关重要。采用表面粗糙、有棱角、颗粒接近立方体的碎石集料,经压实后集料颗粒间能够形成紧密的嵌锁作用,增大沥青混合料的内摩阻角,有利于增强沥青混合料的高温稳定性。相反采用表面光滑的砾石（卵石）集料拌制的沥青混合料颗粒之间缺乏嵌锁力,在荷载作用下容易产生滑移,使路面出现车辙。

此外,采用合理的矿料级配也可以增加内摩阻角和矿料颗粒间的嵌挤力,提高沥青混合料的高温稳定性。

（2）沥青的黏度

沥青的黏度越大,与集料的黏附性越好,沥青混合料的抗高温变形能力越强。可以采用合适的改性剂来提高沥青的高温黏度,从而改善沥青混合料的高温稳定性。

（3）沥青的用量

随着沥青用量的增加,矿料表面的沥青膜增厚,自由沥青比例增加,在高温条件下,这部分沥青在荷载作用下发生明显的流动变形,从而导致沥青混合料的抗高温变形的能力降低。因此,进行沥青混合料配合比设计时宜选择最佳沥青用量。

2. 低温抗裂性

沥青混合料的低温抗裂性是指沥青混合料在低温下抵抗断裂破坏的能力。

当冬季气温降低时,沥青面层将产生体积收缩,但在基层结构与周围材料的约束下,沥青混合料不能自由收缩,将在结构层中产生温度应力。由于沥青混合料具有一定的应力松弛能力,当降温速率较慢时,所产生的温度应力会随着时间增加逐渐松弛减小,不会对沥青路面产生较大的危害。但当气温骤降时,所产生的温度应力来不及松弛,当温度应力超过沥青混合料的容许应力值时,沥青混合料就会被拉裂,导致沥青路面出现裂缝,造成路面的损坏。因此要求沥青混合料应具备一定的低温抗裂性能,即要求沥青混合料具有较高的低温强度或较大的低温变形能力。

沥青混合料的低温开裂是由混合料的低温脆化、低温收缩和温度疲劳等多方面的因素引起。影响沥青混合料低温性能的主要因素是沥青黏度和温度敏感性。因此,在沥青混合料组成设计中,应选用黏度和温度敏感性较低的沥青,以提高沥青混合料的低温抗裂能力。

根据《公路沥青路面施工技术规范》(JTJ F40—2004)规定:采用低温弯曲试验的破坏应变指标作为评价沥青混合料的低温抗裂性的指标。

3. 耐久性

随着沥青路面使用时间增长,在车辆荷载和自然因素的影响下,路面会逐渐出现损坏,为保证其使用寿命,因此要求沥青混合料要有一定的耐久性。通常耐久性主要包括水稳定性、耐老化性和耐疲劳性等。

对耐久性影响最大的是沥青混合料的空隙率,空隙率的大小与矿料的级配、沥青材料的用量以及压实程度等有关。从耐久性的角度分析,空隙率应尽量减少,以防止水分渗入和日光紫外线对沥青的老化作用等,但一般沥青混合料中均应残留一定的空隙,以备夏季沥青材料膨胀变形用。

沥青路面的使用寿命与沥青含量有很大关系。当沥青用量较正常用量减少时,沥青膜变薄,混合料的延伸能力降低,脆性增加;同时沥青混合料的残留空隙率也增大,沥青暴露于不利环境因素的可能性加大,老化加快;还增加了水入侵的机会,造成水损害。

我国现行规范采用空隙率、沥青饱和度和残留稳定度等指标来表征沥青混合料的耐久性。

4. 抗滑性

为保证沥青路面长期高速行驶的安全,高速公路、一级公路的沥青路面应具有良好的抗滑性。

沥青路面的抗滑性与所用矿料的表面性质、颗粒形状与尺寸、混合料的级配组成以及沥青用量等因素有关。为了提高沥青路面的抗滑性,配料时应选用表面粗糙、坚硬、耐磨、抗冲击性好、磨光值大的碎石和破碎砾石集料,常用的抗滑、耐磨石料有玄武岩、安山岩、辉绿岩、硅质石灰岩等。沥青用量对抗滑性有重要的影响,当沥青用量超过最佳沥青用量的0.5%时,摩阻系数会明显降低。此外,沥青中的石蜡也会降低路面的抗滑性。

5. 施工和易性

沥青混合料应具备良好的施工和易性,能够在拌和、摊铺与碾压过程中,集料颗粒保持分布均匀,表面被沥青膜完整地包裹,并被压实到规定的密实度,这是保证沥青路面使用质量的必要条件。影响沥青混合料施工和易性的因素很多,诸如沥青混合料组成材料的技术品质、用量比例以及施工条件等。

(1)组成材料的影响

当组成材料确定后,沥青混合料和易性的主要影响因素是矿料级配和沥青用量。在间断级配的矿质混合料中,粗细集料的颗粒尺寸相差过大,缺乏中间尺寸颗粒,沥青混合料容易离析。如果细集料太少,沥青层就不容易均匀地分布在粗颗粒表面;而细集料过多,则使拌和困难。当沥青用量过少,或矿粉用量过多时,混合料容易产生疏松且不易压实。反之,如沥青用量过多,或矿粉质量不好,则容易使混合料黏结成团块,不易摊铺。

(2)施工条件的影响

沥青混合料应在一定的温度条件下进行施工,以使沥青结合料能够达到要求的流动性,在拌和过程中能够充分均匀地黏附在矿料颗粒表面;在压实过程中,矿料颗粒能克服沥青的黏滞性及自身内摩阻力相互移动就位,达到规定的压实度。然而温度过高会引起沥青老化,降低沥青混合料的使用性能。

沥青混合料需要一定的时间进行拌和,以保证各种组成材料在混合料中均匀分布,并使所有矿料颗粒全部被沥青所裹覆。

此外,拌和设备、摊铺机械和压实工具都对沥青混合料的施工和易性有一定影响,应结合施工方式和施工条件考虑。

(三)热拌沥青混合料的技术标准

我国行业标准《公路沥青路面施工技术规范》(JTG F40—2004)规定:热拌沥青混合料的马歇尔试验技术指标应符合表1-6-8的规定,并有良好的施工性能。

密级配沥青混凝土混合料马歇尔试验技术标准　　　　　表1-6-8

试验指标		单位	高速公路、一级公路				其他等级公路	行人道路
			夏炎热区(1-1、1-2、1-3、1-4区)		夏热区及夏凉区(2-1、2-2、2-3、2-4、3-2区)			
			中轻交通	重载交通	中轻交通	重载交通		
击实次数(双面)		次	75				50	50
试件尺寸		mm	$\phi 101.6mm \times 63.5mm$					
空隙率VV	深约90mm以内	%	3~5	4~6	2~4	3~5	3~6	2~4
	深约90mm以下	%	3~6	2~4	3~6	3~6	—	
稳定度MS 不小于		kN	8				5	3
流值FL		mm	2~4	1.5~4	2~4.5	2~4	2~4.5	2~5
矿料间隙率VMA (%), 不小于	设计空隙率(%)	相应于以下公称最大粒径(mm)的最小VMA及VFA技术要求(%)						
		26.5	19	16	13.2	9.5	4.75	
	2	10	11	11.5	12	13	15	
	3	11	12	12.5	13	14	16	
	4	12	13	13.5	14	15	17	
	5	13	14	14.5	15	16	18	
	6	14	15	15.5	16	17	19	
沥青饱和度VFA(%)			55~70		65~75		70~85	

注:1.本表适用于公称最大粒径≤26.5mm的密级配沥青混凝土混合料。

2.对空隙率大于5%的夏炎热区重载交通路段,施工时应至少提高压实度1%。

3.当设计的空隙率不是整数时,由内插确定要求的VMA最小值。

4.对改性沥青混合料,马歇尔试验的流值可适当放宽。

四、沥青混合料组成材料的技术要求

1.沥青材料

沥青是沥青混合料的重要组成材料,在选择沥青标号时,宜按照公路等级、气候条件、交通条件、路面类型及在结构层中的层位及受力特点、施工方法等,结合当地的使用经验,经技术论证后确定。

对高速公路、一级公路,夏季温度高、高温持续时间长、重载交通、山区及丘陵区上坡路段、服务区、停车场等行车速度慢的路段,尤其是汽车荷载剪应力大的层次,宜采用稠度大、60℃黏度大的沥青,也可提高高温气候分区的温度水平选用沥青等级;对冬季寒冷的地区或交通量小的公路、旅游公路宜选用稠度小、低温延度大的沥青;对日温差、年温差大的地区宜注意选用针入度指数大的沥青。当高温要求与低温要求发生矛盾时应优先考虑满足高温性能的要求。

当缺乏所需标号的沥青时,可采用不同标号掺配的调和沥青,其掺配比例由试验决定。

2. 粗集料

沥青混合料用粗集料包括碎石、破碎砾石、筛选砾石、钢渣、矿渣等,但高速公路和一级公路不得使用筛选砾石和矿渣。

(1)粗集料要求洁净、干燥、表面粗糙、形状接近正立方体,且无风化、不含杂质,并具有足够的强度和耐磨耗性,其质量应符合表1-6-9的规定。

沥青混合料用粗集料质量技术要求　　　　　表1-6-9

指 标	单位	高速公路及一级公路		其他等级公路	试验方法
		表面层	其他层次		
石料压碎值,不大于	%	26	28	30	T 0316
洛杉矶磨耗损失,不大于	%	28	30	35	T 0317
表观相对密度,不小于	—	2.60	2.50	2.45	T 0304
吸水率,不大于	%	2.0	3.0	3.0	T 0304
坚固性,不大于	%	12	12		T 0314
针片状颗粒含量(混合料),不大于	%	15	18	20	T 0312
其中粒径大于9.5mm,不大于	%	12	15	—	
其中粒径小于9.5mm,不大于	%	18	20		
水洗法<0.075mm 颗粒含量,不大于	%	1	1	1	T 0310
软石含量,不大于	%	3	5	5	T 0320

注:1.坚固性试验可根据需要进行。
　　2.用于高速公路、一级公路时,多孔玄武岩的视密度可放宽至2.45t/m³,吸水率可放宽至3%,但必须得到建设单位的批准,且不得用于SMA路面。
　　3.对S14即3~5规格的粗集料,针片状颗粒含量可不予要求,<0.075mm含量可放宽到3%。

(2)沥青混合料粗集料的规格应符合表1-6-10的要求。当单一规格集料的级配不符合表1-6-10的规格,但确认与其他集料组配后的合成级配符合设计级配的要求时,工程上允许使用。

沥青混合料用粗集料规格 表1-6-10

规格名称	公称粒径（mm）	通过下列筛孔(mm)的质量百分率(%)							
		37.5	31.5	26.5	19.0	13.2	9.5	4.75	2.36	0.6
S6	15~30	100	90~100	—	—	0~15	—	0~5		
S7	10~30	100	90~100	—	—	—	0~15	0~5		
S8	10~25		100	90~100	—	0~15	—	0~5		
S9	10~20			100	90~100	—	0~15	0~5		
S10	10~15				100	90~100	0~15	0~5		
S11	5~15				100	90~100	40~70	0~15	0~5	
S12	5~10					100	90~100	0~15	0~5	
S13	3~10					100	90~100	40~70	0~20	0~5
S14	3~5						100	90~100	0~15	0~3

（3）由于碱性岩石与沥青具有较强的黏附性，组成沥青混合料可得到较高的力学强度，因此应尽量选择碱性岩石制成的粗集料。在缺少碱性岩石的情况下，也可采用酸性岩石代替，但必须对沥青或粗集料进行适当的处理，以增加混合料的黏聚力。粗集料与沥青的黏附性应符合表1-6-11的规定。对高速公路、一级公路沥青路面的表面层（或磨耗层）的粗集料的磨光值也应满足表1-6-11的规定。

粗集料与沥青的黏附性、磨光值的技术要求 表1-6-11

雨量气候区		1(潮湿区)	2(湿润区)	3(半干区)	4(干旱区)	试验方法
年降雨量(mm)		>1 000	500~1 000	250~500	<250	
粗集料的磨光值PSV，不小于	高速公路、一级公路表面层	42	40	38	36	T 0321
粗集料与沥青的黏附性，不小于	高速公路、一级公路表面层	5	4	4	3	T 0616
	高速公路、一级公路的其他层次及其他等级公路的各个层次	4	4	3	3	T 0663

3. 细集料

（1）沥青混合料的细集料包括天然砂、机制砂和石屑。细集料应洁净、干燥、无风化、无杂质，并有适当的颗粒级配，其质量应符合表1-6-12的规定。

沥青混合料用细集料质量要求 表1-6-12

项目	单位	高速公路、一级公路	其他等级公路	试验方法
表观相对密度，不小于	—	2.50	2.45	T 0328
坚固性（>0.3mm部分），不小于	%	12	—	T 0340
含泥量（小于0.075mm的含量），不大于	%	3	5	T 0333

续上表

项 目	单位	高速公路、一级公路	其他等级公路	试验方法
砂当量,不小于	%	60	50	T 0334
亚甲蓝值,不大于	g/kg	25	—	T 0349
棱角性(流动时间),不小于	s	30	—	T 0345

（2）天然砂可采用河砂或海砂,通常宜采用粗砂、中砂,其规格符合表1-6-13要求。热拌密级配沥青混合料中天然砂的用量通常不宜超过集料总量的20%,SMA和OGFC混合料不宜使用天然砂。石屑和机制砂的规格应符合表1-6-14的要求。

沥青混合料用天然砂规格　　　　　表1-6-13

筛孔尺寸(mm)	通过各筛孔的质量百分率(%)		
	粗砂	中砂	细砂
9.5	100	100	100
4.75	90~100	90~100	90~100
2.36	65~95	75~90	85~100
1.18	35~65	50~90	75~100
0.6	15~30	30~60	60~84
0.3	5~20	8~30	15~45
0.15	0~10	0~10	0~10
0.075	0~5	0~5	0~5

沥青混合料用机制砂或石屑规格　　　　　表1-6-14

规格	公称粒径(mm)	水洗法通过各筛孔的质量百分率(%)							
		9.5	4.75	2.36	1.18	0.6	0.3	0.15	0.075
S15	0~5	100	90~100	60~90	40~75	20~55	7~40	2~20	0~10
S16	0~3	—	100	80~100	50~80	25~60	8~45	0~25	0~15

注：当生产石屑采用喷水抑制扬尘工艺时,应特别注意含粉量不得超过表中要求。

4. 填料

（1）沥青混合料的填料多为矿粉,必须采用石灰岩或岩浆岩中的强基性岩石等憎水性石料经磨细得到的矿粉,原石料中的泥土杂质应除净。矿粉应干燥、洁净,能自由地从矿粉仓流出,其质量应符合表1-6-15的要求。

沥青混合料用矿粉质量要求　　　　　表1-6-15

项 目	单位	高速公路、一级公路	其他等级公路	试验方法
表观密度,不小于	t/m³	2.50	2.45	T 0352
含水量,不大于	%	1	1	T 0103 烘干法
粒度范围 <0.6mm	%	100	100	
<0.15mm	%	90~100	90~100	T 0351
<0.075mm	%	75~100	70~100	

续上表

项　目	单位	高速公路、一级公路	其他等级公路	试　验　方　法
外观	—	无团粒结块		—
亲水系数	—	<1		T 0353
塑性指数	—	<4		T 0354
加热安定性	—	实测记录		T 0355

（2）拌和机的粉尘也可作为矿粉的一部分回收使用。但每盘用量不得超过填料总量的25%，掺有粉尘填料的塑性指数不得大于4%。

（3）粉煤灰作为填料使用时，用量不得超过填料总量的50%，粉煤灰的烧失量应小于12%，与矿粉混合后的塑性指数应小于4%。高速公路、一级公路的沥青面层不宜采用粉煤灰做填料。

五、沥青混合料配合比设计

沥青混合料配合比设计包括目标配合比设计、生产配合比设计和生产配合比验证三个阶段。本节着重介绍热拌沥青混合料的目标配合比设计，一般包括矿质混合料组成设计和最佳沥青用量确定两部分。

（一）矿质混合料组成设计

矿质混合料组成设计通常是根据规范推荐的级配范围，来选配一个具有足够密实度并有较高内摩阻力的矿质混合料。其设计步骤如下：

1. 确定沥青混合料类型

沥青混合料的类型是根据道路等级、路面类型及所处的结构层位按表1-6-16选定。

沥青混合料类型　　表1-6-16

结构层次	高速公路、一级公路、城市快速路、主干路						其他等级公路		一般城市道路及其他道路工程		
	三层式路面			二层式路面							
上面层	AC-13 AC-16 AC-20	AK-13 AK-16	SMA-13 SMA-16	AC-13 AC-16	AK-13 AK-16	SMA-13 SMA-16	AC-13 AC-16	SMA-13 SMA-16	AC-13 AC-16 AC-20	AK-13 AK-16	SMA-13 SMA-16
中面层	AC-20 AC-25			—			—		AC-20 AC-25		
下面层	AC-25 AC-30			AC-20 AC-25 AC-30			AC-20 AC-25 AC-30	AM-25 AM-30	AC-25 AC-30	AM-25 AM-30	

2. 确定工程设计的级配范围

密级配沥青混合料宜根据公路等级、气候及交通条件按表1-6-17选择粗型（C型）或细型（F型）混合料。对夏季温度高、高温持续时间长，重载交通多的路段，宜选用粗型密级配沥青混合料（AC-C型），并取较高的设计空隙率。对冬季温度低且低温持续时间长的地区，或者重载交通较少的路段，宜选用细型密级配沥青混合料（AC-F型），并取较低的设计空隙率。

粗型和细型密级配沥青混凝土的关键性筛孔通过率　　　　　表 1-6-17

混合料类型	公称最大粒径（mm）	用以分类的关键性筛孔（mm）	粗型密级配 名称	粗型密级配 关键性筛孔通过率（%）	细型密级配 名称	细型密级配 关键性筛孔通过率（%）
AC-25	26.5	4.75	AC-25C	<40	AC-25F	>40
AC-20	19	4.75	AC-20C	<45	AC-20F	>45
AC-16	16	2.36	AC-16C	<38	AC-16F	>38
AC-13	13.2	2.36	AC-13C	<40	AC-13F	>40
AC-10	9.5	2.36	AC-10C	<45	AC-10F	>45

密级配沥青混合料的设计级配宜在表 1-6-18 规定的级配范围内，根据公路等级、工程特性、气候条件、交通条件、材料品种等因素，通过对条件大体相当的工程使用情况进行调查研究后调整确定，必要时允许超出规范级配范围。经确定的工程设计级配范围是配合比设计的依据，不得随意变更。

密级配沥青混凝土混合料矿料级配范围　　　　　表 1-6-18

级配类型		通过下列筛孔(mm)的质量百分率(%)											
		31.5	26.5	19	16	13.2	9.5	4.75	2.36	1.18	0.6	0.3	0.15	0.075
粗粒式	AC-25	100	90~100	75~90	65~83	57~76	45~65	24~52	16~42	12~33	8~24	5~17	4~13	3~7
中粒式	AC-20		100	90~100	78~92	62~80	50~72	26~56	16~44	12~33	8~24	5~17	4~13	3~7
	AC-16			100	90~100	76~92	60~80	34~62	20~48	13~36	9~26	7~18	5~14	4~8
细粒式	AC-13				100	90~100	68~85	38~68	24~50	15~38	10~28	7~20	5~15	4~8
	AC-10						100	90~100	45~75	30~58	20~44	13~32	9~23	6~16	4~8
砂粒式	AC-5							100	90~100	55~75	35~55	20~40	12~28	7~18	5~10

调整工程设计级配范围宜遵循下列原则：

(1) 要确保高温抗车辙能力，同时兼顾低温抗裂性能的需要。配合比设计时宜适当减少公称最大粒径附近的粗集料用量，减少 0.6mm 以下部分细粉的用量，使中等粒径集料较多，形成 S 形级配曲线，并取中等或偏高水平的设计空隙率。

(2) 确定各层的工程设计级配范围时应考虑不同层位的功能需要，经组合设计的沥青路面应能满足耐久、稳定、密水、抗滑等要求。

(3) 根据公路等级和施工设备的控制水平，确定的工程设计级配范围应比规范级配范围窄，其中 4.75mm 和 2.36mm 通过率的上下限差值宜小于 12%。

(4) 沥青混合料的配合比设计应充分考虑施工性能，使沥青混合料容易摊铺和压实，避免造成严重的离析。

3. 材料选择与准备

根据气候和交通条件选择合适的材料，经现场取样检验，其质量应符合规定的技术要求。

当单一规格的集料某项指标不合格,但不同粒径规格的材料按级配组成的集料混合料指标符合规范要求时,允许使用。

4.矿料配合比设计

高速公路和一级公路沥青路面矿料配合比设计宜借助电子计算机的电子表格用试配法进行,如表1-6-19所示。其他等级公路沥青路面也可参照进行。

矿料级配设计表示例　　　　　　　　表1-6-19

筛孔(mm)	10~20(%)	5~10(%)	3~5(%)	石屑(%)	黄砂(%)	矿粉(%)	消石灰(%)	合成级配	工程设计级配范围		
									中限	下限	上限
16	100	100	100	100	100	100	100	100.0	100	100	100
13.2	88.6	100	100	100	100	100	100	96.7	95	90	100
9.5	16.6	99.7	100	100	100	100	100	76.6	70	60	80
4.75	0.4	8.7	94.9	100	100	100	100	47.7	41.5	30	53
2.36	0.3	0.7	3.7	97.3	87.9	100	100	30.6	30	20	40
1.18	0.3	0.7	0.5	67.8	62.2	100	100	22.8	22.5	15	30
0.6	0.3	0.7	0.5	40.5	46.4	100	100	17.2	16.5	10	23
0.3	0.3	0.7	0.5	30.2	3.7	99.8	99.2	9.5	12.5	7	18
0.15	0.3	0.7	0.5	20.6	3.1	96.2	97.6	8.1	8.5	5	12
0.075	0.2	0.6	0.3	4.2	1.9	84.7	95.6	5.5	6	4	8
配合比	28	26	14	12	15	3.3	1.7	100.0	—	—	—

矿料级配曲线采用泰勒曲线的标准画法绘制,如图1-6-7所示,纵坐标为普通坐标,横坐标按 $x = d_i^{0.45}$ 计算,见表1-1-3。以原点与通过集料最大粒径100%的点的连线作为沥青混合料的最大密度线。

对高速公路和一级公路,宜在工程设计级配范围内计算1~3组粗细不同的配合比,绘制设计级配曲线,分别位于工程设计级配范围的上方、中值及下方。设计合成级配不得有太多的锯齿形交错,且在0.3~0.6mm范围内不出现"驼峰"。当反复调整不能满足时,宜更换材料设计。

根据当地的实践经验选择适宜的沥青用量,分别制作几组级配的马歇尔试件,测定VMA,初选一组满足或接近设计要求的级配作为设计级配。

(二)确定沥青混合料的最佳沥青用量

沥青混合料中沥青的掺量通常采用沥青用量或油石比表示。沥青用量是指沥青混合料中沥青结合料质量与沥青混合料质量的百分比;油石比是指沥青混合料中沥青结合料质量占矿料总质量的百分比。

沥青混合料的最佳沥青用量(简称OAC),按我国《公路沥青路面施工技术规范》(JTJ F40—2004)中规定,以马歇尔试验法为标准的设计方法,同时也允许采用其他设计方法。当采用其他设计方法时,应按马歇尔设计方法进行检验。马歇尔试验法确定沥青最佳用量按下列步骤进行。

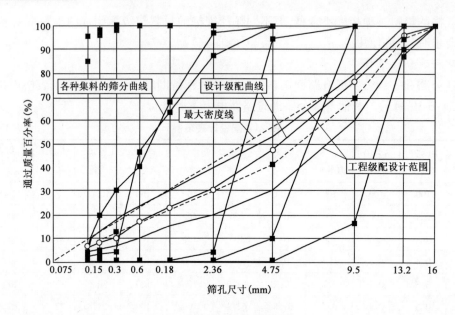

图 1-6-7 矿料级配曲线示例

1. 制备试件

1) 确定试件的制作温度

沥青混合料试件的制作温度宜通过在 135℃ 及 175℃ 条件下测定的黏度—温度曲线按表 1-6-20 的规定确定,并与施工实际温度一致,普通沥青混合料如缺乏黏度—温度曲线时可参照表 1-6-21 执行,改性沥青混合料的成型温度在此基础上再提高 10~20℃。

确定沥青混合料拌和及压实温度的适宜温度 表 1-6-20

黏 度	适宜于拌和的沥青混合料黏度	适宜于压实的沥青混合料黏度	测 定 方 法
表观黏度($Pa \cdot s$)	0.17 ± 0.02	0.28 ± 0.03	T 0625
运动黏度(mm^2/s)	170 ± 20	280 ± 30	T 0619
赛波特黏度(s)	85 ± 10	140 ± 15	T 0623

热拌普通沥青混合料试件的制作温度(单位:℃) 表 1-6-21

施工工序	石油沥青的标号				
	50 号	70 号	90 号	110 号	130 号
沥青加热温度	160~170	155~165	150~160	145~155	140~150
矿料加热温度	集料加热温度比沥青温度高 10~30(填料不加热)				
沥青混合料拌和温度	150~170	145~165	140~160	135~155	130~150
试件击实成型温度	140~160	135~155	130~150	125~145	120~140

2) 确定沥青用量范围

(1) 按式(1-6-6)计算矿质混合料的合成毛体积相对密度 γ_{sb}。

$$\gamma_{sb} = \frac{100}{\dfrac{P_1}{\gamma_1} + \dfrac{P_2}{\gamma_2} + \cdots + \dfrac{P_n}{\gamma_n}} \quad (1\text{-}6\text{-}6)$$

式中:P_1、P_2、…、P_n——各种矿料成分的配合比,其和为100;

γ_1、γ_2、…、γ_n——各种矿料相应的毛体积相对密度,粗集料按 T 0304 方法测定,机制砂及石屑可按 T 0330 方法测定,也可以用筛出的 2.36~4.75mm 部分的毛体积相对密度代替,矿粉(含消石灰、水泥)以表观相对密度代替。

(2)按式(1-6-7)计算矿质混合料的合成表观体积相对密度 γ_{sa}。

$$\gamma_{sa} = \frac{100}{\dfrac{P_1}{\gamma_1'} + \dfrac{P_2}{\gamma_2'} + \cdots + \dfrac{P_n}{\gamma_n'}} \tag{1-6-7}$$

式中:P_1、P_2、…、P_n——各种矿料成分的配合比,其和为100;

γ_1'、γ_2'、…、γ_n'——各种矿料按试验规程方法测定的表观相对密度。

(3)按式(1-6-8)或按式(1-6-9)预估沥青混合料的适宜的油石比 P_a 或沥青用量 P_b。

$$P_a = \frac{P_{a1} \cdot \gamma_{sb1}}{\gamma_{sb}} \tag{1-6-8}$$

$$P_b = \frac{P_a}{100 + \gamma_{sb}} \times 100\% \tag{1-6-9}$$

式中:P_a——预估的最佳油石比(与矿料总量的百分比)(%);

P_b——预估的最佳沥青用量(占混合料总量的百分数)(%);

P_{a1}——已建类似工程沥青混合料的标准油石比(%);

γ_{sb}——集料的合成毛体积相对密度;

γ_{sb1}——已建类似工程集料的合成毛体积相对密度。

(4)确定矿料的有效相对密度。

对非改性沥青混合料,宜以预估的最佳油石比拌和2组的混合料,采用真空法实测最大相对密度,取平均值。然后由式(1-6-10)反算合成矿料的有效相对密度 γ_{se}。

$$\gamma_{se} = \frac{100 - P_b}{\dfrac{100}{\gamma_t} - \dfrac{P_b}{\gamma_b}} \tag{1-6-10}$$

式中:γ_{se}——合成矿料的有效相对密度;

P_b——试验采用的沥青用量(占混合料总量的百分数)(%);

γ_t——试验沥青用量条件下实测得到的最大相对密度,无量纲;

γ_b——沥青的相对密度(25℃/25℃),无量纲。

(5)以预估的油石比为中值,按一定间隔(对密级配沥青混合料通常为0.5%,对沥青碎石混合料可适当缩小间隔为0.3%~0.4%),取5个或5个以上不同的油石比分别成型马歇尔试件。例如预估油石比为4.8%,可选3.8%、4.3%、4.8%、5.3%、5.8%等。

2.测定物理指标

(1)测定压实沥青混合料试件的毛体积相对密度 γ_f 和吸水率,取平均值。

通常采用表干法测定毛体积相对密度;对吸水率大于2%的试件,宜改采用蜡封法测定。

(2)确定沥青混合料的最大理论相对密度。

对非改性的普通沥青混合料,在成型马歇尔试件的同时,用真空法实测各组沥青混合料的

最大理论相对密度 γ_{ti}。当只对其中一组油石比测定最大理论相对密度时,也可按式(1-6-11)或式(1-6-12)计算其他不同油石比时的最大理论相对密度 γ_{ti}。

$$\gamma_{ti} = \frac{100 + P_{ai}}{\frac{100}{\gamma_{se}} + \frac{P_{ai}}{\gamma_b}} \tag{1-6-11}$$

$$\gamma_{ti} = \frac{100}{\frac{P_{si}}{\gamma_{se}} + \frac{P_{bi}}{\gamma_b}} \tag{1-6-12}$$

式中:γ_{ti}——相对于计算沥青用量 P_{bi} 时沥青混合料的最大理论相对密度,无量纲;

P_{ai}——所计算的沥青混合料中的油石比(%);

P_{bi}——所计算的沥青混合料的沥青用量(%),$P_{bi} = P_{ai}/(1 + P_{ai})$;

P_{si}——所计算的沥青混合料的矿料含量(%),$P_{si} = 100 - P_{bi}$;

γ_{se}——矿料的有效相对密度,按式(1-6-10)计算,无量纲;

γ_b——沥青的相对密度(25℃/25℃),无量纲。

(3)按式(1-6-13)~式(1-6-15)计算沥青混合料试件的空隙率、矿料间隙率 VMA、有效沥青的饱和度 VFA 等体积指标,进行体积组成分析。

$$VV = \left(1 - \frac{\gamma_f}{\gamma_t}\right) \times 100\% \tag{1-6-13}$$

$$VMA = \left(1 - \frac{\gamma_f}{\gamma_{sb}} \times P_s\right) \times 100\% \tag{1-6-14}$$

$$VFA = \frac{VMA - VV}{VMA} \times 100\% \tag{1-6-15}$$

式中:VV——试件的空隙率(%);

VMA——试件的矿料间隙率(%);

VFA——试件的有效沥青饱和度(有效沥青含量占 VMA 的体积比例)(%);

γ_f——试件的毛体积相对密度,无量纲;

γ_t——沥青混合料的最大理论相对密度,无量纲;

P_s——各种矿料占沥青混合料总质量的百分率之和(%),即 $P_s = 100 - P_b$;

γ_{sb}——矿质混合料的合成毛体积相对密度。

3. 测定沥青混合料的力学指标

进行马歇尔试验,测定马歇尔稳定度和流值。

4. 马歇尔试验结果分析

1)绘制沥青用量与物理力学指标关系图

以油石比或沥青用量为横坐标,以毛体积密度、空隙率、有效沥青饱和度(VFA)、矿料间隙率(VMA)、稳定度和流值为纵坐标,将试验结果点入图中,连成光滑的曲线,如图1-6-8所示。确定均符合规范规定的沥青混合料技术标准的沥青用量范围 $OAC_{min} \sim OAC_{max}$。选择的沥青用量范围必须涵盖设计空隙率的全部范围,并尽可能涵盖沥青饱和度的要求范围,同时使密度及稳定度曲线出现峰值。如果没有涵盖设计空隙率的全部范围,试验必须扩大沥青用量范围重新进行。

2)根据试验曲线走势确定最佳沥青用量 OAC_1

(1)在曲线图上求取相应于密度最大值、稳定度最大值、目标空隙率(或中值)、沥青饱和度范围的中值的沥青用量 a_1、a_2、a_3、a_4,按式(1-6-16)取平均值作为 OAC_1。即:

$$OAC_1 = \frac{a_1 + a_2 + a_3 + a_4}{4} \tag{1-6-16}$$

(2)如果在所选择的沥青用量范围未能涵盖沥青饱和度的要求范围,按式(1-6-17)求取3者的平均值作为 OAC_1。即:

$$OAC_1 = \frac{a_1 + a_2 + a_3}{3} \tag{1-6-17}$$

(3)对所选择试验的沥青用量范围,密度或稳定度没有出现峰值(最大值经常在曲线的两端)时,可直接以目标空隙率所对应的沥青用量 a_3 作为 OAC_1,但 OAC_1 必须介于 OAC_{min} ~ OAC_{max} 的范围内,否则应重新进行配合比设计。

3)确定最佳沥青用量 OAC_2

以各项指标均符合沥青混合料技术标准(不含 VMA)的沥青用量范围 OAC_{min} ~ OAC_{max} 的中值作为 OAC_2。即:

$$OAC_2 = \frac{OAC_{min} + OAC_{max}}{2} \tag{1-6-18}$$

4)确定计算的最佳沥青用量 OAC

通常情况下取 OAC_1 及 OAC_2 的中值作为计算的最佳沥青用量 OAC。

$$OAC = \frac{OAC_1 + OAC_2}{2} \tag{1-6-19}$$

按式(1-6-19)计算的最佳沥青用量 OAC,从图 1-6-8 中得出所对应的空隙率和 VMA 值,检验是否能满足表1-6-8 关于最小 VMA 值的要求。OAC 宜位于 VMA 凹形曲线最小值的贫油一侧。当空隙率不是整数时,最小 VMA 按内插法确定,并将其画入图 1-6-8 中。

检查图 1-6-8 中相应于此 OAC 的各项指标是否均符合马歇尔试验技术标准。

5)根据实践经验和公路等级、气候条件、交通情况,调整确定最佳沥青用量 OAC

(1)调查当地各项条件相接近的工程的沥青用量及使用效果,论证适宜的最佳沥青用量。检查计算得到的最佳沥青用量是否相近,如相差甚远,应查明原因,必要时重新调查级配,进行配合比设计。

(2)对炎热地区公路以及高速公路、一级公路的重载交通路段,山区公路的长大坡度路段,预计有可能产生较大车辙时,宜在空隙率符合要求的范围内将计算的最佳沥青用量减小 0.1% ~ 0.5% 作为设计沥青用量。此时,除空隙率外的其他指标可能会超出马歇尔试验配合比设计技术标准,配合比设计报告或设计文件必须予以说明。但配合比设计报告必须要求采用重型轮胎压路机和振动压路机组合等方式加强碾压,以使施工后路面的空隙达到未调整前的原最佳沥青用量时的水平,且渗水系数符合要求。如果试验路段试拌试铺达不到此要求时,宜调整所减小的沥青用量的幅度。

(3)对寒区道路、旅游道路、交通量很少的公路,最佳沥青用量可以在 OAC 的基础上增加 0.1% ~ 0.3%,以适当减小设计空隙率,但不得降低压实度要求。

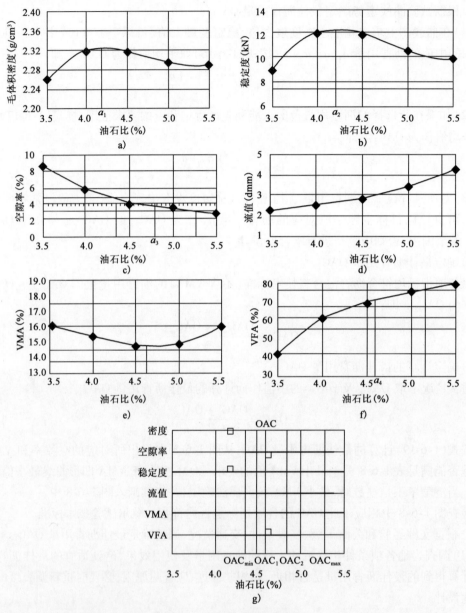

图 1-6-8 马歇尔试验结果示例

注：图中 $a_1=4.2\%$；$a_2=4.25\%$；$a_3=4.8\%$；$a_4=4.7\%$；$OAC_1=4.49\%$（由 4 个平均值确定）；$OAC_{min}=4.3\%$；$OAC_{max}=5.3\%$；$OAC_2=4.8\%$；$OAC=4.64\%$。此例中相对于空隙率 4% 的油石比为 4.6%。

(三) 配合比设计检验

对用于高速公路和一级公路的密级配沥青混合料，需在配合比设计的基础上按规范要求进行各种使用性能的检验，不符合要求的沥青混合料，必须更换材料或重新进行配合比设计。配合比设计检验按计算确定的设计最佳沥青用量在标准条件下进行，若按照根据实践经验和公路等级、气候条件、交通情况调整确定的最佳沥青用量，或者改变试验条件时，各项技术要求均应适当调整。

1. 高温稳定性检验

按规定方法进行车辙试验,动稳定度应符合表1-6-22的要求。

沥青混合料车辙试验动稳定度技术要求　　　　表1-6-22

气候条件与技术指标		相应于下列气候分区所要求的动稳定度(次/mm)									试验方法
七月平均最高气温(℃)及气候分区		>30				20~30				<20	
		1. 夏炎热区				2. 夏热区				3. 夏凉区	
		1-1	1-2	1-3	1-4	2-1	2-2	2-3	2-4	3-2	
普通沥青混合料,不小于		800		1 000		600		800		600	T 0719
改性沥青混合料,不小于		2 400		2 800		2 000		2 400		1 800	
SMA 混合料	非改性,不小于	1 500									
	改性,不小于	3 000									
OGFC 混合料		1 500(一般交通路段),3 000(重交通路段)									

注:1. 如果其他月份的平均气温高于七月时,可使用该月平均最高气温。
　　2. 在特殊情况下,如钢桥面铺装、重载车特别多或纵坡较大的长距离上坡路段、厂矿专用道路,可酌情提高动稳定度的要求。
　　3. 对因气候寒冷确需使用针入度很大的沥青(如大于100),动稳定度难以达到要求,或因采用石灰岩等不很坚硬的石料,改性沥青混合料的动稳定度难以达到要求等特殊情况,可酌情降低要求。
　　4. 为满足炎热地区及重载车要求,在配合比设计时采取减少最佳沥青用量的技术措施时,可适当提高试验温度或增加试验荷载进行试验,同时增加试件的碾压成型密度和施工压实度要求。
　　5. 车辙试验不得采用若次加热的混合料,必须检验其密度是否符合试验规程的要求。
　　6. 如需要对公称最大粒径等于和大于26.5mm的混合料进行车辙试验,可适当增加试件的厚度,但不宜作为评定合格与否的依据。

2. 水稳定性检验

按规定的试验方法进行浸水马歇尔试验和冻融劈裂试验,残留稳定度及残留强度比必须同时符合表1-6-23的要求。达不到要求时应采取抗剥落措施,调整最佳沥青用量后再次试验。

沥青混合料水稳定性检验技术要求　　　　表1-6-23

气候条件与技术指标		相应于下列气候分区的技术要求(%)				试验方法
年降雨量(mm)及气候分区		>1 000	500~1 000	250~500	<250	
		1. 潮湿区	2. 湿润区	3. 半干区	4. 干旱区	
浸水马歇尔试验残留稳定度(%),不小于						
普通沥青混合料		80		75		T 0709
改性沥青混合料		85		80		
SMA 混合料	普通沥青	75				
	改性沥青	80				
冻融劈裂试验的残留强度比(%),不小于						
普通沥青混合料		75		70		T 0729
改性沥青混合料		80		75		
SMA 混合料	普通沥青	75				
	改性沥青	80				

(1)浸水马歇尔试验

残留稳定度按式(1-6-20)计算:

$$MS_0 = \frac{MS_1}{MS} \times 100\% \tag{1-6-20}$$

式中:MS_0——试件的浸水残留稳定度(%);

MS_1——试件浸水48h后的稳定度(kN);

MS——试件在水中保养30~40min后测定的稳定度(kN)。

(2)冻融劈裂试验

残留强度比按式(1-6-21)计算:

$$TSR = \frac{\overline{R}_{T2}}{\overline{R}_{T1}} \tag{1-6-21}$$

式中:TSR——冻融劈裂试验的残留强度比(%);

$\overline{R}_{T2}$——冻融循环后第二级有效试件劈裂抗拉强度平均值(MPa);

$\overline{R}_{T1}$——未冻融循环的第一级有效试件劈裂抗拉强度平均值(MPa)。

3. 低温抗裂性能的检验

宜对密级配沥青混合料在温度 -10℃、加载速率50mm/min的条件下进行低温弯曲试验,测定破坏强度、破坏应变、破坏劲度模量,并根据应力应变曲线的形状,综合评价沥青混合料的低温抗裂性能。其中沥青混合料的破坏应变宜不小于表1-6-24的要求。

沥青混合料低温弯曲试验破坏应变技术要求　　　表1-6-24

气候条件与技术指标	相应于下列气候分区所要求的破坏应变($\mu\varepsilon$)								试验方法
年极端最低气温(℃)及气候分区	< -37.0		-21.5 ~ -37.0			-9.0 ~ -21.5		> -9.0	
	1.冬严寒区		2.冬寒区			3.冬冷区		4.冬温区	
	1-1	2-1	1-2	2-2	2-3	1-3	2-3	1-4　2-4	
普通沥青混合料,不小于	2 600		2 300			2 000			T 0715
改性沥青混合料,不小于	3 000		2 800			2 500			

4. 渗水系数检验

宜利用轮碾机成型的车辙试验试件,脱模架起进行渗水试验,并符合表1-6-25的要求。

沥青混合料试件渗水系数技术要求　　　表1-6-25

级配类型	渗水系数要求(mL/min)	试验方法
密级配沥青混凝土,不大于	120	T 0730
SMA混合料,不大于	80	
OGFC混合料,不小于	实测	

5. 钢渣活性检验

对使用钢渣作为集料的沥青混合料,应按规定的试验方法进行活性和膨胀性试验,钢渣沥青混凝土的膨胀量不得超过1.5%。

6. 其他要求

根据需要,可以改变试验条件进行配合比设计检验,如按调整后的最佳沥青用量、变化最佳沥青用量 OAC±0.3%、提高试验温度、加大试验荷载、采用现场压实密度进行车辙试验,在施工后的残余空隙率(如7%~8%)的条件下进行水稳定性试验和渗水试验等,但不宜用规范规定的技术要求进行合格评定。

(四)配合比设计报告

配合比设计报告应包括工程设计级配范围选择说明、材料品种选择与原材料质量试验结果、矿料级配、最佳沥青用量,以及各项体积指标、配合比设计检验结果等。试验报告的矿料级配曲线应按规定的方法绘制。

当按实践经验和公路等级、气候条件、交通情况调整的沥青用量作为最佳沥青用量,宜报告不同沥青用量条件下的各项试验结果,并提出对施工压实工艺的技术要求。

【例1-6-3】 试设计某高速公路沥青混凝土路面中面层用沥青混合料的目标配合比。

1.原始资料

(1)该一级公路沥青路面为三层式结构的中面层;中面层结构设计厚度为6cm。

(2)气候条件:7月份平均最高气温为33℃,年极端最低气温为-15℃,年降雨量为800mm。夏炎热冬冷湿润区,气候分区为1-3-2。

(3)原材料。

①沥青材料:普通70号道路石油沥青,相对密度为1.030,经检验,技术性能均符合要求。

②矿质材料:粗集料、细集料均为石灰岩。集料分为4档:1号(10~20mm)、2号(5~15mm)、3号(3~5mm)、4号(0~3mm)。各档集料与矿粉的密度结果见表1-6-26,筛分试验结果见表1-6-27。

集料和矿粉密度试验结果 表1-6-26

材　料	1号	2号	3号	4号	矿粉	沥青
表观相对密度	2.701	2.700	2.686	2.665	2.698	1.030
毛体积相对密度	2.680	2.668	2.646	2.637		

各种集料和矿粉的筛分结果 表1-6-27

筛孔尺寸(mm) 集料	通过方孔筛的百分率(%)										
	26.5	19.0	16.0	13.2	9.5	4.75	2.36	1.18	0.6	0.3	0.15	0.075
1号	100	81.5	41.2	27.8	2.4	1.4	1.2	1.2	1.2	1.1	1.1	1.0
2号	100	100	100	91.6	53.9	2.0	1.6	1.6	1.6	1.6	1.5	1.5
3号	100	100	100	100	100	89.6	8.3	4.4	3.4	3.0	2.8	2.6
4号	100	100	100	100	100	99.9	87.5	62.4	42.4	25.3	17.4	12.7
矿粉	100	100	100	100	100	100	100	100	100	1001	97.1	84.1

2.设计要求

(1)本次目标配合比采用的沥青混合料类型为AC-20,进行矿质混合料配合比设计。

(2)根据选定的矿质混合料配合比,确定相应的沥青用量范围,通过马歇尔试验,确定最佳沥青用量。

(3)根据高速公路用沥青混合料的要求,检验沥青混合料的水稳定性和抗车辙能力。

解:1. 根据沥青混合料类型(AC-20)确定矿质混合料的级配范围

查表1-6-18,确定矿质混合料的级配范围见表1-6-28。

矿质混合料的级配范围　　　　　　　　　　　表1-6-28

设计级配＼筛孔尺寸(mm)	通过方孔筛的百分率(%)										
	26.5	19.0	16.0	13.2	9.5	4.75	2.36	1.18	0.6	0.3	0.15	0.075
上限	100	100	92	80	72	56	44	33	24	17	13	7
下限	100	90	78	62	50	26	16	12	8	5	4	3

2. 矿质混合料的组成设计

(1)拟定初试配合比

根据各组成材料的筛分资料,依据级配范围,设计了3组初选配合比,确定符合级配范围的各组成材料用量比例(表1-6-29),计算矿质混合料的合成级配。三种级配A、B、C,4.75mm筛孔通过率分别为:38.0%、35.0%、31.9%,合成级配见表1-6-30,级配曲线如图1-6-9所示。

三组矿质混合料的配合比　　　　　　　　　　　表1-6-29

级配＼矿料名称	1号(10~20mm)(%)	1号(5~15mm)(%)	1号(3~5mm)(%)	1号(0~3mm)(%)	矿粉(%)
级配A	24	38	10	25	3
级配B	25	40	11	21	3
级配C	27	41	12	17	3

矿质混合料合成级配表　　　　　　　　　　　表1-6-30

集料＼筛孔尺寸(mm)	通过方孔筛的百分率(%)										
	26.5	19.0	16.0	13.2	9.5	4.75	2.36	1.18	0.6	0.3	0.15	0.075
级配A	100	95.6	85.9	79.5	59.1	38.0	26.6	19.9	14.8	10.5	8.4	6.8
级配B	100	95.4	85.3	78.6	57.2	35.0	23.3	17.5	13.2	9.6	7.8	6.3
级配C	100	95.0	84.1	77.0	54.8	31.9	19.9	15.1	11.6	8.6	7.1	5.9

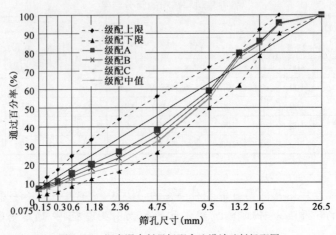

图1-6-9　沥青混合料目标配合比设计矿料级配图

(2)矿质混合料设计配合比的确定

按式(1-6-6)计算,矿料混合料的合成毛体积相对密度 $\gamma_{sb} = 2.663$。

按式(1-6-7)计算,矿料混合料的合成表观相对密度 $\gamma_{sa} = 2.691$。

按式(1-6-8)计算,预估沥青混合料的适宜油石比 $P_a = 4.4\%$。

按式(1-6-10)计算,矿料的有效相对密度 $\gamma_{se} = 2.679$。

按油石比4.4%分别对三种级配测定了马歇尔试件的最大理论相对密度、毛体积相对密度、空隙率、矿料间隙率、有效沥青饱和度,见表1-6-31。根据规范要求,对三种级配进行分析可知,级配B、C的空隙率满足3%~5%的要求,级配B、C的矿料间隙率满足>13%的要求,在两个级配中选择4.75mm筛的通过率较大的为设计级配,因此选择级配B为设计级配。各档集料的比例为:1号:2号:3号:4号:矿粉=25%:40%:11%:21%:3%。

三种级配沥青混合料的体积分析　　　　　　　　　　表1-6-31

级配类型	油石比(%)	最大理论相对密度	毛体积相对密度	空隙率VV(%)	有效沥青饱和度VFA(%)	矿料间隙率VMA(%)
级配A	4.4	2.509	2.442	2.7	77.6	12.1
级配B	4.4	2.507	2.417	3.6	72.5	13.1
级配C	4.4	2.504	2.394	4.4	68.3	13.9
技术要求				3~5	65~75	≥13

3.最佳沥青用量的确定

(1)试件成型

按级配B称取矿料,采用5种油石比按设计的矿质混合料配合比,以0.5%间隔变化,分别按油石比3.4%、3.9%、4.4%、4.9%、5.4%制作马歇尔试件,按表1-6-8规定每面各击实75次的方法成型。

(2)试件物理力学指标的测定

按《公路工程沥青及沥青混合料试验规程》(JTG E20—2011)的方法进行马歇尔稳定度试验,测定沥青混合料的毛体积相对密度、最大理论相对密度、空隙率、沥青饱和度、矿料间隙率等物理指标,以及稳定度、流值等力学指标,试验结果见表1-6-32。

沥青混合料马歇尔试验结果　　　　　　　　　　表1-6-32

油石比(%)	最大理论相对密度	毛体积相对密度	空隙率VV(%)	有效沥青饱和度VFA(%)	矿料间隙率VMA(%)	稳定度(kN)	流值(0.1mm)
3.4	2.542	2.375	6.6	52.1	13.7	9.66	19.6
3.9	2.528	2.391	5.4	60.2	13.6	11.20	25.1
4.4	2.509	2.412	3.9	70.7	13.2	12.86	29.4
4.9	2.498	2.423	3.0	77.3	13.5	11.14	36.2
5.4	2.486	2.417	2.8	80.1	13.9	10.31	40.8
技术标准	—	—	3~5	65~75	≥13	≥8	2~4

根据设计资料,查表1-6-7确定该沥青路面气候分区为1-3夏炎热冬冷区,按表1-6-8规定,将规范要求的沥青混合料的各项技术标准列于表1-6-32中供对照评定。

(3）绘制油石比与物理力学指标关系图

根据表 1-6-32 马歇尔试验结果汇总，绘制油石比与毛体积密度、空隙率、饱和度、矿料间隙率、稳定度、流值的关系曲线，如图 1-6-10 所示。

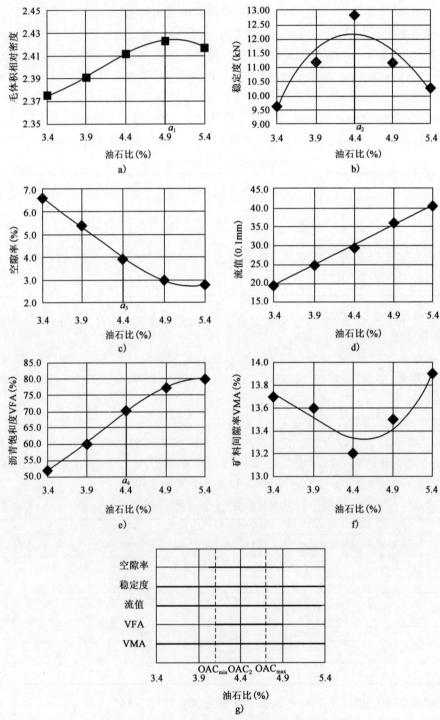

图 1-6-10　油石比与马歇尔试验物理力学指标关系图

(4) 确定最佳油石比 OAC

①确定最佳油石比初始值 OAC_1

由图 1-6-10 得,相应于密度最大值的油石比 $a_1 = 4.9\%$,相应于稳定度最大值的油石比 $a_2 = 4.4\%$,相应于规定空隙率范围的中值的油石比 $a_3 = 4.4\%$,相应于沥青饱和度范围的中值的油石比 $a_4 = 4.4\%$。

$$OAC_1 = \frac{a_1 + a_2 + a_3 + a_4}{4} = \frac{4.9\% + 4.4\% + 4.4\% + 4.4\%}{4} = 4.53\%$$

②确定最佳油石比初始值 OAC_2

$$OAC_{min} = 4.1\%, OAC_{max} = 4.7\%$$

$$OAC_2 = \frac{OAC_{min} + OAC_{max}}{2} = \frac{4.1\% + 4.7\%}{2} = 4.4\%$$

③确定最佳油石比 OAC

通常情况下取 OAC_1 和 OAC_2 的平均值作为最佳油石比,即:

$$OAC = \frac{OAC_1 + OAC_2}{2} = \frac{4.53\% + 4.4\%}{2} = 4.46\%$$

综合考虑各指标状况,确定最佳油石比为 4.5%。

4. 配合比设计检验

(1) 高温稳定性检验

采用最佳油石比 4.5% 制备沥青混合料试件,按照规定的方法进行车辙试验,试验温度为 60℃±1℃,轮压为 0.7MPa,动稳定度结果汇总于表 1-6-33,应符合表 1-6-22 的规定。

沥青混合料车辙试验结果　　　　　　　　　　　　　　表 1-6-33

沥青混合料类型	油石比（%）	动稳定度(次/mm)				技术要求（mm）
		1	2	3	平均	
AC-20	4.5	1 537	1 615	1 575	1 576	≥1 000

(2) 水稳定性检验

采用最佳油石比 4.5% 制作试件,进行浸水马歇尔稳定度试验和冻融劈裂试验,试验结果见表 1-6-34、表 1-6-35。残留稳定度及残留强度比均应符合表 1-6-23 的规定。

浸水马歇尔试验结果　　　　　　　　　　　　　　表 1-6-34

沥青混合料类型	马歇尔稳定度（kN）	浸水马歇尔稳定度（kN）	残留稳定度（%）	技术要求（%）
AC-20	12.31	11.11	90.2	≥80

冻融劈裂试验结果　　　　　　　　　　　　　　表 1-6-35

沥青混合料类型	未冻融劈裂强度（MPa）	冻融劈裂强度（MPa）	冻融劈裂强度比（%）	技术要求（%）
AC-20	0.824	0.742	90	≥75

5. 目标配合比设计结果

经检验,本次目标配合比设计各项指标均符合要求,故设计结果见表 1-6-36。

设 计 结 果　　　　　　　　　　　　　　　　　表1-6-36

沥青混合料类型	矿料配合比(%)					最佳油石比(%)
	1号(10~20mm)	1号(5~15mm)	1号(3~5mm)	1号(0~3mm)	矿粉	
AC-20	25	40	11	21	3	4.5

◀ 本章小结 ▶

矿质混合料是由多种粗细不同的集料按一定的比例搭配而成,能满足设计级配要求,其级配类型分为连续级配和间断级配两种。矿质混合料组成设计方法主要采用试算法和图解法。

沥青混合料是由沥青和矿质混合料组成的复合材料,是现代高级路面材料。根据其矿质骨架的结构特点,沥青混合料的组成结构分为悬浮密实结构、骨架空隙结构和骨架密实结构三种类型。

沥青混合料的主要技术性质包括高温稳定性、低温抗裂性、耐久性、抗滑性和施工和易性。

沥青混合料的配合比设计方法采用的是马歇尔试验法。沥青混合料的目标配合比设计包括矿质混合料的组成设计和最佳沥青用量的确定两部分。确定目标配合比时还需进行高温稳定性、水稳定性、低温抗裂性、渗水系数等检验。经过施工现场的拌和、试铺,检验调整后得最终的施工配合比。

◇ 思考与练习 ◇

一、填空题

1. 矿质混合料的级配类型包括_____和_____两种。
2. 沥青混合料按矿料公称最大粒径可分为特粗式、粗粒式、中粒式、_____及_____。
3. 沥青混合料组成结构类型分为_____、_____、_____三种,其中_____是沥青混合料中最理想的一种结构类型。
4. 沥青混合料的技术性质包括_____、_____、_____、_____、_____五个方面。
5. 评定沥青混合料高温稳定性最普遍采用的方法是_____试验,测定的指标是_____和_____。
6. 马歇尔稳定度试验中所测得的最大破坏荷载称为_____,而达到最大破坏荷载时试件的垂直变形则称为_____。
7. 我国现行规范采用空隙率、沥青饱和度和残留稳定度等指标来表征沥青混合料的_____。
8. 随着沥青的黏度提高,沥青混合料的高温稳定性将_____。
9. 沥青混合料的目标配合设计的内容包括_____和_____两部分。
10. 对用于高速公路和一级公路的密级配沥青混合料,需在配合比设计的基础上进行各种使用性能的检验,包括高温稳定性检验、低温抗裂性能检验、_____和渗水系数检验等。

二、判断题

1. 沥青混合料中,沥青含量越高,则沥青混合料的抗剪强度越大。（   ）
2. 马歇尔稳定度试验时的温度越高,则稳定度越大,流值越小。（   ）
3. 路用矿质混合料应满足最小空隙率和最大摩阻力的要求。（   ）
4. 为保证沥青混合料的水稳定性,应优先选择碱性石料。（   ）
5. 沥青混合料空隙率越小,越密实,其路用性能越好。（   ）
6. 在沥青混合料中加入矿粉的目的是提高混合料的密实度和增大矿料的比表面积。
（   ）
7. 集料的公称最大粒径是指通过百分率为100%的最小标准筛筛孔尺寸。（   ）
8. 增加粗集料的用量可以提高沥青混合料的内摩阻力,改善高温稳定性。（   ）
9. 为提高沥青混合料的低温抗裂性,应选用稠度低,温度敏感性低的沥青。（   ）

第七章 建筑钢材

【职业能力目标】

能通过拉伸试验对钢材的力学性能进行检测。

【知识目标】

1. 了解钢材的主要分类方法；
2. 掌握钢材的主要技术性能；
3. 熟悉常用的钢筋混凝土结构用钢分类及技术要求；
4. 熟悉钢材的腐蚀及防治方法。

建筑钢材是指在建筑工程中使用的各种钢材，主要包括钢结构所用的各种型材（如圆钢、角钢、工字钢、槽钢、钢管）和板材，以及混凝土结构所用的钢筋、钢丝和钢绞线等，是土建工程中应用最广泛的金属材料。

钢材是在严格的技术控制条件下生产的，与非金属材料相比，具有品质均匀致密、强度高、塑性和韧性好、能经受冲击和振动荷载等优点；钢材还具有优良的加工性能，可以锻压、焊接、铆接和切割，便于装配。钢材的主要缺点是易锈蚀、维护费用大、耐火性差、生产能耗大。

在桥梁工程中，钢材被用于各类钢结构、混凝土及预应力混凝土结构中，要求其具有较高的强度、良好的塑性、焊接性和冲击韧性，以满足相应结构需要承受的车辆荷载作用和大气等各种自然因素的考验。

第一节 钢材的分类

一、按化学成分分类

1. 碳素钢

碳素钢亦称"碳钢"，是含碳量低于2.0%的铁碳合金。除铁、碳外，常含有如锰、硅、硫、磷、氧、氮等杂质。碳素钢按含碳量可分为：

(1)低碳钢：含碳量小于0.25%，软韧、易加工，是建筑工程中的主要用钢。

(2)中碳钢：含碳量为0.25%~0.60%，较硬，多用于机械部件。

(3)高碳钢：含碳量大于0.60%，很硬，是一般工具的主要用钢。

2．合金钢

合金钢是指为改善钢的性能，在钢中特意加入某些合金元素（如锰、硅、钒、钛等），使钢材具有特殊的力学性质。合金钢按合金元素含量可分为：

(1)低合金钢：合金元素总含量小于5%。

(2)中合金钢：合金元素总含量为5%~10%。

(3)高合金钢：合金元素总含量大于10%。

二、按脱氧程度分类

1．沸腾钢(F)

沸腾钢是脱氧不充分的钢，钢液中含氧量较高。在浇铸及钢液冷却时，有大量的一氧化碳气体逸出，钢液呈激烈沸腾状。这种钢的塑性较好，有利于冲压，但钢中杂质分布不均匀，偏析较严重，使钢的冲击韧性及可焊性较差。由于成本较低、产量较高，可以用于一般的建筑结构中。

2．镇静钢(Z)

镇静钢脱氧充分，钢水较纯净，浇铸钢锭时钢水平静。镇静钢材质致密均匀，可焊性好，抗蚀性强，质量高于沸腾钢，但成本较高，可用于承受冲击荷载或其他重要的结构。

3．半镇静钢(b)

半镇静钢脱氧程度及钢水质量介于上述两者之间，是建筑工程中应用最广泛的一种钢材。

4．特殊镇静钢(TZ)

特殊镇静钢是一种比镇静钢脱氧还要充分彻底的钢，所以其质量最好，适用于特别重要的结构工程。

三、按质量分类

根据钢中硫(S)、磷(P)杂质元素的含量不同，可分为以下几种：

(1)普通碳素钢：含硫量不大于0.050%，含磷量不大于0.045%。

(2)优质碳素钢：含硫量和含磷量均不大于0.040%。

(3)高级优质碳素钢：含硫量不大于0.030%，含磷量不大于0.035%。

四、按用途分类

钢材按用途的不同可分为以下几种：

(1)结构钢：用于建筑结构，机械制造等，一般为低、中碳钢。

(2)工具钢：用于各种工具、量具及模具，一般为高碳钢。

(3)特殊钢：具有各种特殊物理化学性能的钢材，如不锈钢、磁性钢等，一般为合金钢。

第二节　建筑钢材的技术性能

钢材的技术性能主要包括力学性能、工艺性能和化学性能等。力学性能主要包括抗拉性能、冲击韧性、耐疲劳和硬度等。工艺性能反应金属材料在加工制造过程中所表现出来的性质，如冷弯性能、焊接性能、热处理性能等。

一、钢材的力学性能

1. 抗拉性能

抗拉性能是钢材的主要技术性能。将低碳钢（软钢）制成一定规格的试件，放在材料试验机上进行拉伸试验，可绘出如图 1-7-1 所示的应力—应变曲线图。拉伸试验通过测得屈服强度、抗拉强度和伸长率等指标来反映钢材的力学性能。

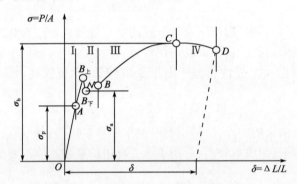

图 1-7-1　低碳钢受拉时的应力—应变曲线

由图 1-7-1 分析，低碳钢在受拉过程中经历了弹性、屈服、强化及颈缩四个阶段。

(1) 弹性阶段

在图 1-7-1 中曲线上的 OA 为弹性阶段，此阶段荷载较小，应力和应变成比例增加，若卸去荷载试件可恢复原状，称为弹性变形。A 点所对应的应力称为弹性极限，用 σ_p 表示。在此阶段，应力与应变的比值为一常数，称弹性模量，用 E 表示，$E = \sigma/\varepsilon$。弹性模量反映钢材的刚度，即抗弹性变形的能力，是钢材在受力条件下计算结构变形的重要指标。

(2) 屈服阶段

在图 1-7-1 中 AB 为屈服阶段，由 A 点开始，当荷载增大时应力与应变不再成比例变化，应变增加的速度大于应力增加的速度，即开始产生塑性变形，图中 $B_上$ 是这一阶段的应力最高点，称为屈服上限，$B_下$ 点称为屈服下限。由于 $B_下$ 点稳定易测，故一般以 $B_下$ 点对应的应力为屈服强度，用 σ_s 表示。

中碳钢和高碳钢没有明显的屈服点，通常以残余变形 0.2% 的应力作为屈服强度。

当钢材的实际应力达到屈服点时，虽未破坏，但却产生了比较明显的不可恢复的塑性变形，为一般建筑结构正常使用所不允许，所以屈服强度是确定钢结构允许应力的主要依据。

(3) 强化阶段

在图 1-7-1 中 BC 为强化阶段，过 B 点后变形速度较快，随应力的提高而增加。对应于最

高点 C 的应力称为抗拉强度,用 σ_b 表示。

钢材的屈服强度与抗拉强度的比值称为屈强比,它反映钢材可靠性和利用率。屈强比小时,钢材的可靠性大,结构安全。但屈强比过小时,钢材有效利用率太低,则可能造成浪费。因此,在保证安全可靠的前提下,应合理选用屈强比,以尽量提高钢材的利用率。一般情况下,合理的屈强比 $\sigma_s/\sigma_b = 0.60 \sim 0.75$。

(4)颈缩阶段

在图 1-7-1 中 CD 为颈缩阶段,过 C 点后材料的变形明显,应变迅速增加而应力反而下降,钢材被拉伸,并在某一薄弱处断面开始缩小,产生"颈缩"现象,然后至 D 点断裂。

将拉断后的试件拼合在一起,测出试件在拉断前后的标距长度,按式(1-7-1)计算出伸长率。伸长率是反映钢材塑性大小的重要指标,伸长率大表明钢材的塑性好。塑性良好的钢材,当偶尔超载时产生塑性变形,可使钢材内部应力产生重新分布,不致由于应力集中而断裂。

$$\delta_n = \frac{L_1 - L_0}{L_0} \tag{1-7-1}$$

式中:δ——伸长率(%);

L_1——试件拉断后标距部分的长度(mm);

L_0——试件的原标距长度(mm);

n——试件原标距长度与其直径之比。

2.冲击韧性

冲击韧性是指钢材抵抗冲击荷载作用的能力。试验时将钢材制成中央带 V 形槽口的试件,置于试验机上,见图 1-7-2。将试验机中的摆锤升至规定高度,突然松开,让摆锤自由下落,冲断试件。钢材的冲击韧性以破坏后试样缺口处单位面积上所消耗的功(J/cm^2)来表示,其符号为 α_k。α_k 值越大,钢材的冲击韧性越好。

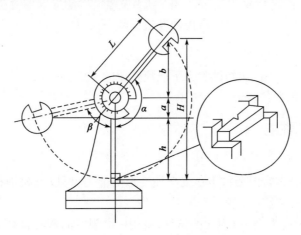

图 1-7-2 冲击韧性试验图

对钢材进行冲击试验,能较全面地反映钢材材质的优劣程度。钢材的冲击韧性受诸多因素的影响,如化学成分、冶炼质量、环境温度、冷加工及时效等,其中环境温度对钢材性能的影响较为明显。当温度降低至一定程度时,钢材的冲击韧性会突然显著下降且出现脆性,这种现象称为钢材的冷脆性,这时的温度称为脆性转变温度,脆性转变温度越低说明钢材的低温冲击韧性越好。

3. 耐疲劳性

钢材在交变应力的反复作用下,往往在工作应力远小于抗拉强度时发生骤然断裂,这种现象称为"疲劳破坏"。

疲劳破坏的危险应力用疲劳强度来表示,它是钢材试件在交变荷载反复作用下不发生断裂所能承受的最大应力。一般把钢材承受交变荷载 $10^6 \sim 10^7$ 次时不发生破坏的最大应力作为疲劳强度。

研究表明,钢材的疲劳破坏是拉应力引起的,首先在局部开始形成细微裂纹,其后由于裂纹尖端处产生应力集中而使裂纹迅速扩展直至钢材断裂。因此,钢材的成分偏析、杂质含量以及表面光洁程度、加工损伤等,都是影响钢材疲劳强度的因素。疲劳破坏经常是突然发生的,因而具有很大的危害性,往往造成严重事故。

4. 硬度

钢材表面局部体积内抵抗更硬物体压入的能力称为硬度。钢材硬度值越高,表示它抵抗局部塑性变形的能力越大。硬度值与钢材的强度和塑性有一定的相关性。

我国现行国家标准测定金属硬度的方法有布氏硬度、洛氏硬度和维氏硬度3种,最常用的为布氏硬度和洛氏硬度。

(1)布氏硬度

将一个标准的淬火钢球,用力压入试件,经一定时间后,卸去荷载,试件表面留有球的压痕,计算压痕单位表面积所承受的荷载值即为布氏硬度。

(2)洛氏硬度

用金刚石圆锥或硬质合金球做压头,在初始试验力和总试验力的先后作用下,将压头压入试件。卸除主试验力,在保持初始试验力的条件下测量压痕残留的深度 h。则洛氏硬度为:

$$洛氏硬度值 = N - \frac{h}{s} \tag{1-7-2}$$

式中:N——给定标尺的硬度值;

h——卸除主试验力,在初始试验力下压痕残留的深度(mm);

s——给定标尺的单位(mm)。

二、钢材的工艺性能

1. 冷弯性能

冷弯性能是指钢材在常温条件下承受弯曲变形的能力,可以反映钢材内部组织是否存在不均匀内应力和杂质等缺陷。

冷弯试验是将厚度(或直径)为 a 的试件,采用标准规定的弯心直径 d 弯曲到规定的角度(90°或180°)时(图1-7-3),试件弯曲处不发生裂缝、裂断或起层,即认为冷弯性能合格。试验时,试件弯曲的角度(α)越大,弯心直径与试件厚度(或直径)的比值(d/a)越小,则表示对钢材的冷弯性能要求越高。

2. 焊接性能

建筑工程中,钢材间的连接90%以上采用焊接方式。因此,要求钢材应有良好的焊接性能。焊接性是指在一定的焊接工艺条件下,在焊缝及附近过热区不产生裂缝及硬脆倾向。焊接的质量取决于钢材与焊接材料的焊接性及其焊接方式。

钢材的焊接性受其化学成分及其含量的影响。含碳量小的碳素钢具有良好的焊接性,硫、磷及气体杂质使焊接性降低,加入过多的合金元素,也可降低焊接性。一般焊接结构用钢应注意选用含碳量较低的氧气转炉或平炉镇静钢。对于高碳钢及合金钢,为了改善焊接性能,焊接时一般要采用焊前预热及焊后热处理等措施。

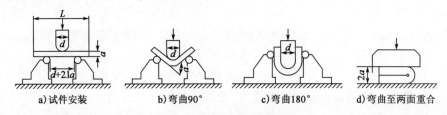

图 1-7-3　钢材的冷弯示意图

钢材的焊接方式主要有两种:钢结构焊接用的电弧焊和钢筋焊接用的接触对焊。在焊接过程中,钢材在很短的时间内达到很高的温度,使局部金属熔融,由于金属的传热性好,所以在被焊区域,往往伴随温度的急速升高和下降及体积的急剧膨胀和收缩,易产生内应力、变形及内部组织的变化,形成焊接缺陷,如裂纹、气孔、夹杂物等,影响钢材的强度、塑性、韧性和耐疲劳性。因此,必须正确选择焊接方法,控制焊接工艺参数。

钢材焊接后必须取样进行焊接质量检验,一般包括拉伸试验和冷弯试验,要求试验时试件的断裂不能发生在焊接处。

3. 冷加工和时效处理

(1) 冷加工强化处理

将钢材在常温下进行冷拉、冷拔或冷轧,使之产生塑性变形,从而提高屈服强度,但钢材的塑性、韧性及弹性模量则会降低,这个过程称为冷加工强化处理。

建筑工地或预制构件厂常对钢筋或低碳钢盘条按一定要求进行冷拉或冷拔加工,提高屈服强度以达到节约钢材的目的。

冷拉是将热轧钢筋用冷拉设备加力张拉,使之伸长。钢筋经冷拉后屈服强度可提高 20%~30%,可节约钢材 10%~20%,但屈服阶段缩短,伸长率降低,材质变硬。

冷拔是将光面圆钢筋通过硬质合金拔丝模孔强行拉拔,每次拉拔断面缩小应在 10% 以上。钢筋在拉拔过程中,不仅受拉,同时还受到挤压作用。经过一次或多次冷拔后的钢筋,表面光洁度高,屈服强度提高 40%~60%,但塑性大大降低,具有硬钢性质。

(2) 时效处理

将冷加工处理后的钢筋,在常温下存放 15~20d,或加热至 100~200℃ 后保持一定时间 (2~3h),其屈服强度进一步提高,且抗拉强度也提高,同时塑性和韧性也进一步降低,弹性模量则基本恢复,这个过程称为时效处理。前者称为自然时效,后者称为人工时效。

冷拉和时效处理后钢筋性能的变化规律,可由拉伸试验的应力—应变图得到反映 (图 1-7-4)。

图 1-7-4 中 $OBDE$ 为未经冷拉和时效处理试件的应力—应变曲线。若将试件拉伸至超过

屈服点后的 K 点，然后卸载，由于试件已产生塑性变形，故卸载曲线将沿着 KO' 下降，大致 KO' 与 BO 平行。若卸载后立即再拉伸，则新的屈服点将高达 K 点。以后的应力—应变关系将与 KDE 相似。这表明钢筋经冷拉后，其屈服点将提高。若在 K 点卸载后，不立即拉伸，而是对试件进行时效处理，然后再拉伸，则其屈服点将升高至 K' 点。继续拉伸，曲线将沿着 K'D'E' 发展。这说明钢筋经冷拉时效处理以后，屈服点和抗拉强度都得到提高，塑性和韧性则相应降低。

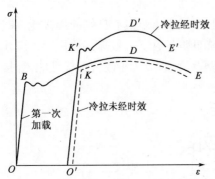

图 1-7-4　钢材冷拉时效后应力—应变图的变化

4. 钢材的热处理

热处理是按照一定的规程，对钢材进行加热、保温和冷却，使得钢材的性能按要求而改变的过程。常用的热处理方法有淬火、回火、退火和正火等。

(1) 淬火

将钢加热到 723~910℃（依含碳量而定）的某一温度，保温使其晶体组织完全转变后，立即在水或油中淬冷的工艺过程，称为淬火。淬火后的钢材，强度和硬度大为提高，塑性和韧性明显下降。

(2) 回火

将淬火后的钢材在 723℃ 以下的温度范围内重新加热，保温后按一定速度冷却至室温的过程，称为回火。回火可消除淬火产生的内应力，恢复塑性和韧性，使硬度下降。

(3) 退火

将钢材加热到 723~910℃（依含碳量而定）的某一温度，然后在退火炉中保温、缓慢冷却的工艺过程，称为退火。退火能消除钢材中的内应力，改善钢的显微结构，细化晶粒，降低硬度，提高塑性和韧性。

(4) 正火

正火是将钢材加热到 723~910℃ 或更高温度，然后在空气中冷却的工艺过程。正火处理的钢材，能获得均匀细致的显微结构，与退火相比，钢材的强度和硬度提高，但塑性较退火要小。

三、钢材的化学性能

除铁、碳外，钢材在冶炼过程中会从原料、燃料中引入一些其他的元素。钢材的成分对性能有重要影响。这些成分可分为两类：一类能改善优化钢材的性能称为合金元素，主要有硅、锰、钛、钒等；另一类能劣化钢材的性能，属钢材的杂质，主要有氧、氮、硫、磷等。

1. 碳

碳是钢中除铁之外含量最多的元素，是决定钢性能的主要元素。含碳量小于 0.8% 的碳素钢，随着含碳量的增加，钢的抗拉强度和硬度提高，而塑性及冲击韧性则降低。

2. 锰

锰是低合金钢的重要合金元素，它可减轻硫的有害作用，消除钢的热脆性，改善热加工性能。钢中含锰量增加时，其强度、硬度和耐磨性都提高。碳钢中锰的含量一般低于 0.8%。

3. 硅

硅在钢中也是一种有益元素，是作为脱氧剂存在于钢中。硅含量很少时，仅作为少量杂质存在，对钢的性能无显著影响。随着硅含量的增加，钢的强度、弹性及硬度都升高，而韧性、塑性及锻造和焊接性均降低。碳钢中含硅量通常小于0.35%。

4. 硫

硫是由炼钢原料带入钢中的有害元素。硫的含量虽然很低，但它的存在使钢产生热脆性，对热加工和焊接不利，并降低耐腐蚀性。

5. 磷

磷是由炼钢原料带入钢中的有害元素。磷会显著降低钢材的塑性、韧性、冷弯性能和焊接性能，特别是低温下冲击韧性下降更为明显，常把这种现象称为冷脆性。但磷可使钢材的强度、耐蚀性提高。因此，钢中含磷量要严格控制。

6. 氧、氮

氧、氮都是钢中的有害元素，能显著降低钢的塑性、韧性、冷弯性能和焊接性。

第三节 钢筋混凝土结构用钢

桥梁工程中所使用的钢材有钢结构用钢和钢筋混凝土用钢，其中钢结构用钢主要有各种型钢、钢板、钢管等，钢筋混凝土结构用钢主要是各种钢筋、钢丝等。由于桥梁结构需要承受车辆荷载的作用，同时需要经受各种大气条件的严峻考验，对于桥梁结构用钢要求其具有良好的强度、塑性和冲击韧性，良好的焊接性和冷弯加工性能，能抵抗钢筋在外环境中产生锈蚀的性能等。本节将主要介绍桥梁常用的钢筋混凝土结构用钢，主要有热轧钢筋、冷轧带肋钢筋、冷轧扭钢筋、预应力混凝土用热处理钢筋、钢丝和钢绞线等。

一、热轧钢筋

钢筋混凝土用热轧钢筋按其表面形状分为光圆钢筋和带肋钢筋。

1. 热轧光圆钢筋

热轧光圆钢筋是指经热轧成型，横截面通常为圆形，表面光滑的成品钢筋，钢筋的公称直径范围为6～22mm。

热轧光圆钢筋的牌号由HPB和屈服强度特征值构成，H、P、B分别为热轧(Hot rolled)、光圆(Plain)、钢筋(Bars)三个词的英文首位字母。热轧光圆钢筋的牌号有HPB235和HPB300。

HPB235级钢筋用碳素结构钢轧制，具有塑性好，伸长率高，便于弯折成形等特点，可用作中小型钢筋混凝土结构的受力钢筋或箍筋。

按照《钢筋混凝土用钢 第1部分：热轧光圆钢筋》(GB 1499.1—2008)的规定，热轧光圆钢筋的力学性能特征值与工艺性能要求见表1-7-1。

2. 热轧带肋钢筋

热轧带肋钢筋是用低合金结构钢轧制，横截面为圆形，且表面通常有两条纵肋和沿长度方向均匀分布的横肋的钢筋。钢筋的公称直径范围为6～50mm。

热轧带肋钢筋按晶粒度又分为普通热轧钢筋HRB和细晶粒热轧钢筋HRBF。H、R、B分别为热轧(Hot rolled)、带肋(Ribbed)、钢筋(Bars)三个词的英文首位字母；HRBF中的F为细晶粒(Fine)英文首位字母。普通热轧钢筋牌号由HRB和屈服强度特征值构成，有HRB335、HRB400、HRB500；细晶粒热轧钢筋牌号由HRBF和屈服强度特征值构成，有HRBF335、HRBF400、HRBF500。

热轧光圆钢筋的力学性能特征值与工艺性能 表1-7-1

牌号	公称直径 d (mm)	屈服强度(MPa)	抗拉强度(MPa)	伸长率(%)	弯心直径
		不小于			
HPB235	6~22	235	370	25.0	d
HPB300		300	420		

HRB335级和HRB400级钢筋的强度、塑性及焊接的综合性能较好，可用于大、中型如桥梁、水坝等构件中，目前提倡用HRB400级钢筋作为我国钢筋混凝土结构的主力钢筋。HRB500钢筋强度高，但塑性和焊接性能较差，多用作预应力钢筋。

按照《钢筋混凝土用钢　第2部分：热轧带肋钢筋》(GB1 499.2—2007)的规定，热轧带肋钢筋的力学性能特征值与工艺性能要求见表1-7-2。

热轧带肋钢筋的力学性能特征值与工艺性能 表1-7-2

牌号	公称直径 d (mm)	屈服强度(MPa)	抗拉强度(MPa)	伸长率(%)	弯心直径
		不小于			
HRB335, HRBF335	6~25	335	455	17	3d
	28~40				4d
	>40~50				5d
HRB400, HRBF400	6~25	400	540	16	4d
	28~40				5d
	>40~50				6d
HRB500, HRBF500	6~25	500	630	15	6d
	28~40				7d
	>40~50				8d

二、冷轧带肋钢筋

冷轧带肋钢筋是热轧圆盘条经冷轧后，在其表面带有沿长度方向均匀分布的三面或两面横肋的钢筋。钢筋的公称直径范围为4~12mm。

按照《冷轧带肋钢筋》(GB 13788—2008)中的规定，冷轧带肋钢筋的牌号由CRB和钢筋的抗拉强度最小值构成。C、R、B分别为冷轧(Cold rolled)、带肋(Ribbed)、钢筋(Bars)三个词的英文首位字母。冷轧带肋钢筋分为CBR550、CBR650、CBR800和CBR970四个牌号。冷轧带肋钢筋的力学性能和工艺性能应符合表1-7-3的要求。

冷轧带肋钢筋的强度高、塑性好，综合力学性能优良；具有较强的握裹力；节约钢材，成本低。其中CBR550级钢筋作为钢筋混凝土结构构件的受力主筋、架立筋和构造钢筋最适宜。其余钢筋多用作中、小型预应力混凝土结构构件的受力主筋。

冷轧带肋钢筋力学性能和工艺性能 表1-7-3

牌号	屈服强度（MPa）不小于	抗拉强度（MPa）不小于	伸长率(%) 不小于		弯曲试验 180°	反复弯曲次数	应力松弛初始应力应相当于公称抗拉强度的70% 1 000h松弛率(%) 不大于
			$A_{11.3}$	A_{100}			
CBR550	500	550	8.0	—	$D=3d$	—	—
CBR650	585	650	—	4.0	—	3	8
CBR800	720	800	—	4.0	—	3	8
CBR970	875	970	—	4.0	—	3	8

三、冷轧扭钢筋

冷轧扭钢筋是采用低碳热轧盘钢（Q235）经冷扎扁和冷扭转而成的具有连续螺旋状的钢筋。该钢筋刚度大，不宜变形，与混凝土的握裹力大，无须加工，可直接用于混凝土工程，节约钢材30%。使用冷轧扭钢筋可减少板的设计厚度、减轻自重、施工时可按需要将成品钢筋直接供应现场铺设，免除现场加工钢筋，改变了传统加工钢筋占用场地、不利于机械化生产的弊端。冷轧扭钢筋主要适用于板和小梁等构件。根据《冷轧扭钢筋》（JG 190—2006）规定，冷轧扭钢筋的力学性能和工艺性能应符合表1-7-4的要求。

冷轧扭钢筋的力学性能和工艺性能 表1-7-4

强度等级	型号	抗拉强度σ_b（N/mm²）	伸长率A（%）	180°弯曲试验（弯心直径=3d）	应力松弛率(%)（当$\sigma_{con}=0.7f_{ptk}$）	
					10h	1 000h
CTB550	Ⅰ	≥550	$A_{11.3}$≥4.5	受弯曲部位钢筋表面不得产生裂纹	—	—
	Ⅱ	≥550	A≥10		—	—
	Ⅲ	≥550	A≥12		—	—
CTB650	Ⅲ	≥650	A_{100}≥4		≤5	≤8

注：1. CTB为冷扎扭钢筋名称代号，其中近似矩形截面为Ⅰ型，近似正方形截面为Ⅱ型，近似圆形截面为Ⅲ型。
2. d 为冷轧扭钢筋标志直径。
3. A、$A_{11.3}$分别表示以标距5.65$\sqrt{S_0}$ 或11.3$\sqrt{S_0}$（S_0为试样原始截面面积）的试样拉断伸长率，A_{100}表示为标距为100mm 的试样拉断伸长率。
4. σ_{con}为预应力钢筋张拉控制应力，f_{ptk}为预应力冷轧扭钢筋抗拉强度标准值。

四、预应力混凝土用热处理钢筋

预应力混凝土用热处理钢筋是用热轧带肋钢筋经淬火和回火调质热处理而成。热处理钢筋成盘供应。

预应力混凝土用热处理钢筋的强度高，可代替高强钢丝使用；锚固性好，预应力值稳定。开盘后可自然伸直，不需调直。使用时应按所需长度切割，不能用电焊或氧气切割，也不能焊接，以免引起强度下降或脆断。其主要用于预应力钢筋混凝土轨枕，也用于预应力梁、板结构及吊车等。

五、预应力混凝土用钢丝和钢绞线

1. 预应力混凝土用钢丝

预应力混凝土用钢丝是用优质碳素结构钢盘条，经冷加工和热处理等工艺制成。根据

《预应力混凝土用钢丝》(GB/T 5223—2014)的规定,预应力钢丝按加工状态分为冷拉钢丝(WCD)和低松弛钢丝(WLR);预应力钢丝按外形分为光圆钢丝(代号为 P)、螺旋肋钢丝(代号为 H)、刻痕钢丝(代号为 I)三种。

预应力混凝土用钢丝的标记方式为:预应力钢丝直径—抗拉强度等级—加工状态代号—外形代号—标准号。例如:"预应力钢丝 4.00-1670-WCD-P-GB/T 5223—2014"表示直径是 4.00mm、抗拉强度为 1 670MPa 冷拉光圆钢丝。

2. 预应力混凝土用钢绞线

预应力混凝土用钢绞线是以数根优质碳素结构钢丝以绞捻和消除内应力的热处理而制成,与混凝土的黏结力较好。

根据《预应力混凝土用钢绞线》(GB/T 5224—2014)的规定,用于预应力混凝土的钢绞线按其结构分为 8 类,其代号为:(1×2)用两根钢丝捻制的钢绞线;(1×3)用三根钢丝捻制的钢绞线;(1×3I)用三根刻痕钢丝捻制的钢绞线;(1×7)用七根钢丝捻制的标准型钢绞线;(1×7I)用六根刻痕钢丝和一根光圆中心钢丝捻制的钢绞线;(1×7)C 用七根钢丝捻制又经模拔的钢绞线。(1×19S)用十九根钢丝捻制的 1+9+9 西鲁式钢绞线;(1×19W)用十九根钢丝捻制的 1+6+6/6 瓦林吞式钢绞线。

钢绞线的产品标记为:预应力钢绞线结构代号—公称直径—强度级别—标准号。如公称直径为 15.20mm,强度级别为 1 860MPa 的七根钢丝捻制的标准型钢绞线,其记号为:预应力钢绞线 1×7-15.20-1860-GB/T 5224—2014。

第四节 钢材的腐蚀与防止

一、钢材的腐蚀

钢材的腐蚀是指钢的表面与周围介质发生化学作用或电化学作用而遭到破坏。腐蚀不仅使钢材的有效截面积均匀减少,承载力降低,而且还会产生局部锈坑,引起应力集中,易导致结构破坏。若受到冲击荷载或反复荷载的作用,将产生锈蚀疲劳,使疲劳强度大大降低,甚至出现脆性断裂。根据钢材与环境介质的作用原理,腐蚀可分为化学腐蚀和电化学腐蚀。

1. 化学腐蚀

化学腐蚀是指钢材与干燥气体及非电解质液体的反应而产生的腐蚀,这种腐蚀通常为氧化作用,使钢被氧化形成疏松的氧化物(如氧化铁等)。在常温下,钢材表面形成一层氧化保护膜(FeO),可以起到一定的防止钢材锈蚀的作用,故在干燥环境中,钢材腐蚀进行很慢。但在环境潮湿或温度较高时,化学腐蚀进展加快。

2. 电化学腐蚀

电化学腐蚀是指钢材与电解质溶液接触而产生电流,形成原电池而产生的腐蚀。钢材本身含有铁、碳等多种成分,由于它们的电极电位不同,形成许多原电池。当凝聚在钢材表面的水分溶入 CO_2、SO_2 等气体后,就形成电解质溶液。铁较碳活泼,因而铁称为阳极,碳成为阴极,阴阳两极通过电解质溶液连接,使电子产生流动。在阳极,铁失去电子成为 Fe^{2+} 后进入水膜;在阴极,溶于水的氧被还原为 OH^-。同时 Fe^{2+} 与 OH^- 结合成为 $Fe(OH)_2$,并进一步被氧化成为疏松的红色铁锈 $Fe(OH)_3$,使钢材受到腐蚀。电化学腐蚀是钢材在使用及存放过程中发生腐蚀的主要形式。

钢材锈蚀时,伴随体积增大,最严重的可达原体积的 6 倍,在钢筋混凝土中,会使周围的混凝土胀裂。埋入混凝土中的钢材,由于混凝土的碱性介质(新浇混凝土的 pH 值为 12 左右)在钢材表面形成碱性保护膜,阻止锈蚀继续发展,故混凝土中的钢材一般不易锈蚀。

二、腐蚀的防止

1. 采用耐候钢

耐候钢即耐大气腐蚀钢,是在碳素钢中加入少量的 Cu、P、Cr、Ni 等合金元素而制成。这种钢在大气作用下,能在表面形成一种致密的防腐保护层,起到耐腐蚀作用,同时保持钢材良好的焊接性能。耐候钢的强度等级级别与常用碳素钢和低合金钢一致,技术指标也接近,但其耐腐蚀的能力却高出数倍。

2. 涂敷保护层

保护层涂敷在钢材的表面,可以使钢与周围介质隔离,从而防止锈蚀。分金属保护法和非金属保护法。

金属保护层法是用耐腐蚀性较强的金属,以电镀或喷镀方法覆盖钢材表面来提高抗腐蚀能力的方法。如镀锡、镀锌、镀铬等。

非金属保护法是在钢材表面经除锈后,涂上涂料加以保护的方法。涂料通常分为底漆、中间漆和面漆。底漆要求有比较好的附着力和防锈能力,中间漆为防锈漆,面漆要求有较好的牢度和耐候性,以保护底漆不受损伤或风化。一般应采用两道底漆(或一道底漆和一道中间漆)与两道面漆,要求高时可增加一道中间漆或面漆。

3. 阴极保护法

阴极保护法是根据电化学原理进行保护的一种方法,这种方法可通过以下两种途径来实现。

(1)外加电流保护法

在钢结构的附近埋设一些废钢铁,外加直流电源,将阴极接在被保护的钢结构上,阳极接在废钢上。通电后废钢铁成为阳极而被腐蚀,钢结构成为阴极而被保护。

(2)牺牲阳极保护法

在被保护的钢结构上连接一块比铁更为活泼的金属,如锌、镁,使锌、镁成为阳极而被腐蚀,钢结构成为阴极而被保护。

4. 掺入阻锈剂

在正常的混凝土中,pH 值约为 12,这时钢材表面能形成碱性氧化膜(钝化膜),对钢筋起保护作用。若混凝土碳化后,由于碱度降低(中性化)会失去对钢筋的保护作用。此外,混凝土中氯离子达到一定浓度,也会严重破坏表面的钝化膜。

为防止钢筋锈蚀,应保证混凝土的密实度以及钢筋外侧混凝土保护层的厚度,在二氧化碳浓度高的工业区,采用硅酸盐水泥或普通硅酸盐水泥,限制含氯盐外加剂掺量,并使用混凝土用钢筋防锈剂。预应力混凝土应禁止使用含氯盐的集料和外加剂。钢筋涂覆环氧树脂或镀锌也是一种有效的防锈措施。

◀ **本章小结** ▶

在公路工程中,建筑钢材主要应用于桥梁钢结构、钢筋混凝土和预应力钢筋混凝土结构中。钢材的技术性质主要包括力学性能、工艺性能和化学性能等。力学性能主要有抗拉性能、冲击韧性、耐疲劳性和硬度等;工艺性能包括冷弯性能、焊接性能、冷加工和热处理等。钢材的强度等级主要根据抗拉性能(屈服强度、抗拉强度、伸长率)和冷弯性能来决定。

桥梁建筑用钢分为钢结构用钢和钢筋混凝土用钢。常用的钢筋混凝土用钢有热轧钢筋、冷轧带肋钢筋、冷轧扭钢筋、热处理钢筋、钢丝和钢绞线等。桥梁建筑用钢要求具有较高的强度、良好的塑性、焊接性和冲击韧性。

◇ **思考与练习** ◇

一、填空题

1. 建筑钢材按化学成分分为_____钢和_____钢。
2. 钢材随着其含碳量的增加,强度_____,而塑性和冲击韧性_____。
3. 使钢材产生热脆性的有害元素是_____,使钢材产生冷脆性的有害元素是_____。
4. 拉伸试验通过测得_____、_____和_____等指标来反映钢材的力学性能。
5. 钢材的屈强比较小时,说明钢材的可靠性_____,但有效利用率_____。
6. 既能反映钢筋的冷加工性能,又能反映其内部组织缺陷的试验是_____。
7. 将冷加工处理后的钢筋,在常温下存放15~20d,这个过程称_____;若加热至100~200℃后保持一定时间(2~3h),这个过程称_____。
8. "HRB400"表示为钢筋_____为400MPa。
9. 钢筋经过冷加工处理后,_____和_____将提高,_____和_____将降低。
10. 钢筋的腐蚀可分为_____和_____,其中以_____为主。

二、判断题

1. 氧在钢中为不利元素,根据炼钢时脱氧程度不同,钢材可分为沸腾钢、镇静钢、半镇静钢和特殊镇静钢。( )
2. 结构设计中,通常以钢材的抗拉强度作为设计计算的依据。( )
3. δ_5 是表示钢筋拉伸至变形达5%时的伸长率。( )
4. 钢材的冲击韧性值 α_k 越大,表示钢材抵抗冲击荷载的能力越低。( )
5. 钢筋经过冷拉时效处理后,屈服强度和抗拉强度都会提高。( )
6. 桥梁用钢应选择强度和硬度较高的钢材。( )
7. 钢材的质量等级是根据其所含有害杂质硫、磷的含量来划分的。( )
8. 能承受弯曲角度大,弯心直径大的冷弯试验不破坏的钢材,其冷弯性能好。( )
9. 热轧钢筋的牌号是根据其屈服强度来划分的。( )

第八章 土工合成材料

【职业能力目标】

能识别主要的土工合成材料产品。

【知识目标】

1. 了解材料土工合成材料的分类及主要产品的用途;
2. 掌握土工合成材料的主要作用。

土工合成材料是指以人工合成或天然聚合物为原料制成的工程材料的总称,其主要品种有土工织物、土工膜、土工复合材料、土工特种材料等。通常土工合成材料采用塑料、化纤、合成橡胶等原料,制成各种类型的产品,置于土体内部、表面或各种土体之间,发挥加强或保护土体的作用。

一、土工合成材料的分类

根据《公路土工合成材料应用技术规范》(JTG/T D32—2012)土工合成材料可分为四个大类,见表1-8-1。

土工合成材料类型　　　　表1-8-1

大类		亚类	典型品种
土工合成材料	土工织物	有纺(织造 woven)	机织(含编织)、针织等
		无纺(非织造 non-woven)	针刺、热刺、化黏等
	土工膜	聚合物土工膜	
	土工复合材料	复合土工膜	一布一膜、两布一膜等
		复合土工织物	
		复合防排水材料	排水板(带)、长丝热黏排水体、排水管、防水卷材、防水板等

续上表

大类	亚类		典型品种
土工合成材料	土工特种材料	土工格栅	塑料土工格栅（单向、双向、三向土工格栅）、经编土工格栅、黏结（焊接）土工格栅等
		土工带	塑料土工加筋带、钢塑土工加筋带等
		土工格室	有孔型、无孔型
		土工网	平面土工网、三维土工网（土工网垫）等
		土工模袋	机织模袋、针织模袋等
		超轻型合成材料	如泡沫聚苯乙烯板块（EPS）
		土工织物膨润土垫（GCL）	
		植生袋	

土工合成材料主要的产品类型有以下几种：

1. 土工织物

土工织物为透水性的平面土工合成材料，又称土工布。主要包括无纺土工织物、有纺土工织物。无纺土工织物是由短纤维或长丝按定向排列或非定向排列结合在一起的织物。按照联结纤维的方法不同，可分为化学（黏结剂）联结、热力联结和机械联结三种。其主要优点是强度没有明显的方向性，对变形的适应性较大。当前世界上80%的土工织物属于这种类型。有纺土工织物是由纤维纱长丝按一定方向交织而成的织物，其沿经线和纬线的强度高，而与经纬线斜交的方向强度低。

土工织物突出的优点是：重量轻，整体连续性好（可做成较大面积的整体），施工方便，抗拉强度较高，耐腐蚀和抗微生物侵蚀性好。缺点是未经特殊处理，抗紫外线能力低，如暴露受到紫外线直接照射容易衰老，但如不直接暴露，抗老化及耐久性仍是较高的。

土工织物可用于两种介质间的隔离、路基防排水、防沙固沙、构造物表面防腐、路面裂缝防治等；高强度的土工织物还可用于加筋。

2. 土工膜

土工膜是由聚合物制成的一种相对不透水的薄膜。土工膜的不透水性很好，弹性和适应变形的能力很强，能承受不同的施工条件和工作应力，具有良好的耐老化能力，处于水下和土中的土工膜的耐久性尤为突出。土工膜具有突出的防渗和防水性能。

由土工织物和土工膜制成的复合土工膜可用于路基防水、盐渍土隔离等。

3. 复合排水材料

（1）排水板（带）

排水板（带）是由不同凸凹截面形状、具有连续排水通道的合成材料芯材，外包无纺土工织物构成的复合排水材料。宽度大于100mm的称为排水板，小于或等于100mm的称为排水带。

排水带（图1-8-1）是我国常用的排水材料，主要用于插入软弱地基中加速地基的固结排水，增强地基强度；排水板（图1-8-2）主要用于路侧排水、支挡结构内部排水。

图1-8-1 排水带　　　　　　　　　图1-8-2 排水板

（2）长丝热黏排水体

长丝热黏排水体是由高分子聚合物长丝经热黏堆缠成不同形状的排水芯，外包土工织物构成的复合排水材料，又称速排龙或塑料排水盲沟（图1-8-3）。其强度较低，适应变形能力较差。

（3）透水软管

透水软管是以经防腐处理、外覆高分子聚合物的弹簧钢丝或其他高强材料丝为骨架，外包土工织物构成的复合排水材料，又称为软式透水管（图1-8-4），其管径一般为30~150mm。

图1-8-3 塑料排水盲沟　　　　　　图1-8-4 透水软管

透水软管具有环刚度较高、适应能力强、易于安装的特点，主要用于路基边坡仰斜排水、路基支挡结构内部排水，以及与碎石渗沟联合使用增强渗沟排水能力等。

（4）透水硬管

透水硬管是以高分子聚合物或其他材料制成的多孔管材为芯材，外包土工织物构成的复合排水材料，又称硬式透水管。目前透水硬管在公路工程中应用不多。

（5）缠绕式排水管

缠绕式排水管是聚乙烯或其他高分子材料挤出的带材，或在其中加入其他材料的带材，经缠绕焊接制成的排水管材。它具有较高的环刚度，适应变形能力强，可形成各种不同的口径，主要用于工程内部排水。

4. 土工格栅

土工格栅(图1-8-5)是具有高强度,其开孔可容周围土、石或其他土工材料穿入,用于加筋的平面材料(图1-8-5),包括塑料拉伸土工格栅、经编土工格栅、黏结或焊接土工格栅等。同时土工格栅又是一种质量轻,具有一定柔性的平面网材,易于现场裁剪和连接,也可重叠搭接,施工简便,不需要特殊的施工机械和专业技术人员。

土工格栅可用于路面加筋、路基不均匀沉降防治、特殊土路基处治、地基处理等。玻璃纤维格栅可用于路面裂缝防治。

5. 土工带

土工带是经挤压拉伸或再加筋制成的条带抗拉材料,包括塑料土工带、钢塑土工带等。可用于有面板的加筋土挡墙。

6. 土工格室

土工格室(图1-8-6)是由长条形塑料片材或在其中加入钢丝、玻璃纤维、碳纤维的片材,通过焊接、插件或扣件等方式连接,展开后构成蜂窝状或网格状的立体结构材料。

图1-8-5 土工格栅

图1-8-6 土工格室

在公路工程中,土工格室主要有两种用途:其一是在格室内回填岩土后形成具有一定厚度、整体性较好的复合垫层,用于软基等不良地基顶部,形成施工平台,也起到加筋作用,高强度的土工格室可用于路基内部加筋;其二是在格室内回填种植土,形成具有一定厚度,利于植物生长的种植层,用于路基边坡生态防护。

7. 土工网

土工网是高分子聚合物经挤压制成的网状材料或其他材料经编织形成的网状材料。包括塑料平面土工网、经编平面土工网、塑料三维土工网、经编三维土工网等。土工网主要用于路基边坡生态防护。

8. 土工模袋

土工模袋是双层聚合化纤织物制成的连续或单独的袋状材料。可用高压泵将混凝土或砂浆灌入其中,形成板状或其他形状的防护结构。土工模袋主要用于路基冲刷防护等。

9. 泡沫聚苯乙烯板块(EPS)

泡沫聚苯乙烯板块是由聚苯乙烯加入发泡剂膨胀经模塑或挤压制成的板块。具有质量轻、耐热、抗压性能好、吸水率低、自立性好等优点,常用于桥头或软土路段,作路基不均匀沉降防治或地基处理。

10. 植生袋

植生袋是采用孔隙率为70%~99.5%的多功能过滤毯状纤维,运用针刺法和喷胶法生产出的,内含草种、灌木种、培养料、保水剂和肥料等绿化辅料的袋状材料。植生袋主要用于路基边坡生态防护。

11. 土工织物膨润土垫(GCL)

土工织物膨润土垫是土工织物或土工膜间包入膨润土或其他低透水性材料,并通过针刺、缝接或化学黏结制成的一种防水材料。

二、土工合成材料的主要作用

1. 反滤及排水作用

把土工织物置于土体表面或相邻土层之间,可以有效地阻止土颗粒通过,从而防止由于土颗粒的过量流失而造成土体的破坏。同时允许土中的水或气体通过织物自由排出,以免由于孔隙水压力的升高而造成土体的失稳等不利后果。

有些土工合成材料可以在土体中形成排水通道(图1-8-7),把土中的水分汇集起来,沿着材料的平面排出体外。较厚的针刺型无纺织物和某些塑料排水管道或具有较多空隙的复合型土工合成材料都可以起排水作用。

2. 加筋作用

土工合成材料埋在土体中,可以扩散土体的应力,传递拉应力,限制土体侧向位移;还可以增加土体与其他材料之间的摩阻力,提高土体及有关建筑物的稳定性。土工织物、土工格栅(图1-8-8)及一些特种或复合型的土工合成材料,都具有加筋功能。

图1-8-7 排水带处理软土地基

图1-8-8 土工格栅加筋挡土墙

3. 隔离作用

有些土工合成材料能够把两种不同粒径的土、砂、石料,或把土、砂、石料与地基或其他建筑物隔离开来,以免互相混杂。

4. 防渗作用

土工膜和复合型土工合成材料,可以防止液体的渗漏、气体的挥发,保护环境或建筑物的安全。

5. 防护作用

多种土工合成材料对土体或土面，可以起到防护作用，如图1-8-9、图1-8-10所示。

图1-8-9　植生袋植草护坡

图1-8-10　土工模袋防护河岸冲刷

◀ 本章小结 ▶

土工合成材料通常是指采用塑料、化纤、合成橡胶等原料制成的各种类型的产品，可分为四大类：土工织物、土工膜、土工复合材料、土工特种材料等。土工合成材料可置于土体内部、表面或各种土体之间，起到反滤、排水、加筋、隔离、防渗、防护等作用。

◇ 思考与练习 ◇

一、填空题

1. 以人工合成或天然聚合物为原料制成的工程材料的总称为＿＿＿＿。
2. 土工合成材料分为＿＿＿＿、＿＿＿＿、＿＿＿＿、＿＿＿＿四类。
3. 土工织物为透水性的平面土工合成材料，又称＿＿＿＿。
4. 土工合成材料的主要作用有＿＿＿＿、＿＿＿＿、隔离、防渗、防护等。

第二篇

试　　验

第一章 砂石材料试验

试验一 细集料表观密度试验(容量瓶法) (JTG E42 T 0328—2005)

试验教学

一、目的与适用范围

用容量瓶法测定细集料(天然砂、石屑、机制砂)在23℃时对水的表观相对密度和表观密度。本方法适用于含有少量大于2.36mm部分的细集料。

二、仪器设备

(1)天平:称量1kg,感重不大于1g。
(2)容量瓶:500mL。
(3)烘箱:能控温在105℃±5℃。
(4)烧杯:500mL。
(5)洁净水。
(6)其他:干燥器、浅盘、铝制料勺、温度计等。

三、试样准备

将缩分至650g左右的试样在温度为105℃±5℃的烘箱中烘干至恒量,并在干燥器内冷却至室温,分成两份备用。

四、试验步骤

(1)称取烘干的试样约300g(m_0),装入盛有半瓶洁净水的容量瓶中。
(2)摇转容量瓶,使试样在已保温至23℃±1.7℃的水中充分搅动以排除气泡,塞紧瓶塞,在恒温条件下静置24h左右,然后用滴管添水,使水面与瓶颈刻度线平齐,再塞紧瓶塞,擦干瓶

185

外水分,称其总质量(m_2)。

(3)倒出瓶中的水和试样,将瓶的内外表面洗净,再向瓶内注入同样温度的洁净水(温相差不超过2℃)至瓶颈刻度线,塞紧瓶塞,擦干瓶外水分,称其总质量(m_1)。

注:在砂的表观密度试验过程中应测量并控制水的温度,试验期间的温差不得超过1℃。

五、计算

(1)细集料的表观相对密度按式(2-1-1)计算至小数点后3位。

$$\gamma_a = \frac{m_0}{m_0 + m_1 - m_2} \quad (2\text{-}1\text{-}1)$$

式中:γ_a——细集料的表观相对密度,无量纲;
m_0——试样的烘干质量(g);
m_1——水及容量瓶总质量(g);
m_2——试样、水及容量瓶总质量(g)。

(2)表观密度 ρ_a 按式(2-1-2)计算,精确至小数点后3位。

$$\rho_a = \gamma_a \cdot \rho_T \quad \text{或} \quad \rho_a = (\gamma_a - \alpha_T) \cdot \rho_w \quad (2\text{-}1\text{-}2)$$

式中:ρ_a——细集料的表观密度(g/cm^3);
ρ_w——水在4℃时的密度(g/cm^3);
α_T——试验时水温对水密度影响的修正系数,见表2-1-1;
ρ_T——试验温度 T 时水的密度(g/cm^3),按表2-1-1取用。

不同水温时水的密度 ρ_T 及水温度修正系数 α_T　　表2-1-1

水温(℃)	15	16	17	18	19	20
水的密度 ρ_T(g/cm^3)	0.999 13	0.998 97	0.998 80	0.998 62	0.998 43	0.998 22
水温修正系数 α_T	0.002	0.003	0.003	0.004	0.004	0.005
水温(℃)	21	22	23	24	25	—
水的密度 ρ_T(g/cm^3)	0.998 02	0.997 79	0.997 56	0.997 33	0.997 02	—
水温修正系数 α_T	0.005	0.006	0.006	0.007	0.008	—

六、报告

以两次平行试验结果的算术平均值作为测定值,如两次结果之差值大于0.01g/cm^3时,应重新取样进行试验。

试验二　细集料堆积密度及紧装密度试验
(JTG E42 T 0331—1994)

一、目的与适用范围

测定砂自然状态下堆积密度、紧装密度及空隙率。

二、仪器设备

(1) 电子秤：称量5kg，感量5g。
(2) 容量筒：金属制，圆筒形，内径108mm，净高109mm，筒壁厚2mm，筒底厚5mm，容积约为1L。
(3) 标准漏斗。
(4) 烘箱：能控温在105℃±5℃。
(5) 其他：小勺、直尺、浅盘等。

三、试验准备

(1) 试样制备：用浅盘装来样约5kg，在温度为105℃±5℃的烘箱中烘干至恒量，取出并冷却至室温，分成大致相等的两份备用。

注：试样烘干后如有结块，应在试验前先予捏碎。

(2) 容量筒容积的校正方法：以温度为20℃±5℃的洁净水装满容量筒，用玻璃板沿筒口滑移，使其紧贴水面，玻璃板与水面之间不得有空隙。擦干筒外壁水分，然后称量，用式(2-1-3)计算筒的容积 V。

$$V = m_2' - m_1' \qquad (2\text{-}1\text{-}3)$$

式中：V——容量筒的容积(mL)；

m_1'——容量筒和玻璃板总质量(g)；

m_2'——容量筒、玻璃板和水总质量(g)。

四、试验步骤

1. 堆积密度

将试样装入漏斗中，打开底部的活动门，将砂流入容量筒中，也可直接用小勺向容量筒中装试样，但漏斗出料口或料勺距容量筒筒口均应为50mm左右，试样装满并超出容量筒筒口后，用直尺将多余的试样沿筒口中心线向两个相反方向刮平，称取质量(m_1)。

2. 紧装密度

取试样1份，分两层装入容量筒。装完一层后，在筒底垫放一根直径为10mm的钢筋，将筒按住，左右交替颠击地面各25下，然后再装入第二层。

第二层装满后用同样方法颠实(但筒底所垫钢筋的方向应与第一层放置方向垂直)。两层装完并颠实后，添加试样超出容量筒筒口，然后用直尺将多余的试样沿筒口中心线向两个相反方向刮平，称其质量(m_2)。

五、计算

(1) 堆积密度及紧装密度分别按式(2-1-4)和式(2-1-5)计算至小数点后3位。

$$\rho = \frac{m_1 - m_0}{V} \qquad (2\text{-}1\text{-}4)$$

$$\rho' = \frac{m_2 - m_0}{V} \qquad (2\text{-}1\text{-}5)$$

式中：ρ——砂的堆积密度(g/cm^3)；
　　ρ'——砂的紧装密度(g/cm^3)；
　　m_0——容量筒的质量(g)；
　　m_1——容量筒和堆积砂的总质量(g)；
　　m_2——容量筒和紧装砂的总质量(g)；
　　V——容量筒容积(mL)。

（2）砂的空隙率按式（2-1-6）计算，精确至0.1%。

$$n = \left(1 - \frac{\rho}{\rho_a}\right) \times 100\% \tag{2-1-6}$$

式中：n——砂的空隙率（%）；
　　ρ——砂的堆积或紧装密度(g/cm^3)；
　　ρ_a——砂的表观密度(g/cm^3)。

六、报告

以两次试验结果的算术平均值作为测定值。

试验三　细集料筛分试验
（JTG E42 T 0327—2005）

试验教学

一、目的与适用范围

测定细集料（天然砂、人工砂、石屑）的颗粒级配及粗细程度。对水泥混凝土用细集料可采用干筛法，如果需要也可采用水洗法筛分；对沥青混合料及基层用细集料必须用水洗法筛分。

注：当细集料中含有粗集料时，可参照此方法用水洗法筛分，但需特别注意保护标准筛筛面不遭损坏。

二、仪器设备

（1）标准筛。
（2）电子天平：称量1 000g，感量不大于0.5g。
（3）摇筛机。
（4）烘箱：能控温在105℃±5℃。
（5）其他：浅盘和硬、软毛刷等。

三、试验准备

根据样品中最大粒径的大小，选用适宜的标准筛，通常为9.5mm筛（水泥混凝土用天然砂）或4.75mm筛（沥青路面及基层用天然砂、石屑、机制砂等）筛除其中的超粒径材料。然后将样品在潮湿状态下充分拌匀，用分料器法或四分法缩分至每份不少于550g的试样两份，在105℃±5℃的烘箱中烘干至恒重，冷却至室温后备用。

注:恒量系指相邻两次称量间隔时间大于3h(通常不少于6h)的情况下,前后两次称量之差小于该项试验所要求的称量精密度,下同。

四、试验步骤

1. 干筛法试验步骤

(1)准确称取烘干试样约500g(m_1),准确至0.5g,置于套筛的最上面一只,即4.75mm筛上,将套筛装入摇筛机,摇筛约10min,然后取出套筛,再按筛孔大小顺序,从最大的筛号开始,在清洁的浅盘上逐个进行手筛,直到每分钟的筛出量不超过筛上剩余量的0.1%时为止,将筛出通过的颗粒并入下一号筛,和下一号筛中的试样一起过筛,以此顺序进行至各号筛全部筛完为止。

注:①试样如为特细砂时,试样质量可减少到100g。
　　②如试样含泥量超过5%,不宜采用干筛法。
　　③无摇筛机时,可直接用手筛。

(2)称量各筛筛余试样的质量,精确至0.5g。所有各筛的分计筛余量和底盘中剩余量的总量与筛分前的试样总量,相差不得超过后者的1%。

2. 水洗法试验步骤

(1)准确称取烘干试样约500g(m_1),准确至0.5g。

(2)将试样置一洁净容器中,加入足够数量的洁净水,将集料全部淹没。

(3)用搅棒充分搅动集料,将集料表面洗涤干净,使细粉悬浮在水中,但不得有集料从水中溅出。

(4)用1.18mm筛及0.075mm筛组成套筛。仔细将容器中混有细粉的悬浮液徐徐倒出,经过套筛流入另一容器中,但不得将集料倒出。

注:不可直接倒至0.075mm筛上,以免集料掉出损坏筛面。

(5)重复以上(2)~(4)步骤,直至倒出的水洁净且小于0.075mm的颗粒全部倒出。

(6)将容器中的集料倒入搪瓷盘中,用少量水冲洗,使容器上黏附的集料颗粒全部进入搪瓷盘中。将筛子反扣过来,用少量的水将筛上的集料冲洗入搪瓷盘中。操作过程中不得有集料散失。

(7)将搪瓷盘连同集料一起置于105℃±5℃烘箱中烘干至恒重,称取干燥集料试样的总质量(m_2),准确至0.1%。m_1与m_2之差即为通过0.075mm筛部分。

(8)将全部要求筛孔组成套筛(但不需0.075mm筛),将已经洗去小于0.075mm部分的干燥集料置于套筛上(通常为4.75mm筛),将套筛装入摇筛机,摇筛约10min,然后取出套筛,再按筛孔大小顺序,从最大的筛号开始,在清洁的浅盘上逐个进行手筛,直至每分钟的筛出量不超过筛上剩余量的0.1%时为止,将筛出通过的颗粒并入下一号筛,和下一号筛中的试样一起过筛,这样顺序进行,直至各号筛全部筛完为止。

注:如为含有粗集料的集料混合料,套筛筛孔根据需要选择。

(9)称量各筛筛余试样的质量,精确至0.5g。所有各筛的分计筛余量和底盘中剩余量的总质量与筛分前的试样总量(m_2)的差值不得超过后者的1%。

五、计算

(1) 计算分计筛余百分率。

各号筛的分计筛余百分率为各号筛上的筛余量除以试样总量(m_1)的百分率,精确至 0.1%。对沥青路面细集料而言,0.15mm 筛下部分即为 0.075mm 的分计筛余,由步骤(7)测得的 m_1 与 m_2 之差即为小于 0.075mm 的筛底部分。

(2) 计算累计筛余百分率。

各号筛的累计筛余百分率为该号筛及大于该号筛的各号筛的分计筛余百分率之和,准确至 0.1%。

(3) 计算质量通过百分率。

各号筛的质量通过百分率等于 100 减去该号筛的累计筛余百分率,准确至 0.1%。

(4) 根据各筛的累计筛余百分率或通过百分率,绘制级配曲线。

(5) 天然砂的细度模数按式(2-1-7)计算,精确至 0.01。

$$M_x = \frac{(A_{0.15} + A_{0.3} + A_{0.6} + A_{1.18} + A_{2.36}) - 5A_{4.75}}{100 - A_{4.75}} \tag{2-1-7}$$

式中: M_x——砂的细度模数;

$A_{0.15}$、$A_{0.3}$、…、$A_{4.75}$——分别为 0.15mm、0.3mm、…、4.75mm 各筛上的累计筛余百分率(%)。

(6) 应进行两次平行试验,以试验结果的算术平均值作为测定值。如两次试验所得的细度模数之差大于 0.2,应重新进行试验。

试验四 粗集料密度及吸水率试验(网篮法)
(JTG E42 T 0304—2005)

一、目的与适用范围

本方法适用于测定各种粗集料的表观相对密度、表干相对密度、毛体积相对密度、表观密度、表干密度、毛体积密度以及粗集料的吸水率。

二、仪器设备

(1) 天平或浸水天平:可悬挂吊篮测定集料的水中质量,称量应满足试样数量称量要求,感量不大于最大称量的 0.05%。

(2) 吊篮:耐锈蚀材料制成,直径和高度为 150mm 左右,四周及底部用 1~2mm 的筛网编制或具有密集的孔眼。

(3) 溢流水槽:在称量水中质量时能保持水面高度一定。

(4) 烘箱:能控温在 105℃ ±5℃。

(5) 毛巾:纯棉制,洁净,也可用纯棉的汗衫布代替。

(6) 温度计。

(7) 标准筛。

(8)盛水容器(如搪瓷盘)。
(9)其他:刷子等。

三、试验准备

(1)将试样用标准筛过筛除去其中的细集料,对较粗的粗集料可用4.75min筛过筛,对2.36~4.75mm级集料,或者混在4.75mm以下石屑中的粗集料,则用2.36mm标准筛过筛,用四分法或分料器法缩分至要求的质量,分两份备用。对沥青路面用粗集料,应对不同规格的集料分别测定,不得混杂,所取的每一份集料试样应基本上保持原有的级配。在测定2.36~4.75mm的粗集料时,试验过程中应特别小心,不得丢失集料。

(2)经缩分后供测定密度和吸水率的粗集料质量应符合表2-1-2的规定。

测定密度试验所需要的试样最小质量   表2-1-2

公称最大粒径(mm)	4.75	9.5	16	19	26.5	31.5	37.5	63	75
每一份试样的最小质量(kg)	0.8	1	1	1	1.5	1.5	2	3	3

(3)将每一份集料试样浸泡在水中,并适当搅动,仔细洗去附在集料表面的尘土和石粉,经多次漂洗干净至水完全清澈为止。清洗过程中不得散失集料颗粒。

四、试验步骤

(1)取试样一份装入干净的搪瓷盘中,注入洁净的水,水面至少应高出试样20mm,轻轻搅动石料,使附着在石料上的气泡完全逸出。在室温下保持浸水24h。

(2)将吊篮挂在天平的吊钩上,浸入溢流水槽中,向溢流水槽中注水,水面高度至水槽的溢流孔,将天平调零。吊篮的筛网应保证集料不会通过筛孔流失,对2.36~4.75mm级粗集料应更换小孔筛网,或在网篮中加放入一个浅盘。

(3)调节水温在15~25℃范围内。将试样移入吊篮中。溢流水槽中的水面高度由水槽的溢流孔控制,维持不变。称取集料的水中质量(m_w)。

(4)提起吊篮,稍稍滴水后,较粗的粗集料可以直接倒在拧干的湿毛巾上。将较细的粗集料(2.36~4.75mm)连同浅盘一起取出,稍稍倾斜搪瓷盘,仔细倒出余水,将粗集料倒在拧干的湿毛巾上,用毛巾吸走从集料中漏出的自由水。此步骤需特别注意不得有颗粒丢失,或有小颗粒附在吊篮上。再用拧干的湿毛巾轻轻擦干集料颗粒的表面水,至表面看不到发亮的水迹,即为饱和面干状态。当粗集料尺寸较大时,宜逐颗擦干。注意对较粗的粗集料,拧湿毛巾时不要太用劲,防止拧得太干,对较细的含水较多的粗集料,毛巾可拧得稍干些。擦颗粒的表面水时,既要将表面水擦掉,又不能将颗粒内部的水吸出。整个过程中不得有集料丢失,且已擦干的集料不得继续在空气中放置,以防止集料干燥。

注:对2.36~4.75mm集料,用毛巾擦拭时容易黏附细颗粒集料从而造成集料损失,此时宜改用洁净的纯棉汗衫布擦拭至表干状态。

(5)立即在保持表干状态下,称取集料的表干质量(m_f)。

(6)将集料置于浅盘中,放入105℃±5℃的烘箱中烘干至恒量。取出浅盘,放在带盖的容器中冷却至室温,称取集料的烘干质量(m_a)。

注:恒量是指相邻两次称量间隔时间大于3h的情况下,其前后两次称量之差小于该项试验要求的精密度,即0.1%。一般在烘箱中烘烤的时间不得少于4~6h。

(7)对同一规格的集料应平行试验两次,取平均值作为试验结果。

五、计算

(1)表观相对密度 γ_a、表干相对密度 γ_s、毛体积相对密度 γ_b 按式(2-1-8)~式(2-1-10)计算,准确至小数点后3位。

$$\gamma_a = \frac{m_a}{m_a - m_w} \tag{2-1-8}$$

$$\gamma_s = \frac{m_f}{m_f - m_w} \tag{2-1-9}$$

$$\gamma_b = \frac{m_a}{m_f - m_w} \tag{2-1-10}$$

式中:γ_a——集料的表观相对密度,无量纲;

γ_s——集料的表干相对密度,无量纲;

γ_b——集料的毛体积相对密度,无量纲;

m_a——集料的烘干质量(g);

m_f——集料的表干质量(g);

m_w——集料的水中质量(g)。

(2)集料的吸水率以烘干试样为基准,按式(2-1-11)计算,精确至0.01%。

$$w_x = \frac{m_f - m_a}{m_a} \times 100\% \tag{2-1-11}$$

式中:w_x——粗集料的吸水率(%)。

(3)粗集料的表观密度(视密度)ρ_a、表干密度 ρ_s、毛体积密度 ρ_b,按式(2-1-12)、(2-1-13)、(2-1-14)计算,准确至小数点后3位。不同水温条件下测量的粗集料表观密度需进行水温修正,不同试验温度下水的密度 ρ_T 及水的温度修正系数 α_T 按表(2-1-1)选用。

$$\rho_a = \gamma_a \times \rho_T \quad \text{或} \quad \rho_a = (\gamma_a - \alpha_T) \times \rho_w \tag{2-1-12}$$

$$\rho_s = \gamma_s \times \rho_T \quad \text{或} \quad \rho_s = (\gamma_s - \alpha_T) \times \rho_w \tag{2-1-13}$$

$$\rho_b = \gamma_b \times \rho_T \quad \text{或} \quad \rho_b = (\gamma_b - \alpha_T) \times \rho_w \tag{2-1-14}$$

式中:ρ_a——粗集料的表观密度(g/cm³);

ρ_s——粗集料的表干密度(g/cm³);

ρ_b——粗集料的毛体积密度(g/cm³);

ρ_T——试验温度 T 时水的密度(g/cm³),按表(2-1-1)取用;

α_T——试验温度 T 时的水温修正系数,按表(2-1-1)取用;

ρ_w——水在4℃时的密度(1.000g/cm³)。

六、精密度或允许差

重复试验的精密度,对表观相对密度、表干相对密度、毛体积相对密度,两次结果相差不得超过0.02,对吸水率不得超过0.2%。

试验五 粗集料堆积密度及空隙率试验
(JTG E42 T 0309—2005)

一、目的与适用范围

测定粗集料的堆积密度,包括自然堆积状态、振实状态、捣实状态下的堆积密度,以及堆积状态下的间隙率。

二、仪器设备

(1)电子天平:感量不大于称量的0.1%。
(2)容量筒:适用于粗集料堆积密度测定的容量筒应符合表2-1-3的要求。

容量筒的规格要求　　　　　表2-1-3

粗集料公称最大粒径 (mm)	容量筒容积 (L)	容量筒规格(mm)			筒壁厚度 (mm)
		内径	净高	底厚	
≤4.75	3	155±2	160±2	5.0	2.5
9.5~26.5	10	205±2	305±2	5.0	2.5
31.5~37.5	15	255±5	295±5	5.0	3.0
≥53	20	355±5	305±5	5.0	3.0

(3)平头铁锹。
(4)烘箱:能控温105℃±5℃。
(5)振动台:频率为3 000次/min±200次/min,负荷下的振幅为0.35mm,空载时的振幅为0.5mm。
(6)捣棒:直径16mm,长600mm,一端为圆头的钢棒。

三、试验准备

按规定方法取样、缩分,质量应满足试验要求,在105℃±5℃的烘箱中烘干,也可以摊在清洁的地面上风干,拌匀后分成两份备用。

四、试验步骤

1. 自然堆积密度

取试样1份,置于平整干净的水泥地(或铁板)上,用平头铁锹铲起试样,使石子自由落入容量筒内。此时,从铁锹的齐口至容量筒上口的距离应保持为50mm左右,装满容量筒并除去凸出筒口表面的颗粒,并以合适的颗粒填入凹陷空隙,使表面稍凸起部分和凹陷部分的体积大致相等,称取试样和容量筒总质量(m_2)。

2. 振实密度

按堆积密度试验步骤,将装满试样的容量筒放在振动台上,振动3min,或者将试样分三层装入容量筒:装完第一层后,在筒底垫放一根直径为25mm的圆钢筋,将筒按住,左右交替颠击地面各25下;然后装入第二层,用同样的方法颠实(但筒底所垫钢筋的方向应与第一层放置方向垂直);再装入第三层,如法颠实;待三层试样装填完毕后,加料填到试样超出容量筒口,用钢筋沿筒口边缘滚转,刮下高出筒口的颗粒,用合适的颗粒填平凹处,使表面稍凸起部分和凹陷部分的体积大致相等,称取试样和容量筒总质量(m_2)。

3. 捣实密度

根据沥青混合料的类型和公称最大粒径,确定起骨架作用的关键性筛孔(通常为4.75mm或2.36mm等)。将矿料混合料中此筛孔以上颗粒筛出,作为试样装入符合要求规格的容器中达1/3的高度,由边至中用捣棒均匀捣实25次。再向容器中装入1/3高度的试样,用捣棒均匀地捣实25次,捣实深度约至下层的表面。然后重复上一步骤,加最后一层,捣实25次,使集料与容器口齐平。用合适的集料填充表面的大空隙,用直尺大体刮平,目测估计表面凸起部分与凹陷部分的体积大致相等,称取容量筒与试样的总质量(m_2)。

4. 容量筒容积的标定

用水装满容量筒,测量水温,擦干筒外壁的水分,称取容量筒与水的总质量(m_w),并按水的密度对容量筒的容积作校正。

五、计算

(1)容量筒的容积按式(2-1-15)计算。

$$V = \frac{m_w - m_1}{\rho_T} \tag{2-1-15}$$

式中:V——容量筒的容积(L);

m_1——容量筒的质量(kg);

m_w——容量筒与水的总质量(kg);

ρ_T——试验温度T时水的密度(g/cm³),按表(2-1-1)选用。

(2)堆积密度(包括自然堆积状态、振实状态、捣实状态下的堆积密度)按式(2-1-16)计算,准确至小数点后2位。

$$\rho = \frac{m_2 - m_1}{V} \tag{2-1-16}$$

式中:ρ——与各种状态相对应的堆积密度(t/m³);

m_1——容量筒的质量(kg);

m_2——容量筒与试样的总质量(kg);

V——容量筒的容积(L)。

(3)水泥混凝土用粗集料振实状态下的空隙率按式(2-1-17)计算。

$$V_c = \left(1 - \frac{\rho}{\rho_a}\right) \times 100\% \tag{2-1-17}$$

式中:V_c——水泥混凝土用粗集料的空隙率(%);

ρ_a——粗集料的表观密度(t/m³);

ρ——按振实法测定的粗集料的堆积密度(t/m³)。

(4)沥青混合料用粗集料骨架捣实状态下的间隙率按式(2-1-18)计算。

$$\mathrm{VCA_{DRC}} = \left(1 - \frac{\rho}{\rho_b}\right) \times 100\% \qquad (2\text{-}1\text{-}18)$$

式中：$\mathrm{VCA_{DRC}}$——捣实状态下粗集料骨架间隙率(%)；
　　　ρ_b——用网篮法测定的粗集料的毛体积密度(t/m^3)；
　　　ρ——按捣实法测定的粗集料的自然堆积密度(t/m^3)。

六、报告

以两次平行试验结果的平均值作为测定值。

试验六　粗集料及集料混合料的筛分试验
(JTG E42 T 0302—2005)

一、目的与适用范围

(1)测定粗集料(碎石、砾石、矿渣等)的颗粒组成。对水泥混凝土用粗集料可采用干筛法筛分,对沥青混合料及基层用粗集料必须采用水洗法试验。

(2)本方法也适用于同时含有粗集料、细集料、矿粉的集料混合料筛分试验,如未筛碎石、级配碎石、天然砂砾、级配砂砾、无机结合料稳定基层材料、沥青拌和楼的冷料混合料、热料仓材料、沥青混合料经溶剂抽提后的矿料等。

二、试验设备

(1)试验筛:根据需要选用规定的标准筛。
(2)摇筛机。
(3)电子天平:感量不大于试样质量的0.1%。
(4)其他:盘子、铲子、毛刷等。

三、试验准备

按规定将来料用分料器或四分法缩分至表2-1-4要求的试样所需量,风干后备用。根据需要可按要求的集料最大粒径的筛孔尺寸过筛,除去超粒径部分颗粒后,再进行筛分。

筛分用的试样质量　　　　　　　　　　　　　　　　表2-1-4

公称最大粒径(mm)	75	63	37.5	31.5	26.5	19	16	9.5	4.75
试样质量不少于(kg)	10	8	5	4	2.5	2	1	1	0.5

四、试验步骤

1. 水泥混凝土用粗集料干筛法试验

(1)取试样一份置105℃±5℃烘箱中烘干至恒重,称取干燥集料试样的总质量(m_0),准确至0.1%。

(2)用搪瓷盘作筛分容器,按筛孔大小排列顺序逐个将集料过筛。人工筛分时,需使集料在筛面上同时有水平方向及上下方向的不停顿的运动,使小于筛孔的集料通过筛孔,直至1min内通过筛孔的质量小于筛上残余量的0.1%为止;当采用摇筛机筛分时,应在摇筛机筛分后再逐个由人工补筛。将筛出通过的颗粒并入下一号筛,和下一号筛中的试样一起过筛,顺序进行,直至各号筛全部筛完为止。应确认1min内通过筛孔的质量确实小于筛上残余量的0.1%。

注:由于0.075mm筛干筛几乎不能把沾在粗集料表面的小于0.075mm部分的石粉筛过去,而且对水泥混凝土用粗集料而言,0.075mm通过率的意义不大,所以也可以不筛,且把通过0.15mm筛的筛下部分全部作为0.075mm的分计筛余,将粗集料的0.075mm通过率假设为0。

(3)如果某个筛上的集料过多,影响筛分作业时,可以分两次筛分。当筛余颗粒的粒径大于19mm时,筛分过程中允许用手指轻轻拨动颗粒,但不得逐颗塞过筛孔。

(4)称取每个筛上的筛余量,准确至总质量的0.1%。各筛分计筛余量及筛底存量的总和与筛分前试样的干燥总质量 m_0 相比,相差不得超过 m_0 的0.5%。

2. 沥青混合料及基层用粗集料水洗法试验

(1)取一份试样,将试样置于105℃±5℃烘箱中烘干至恒重,称取干燥集料试样的总质量(m_3),准确至0.1%。

注:恒重系指相邻两次称取间隔时间大于3h(通常不少于6h)的情况下,前后两次称量之差小于该项试验所要求的称量精密度。下同。

(2)将试样置一洁净容器中,加入足够数量的洁净水,将集料全部淹没,但不得使用任何洗涤剂、分散剂或表面活性剂。

(3)用搅棒充分搅动集料,使集料表面洗涤干净,使细粉悬浮在水中,但不得破碎集料或有集料从水中溅出。

(4)根据集料粒径大小选择组成一组套筛,其底部为0.075mm标准筛,上部为2.36mm或4.75mm筛。仔细将容器中混有细粉的悬浮液倒出,经过套筛流入另一容器中,尽量不将粗集料倒出,以免损坏标准筛筛面。

注:无需将容器中的全部集料都倒出,只倒出悬浮液即可。且不可直接倒至0.075mm筛上,以免集料掉出损坏筛面。

(5)重复(2)~(4)步骤,直至倒出的水洁净为止,必要时可采用水流缓慢冲洗。

(6)将套筛每个筛子上的集料及容器中的集料全部回收在一个搪瓷盘中,容器上不得有黏附的集料颗粒。

注:沾在0.075mm筛面上的细粉很难回收扣入搪瓷盘中,此时需将筛子倒扣在搪瓷盘上用少量的水并助以毛刷将细粉刷落入搪瓷盘中,并注意不要散失。

(7)在确保细粉不散失的前提下,小心泌去搪瓷盘中的积水,将搪瓷盘连同集料一起置105℃±5℃烘箱中烘干至恒重,称取干燥集料试样的总质量(m_4),准确至0.1%。以 m_3 与 m_4 之差作为0.075mm的筛下部分。

(8)将回收的干燥集料按干筛方法筛分出0.075mm筛以上各筛的筛余量,此时0.075mm筛下部分应为0,如果尚能筛出,则应将其并入水洗得到的0.075mm的筛下部分,且表示水洗得不干净。

五、计算

1. 干筛法筛分结果及计算

(1)计算各筛分计筛余量及筛底存量的总和与筛分前试样的干燥总质量 m_0 之差,作为筛分时的损耗,并计算损耗率,若损耗率大于 0.3%,应重新进行试验。

$$m_5 = m_0 - (\sum m_i + m_底) \tag{2-1-19}$$

式中:m_5——由于筛分造成的损耗(g);

m_0——用于干筛的干燥集料总质量(g);

m_i——各号筛上的分计筛余(g);

i——依次为 0.075mm、0.15mm…至集料最大粒径的排序;

$m_底$——筛底(0.075mm 以下部分)集料总质量(g)。

(2)干筛分计筛余百分率。

干筛后各号筛上的分计筛余百分率按式(2-1-20)计算,精确至 0.1%。

$$p'_i = \frac{m_i}{m_0 - m_5} \times 100\% \tag{2-1-20}$$

式中:p'_i——各号筛上的分计筛余百分率(%);

m_5——由于筛分造成的损耗(g);

m_0——用于干筛的干燥集料总质量(g);

m_i——各号筛上的分计筛余(g);

i——依次为 0.075mm、0.15mm…至集料最大粒径的排序。

(3)干筛累计筛余百分率。

各号筛的累计筛余百分率为该号筛以上各号筛的分计筛余百分率之和,精确至 0.1%。

(4)干筛各号筛的质量通过百分率。

各号筛的质量通过百分率 P_i 等于 100 减去该号筛累计筛余百分率,精确至 0.1%。

(5)由筛底存量除以扣除损耗后的干燥集料总质量计算 0.075mm 筛的通过率。

(6)试验结果以两次试验的平均值表示,精确至 0.1%。当两次试验结果 $P_{0.075}$ 的差值超过 1% 时,试验应重新进行。

2. 水筛法筛分结果的计算

(1)按式(2-1-21)、式(2-1-22)计算粗集料中 0.075mm 筛下部分质量 $m_{0.075}$ 和含量 $P_{0.075}$,精确至 0.1%。当两次试验结果 $P_{0.075}$ 的差值超过 1% 时,试验应重新进行。

$$m_{0.075} = m_3 - m_4 \tag{2-1-21}$$

$$P_{0.075} = \frac{m_{0.075}}{m_3} = \frac{m_3 - m_4}{m_3} \times 100\% \tag{2-1-22}$$

式中:$P_{0.075}$——粗集料中小于 0.075mm 的含量(通过率)(%);

$m_{0.075}$——粗集料中水洗得到的小于 0.075mm 部分的质量(g);

m_3——用于水洗的干燥粗集料总质量(g);

m_4——水洗后的干燥粗集料总质量(g)。

(2)计算各筛分计筛余量及筛底存量的总和与筛分前试样的干燥总质量 m_4 之差,作为筛分时的损耗,若损耗率大于 0.3%,应重新进行试验。

$$m_5 = m_3 - (\sum m_i + m_{0.075}) \qquad (2\text{-}1\text{-}23)$$

式中:m_5——由于筛分造成的损耗(g);
m_3——用于水筛筛分的干燥集料总质量(g);
m_i——各号筛上的分计筛余(g);
i——依次为 0.075mm、0.15mm…至集料最大粒径的排序;
$m_{0.075}$——水洗后得到的 0.075mm 以下部分质量(g),即 $m_3 - m_4$。

(3)计算其他各筛的分计筛余百分率、累计筛余百分率、质量通过百分率,计算方法与干筛法相同。当干筛时筛分有损耗时,应按干筛法从总质量中扣除损耗部分。

(4)试验结果以两次试验的平均值表示。

试验七 水泥混凝土用粗集料针片状颗粒含量试验(规准仪法)(JTG E42 T 0311—2005)

一、目的与适用范围

(1)本方法适用于测定水泥混凝土使用的 4.75mm 以上的粗集料的针状及片状颗粒含量,以百分率计。

图 2-1-1 针、片状规准仪

(2)本方法测定的针片状颗粒,是指使用专用规准仪测定的粗集料颗粒的最小厚度(或直径)方向与最大长度(或宽度)方向的尺寸之比小于一定比例的颗粒。

(3)本方法测定的粗集料中针片状颗粒的含量,可用于评价集料的形状及其在工程中的适用性。

二、仪器设备

(1)水泥混凝土集料针状规准仪和针状规准仪见图 2-1-1,尺寸应符合表 2-1-5 的要求。

水泥混凝土集料针、片状颗粒试验的粒级划分及其相应的规准仪孔宽或间距　表 2-1-5

粒级(方孔筛)(mm)	4.75~9.5	9.5~16	16~19	19~26.5	26.5~31.5	31.5~37.5
针状规准仪上相对应的立柱之间的间距宽(mm)	17.1 (B_1)	30.6 (B_2)	42.0 (B_3)	54.6 (B_4)	69.6 (B_5)	82.8 (B_6)
片状规准仪上相对应的孔宽(mm)	2.8 (A_1)	5.1 (A_2)	7.0 (A_3)	9.1 (A_4)	11.6 (A_5)	13.8 (A_6)

(2)电子天平:感量不大于称量值的 0.1%。

(3)标准筛:孔径分别为 4.75mm、9.5mm、16mm、19mm、26.5mm、31.5mm、37.5mm,根据

需要选用。

三、试样准备

将来样在室内风干至表面干燥,并用四分法或分料器法缩分至满足表 2-1-6 规定的质量,称量(m_0),然后筛分成表 2-1-5 所规定的粒级备用。

针片状颗粒试验所需的试样最小质量　　　　表 2-1-6

公称最大粒径(mm)	9.5	16	19	26.5	31.5	37.5
试样最小质量(kg)	0.3	1	2	3	5	10

四、试验步骤

(1)目测挑出接近正方体形状的规则颗粒,将目测有可能属于针片状颗粒的集料按表 2-1-5 所规定的粒级用规准仪逐粒对试样进行针状颗粒鉴定,挑出颗粒长度大于针状规准仪上相应间距而不能通过者,为针状颗粒。

(2)将通过针状规准仪上相应间距的非针状颗粒逐粒对试样进行片状颗粒鉴定,挑出厚度小于片状规准仪上相应孔宽能通过者,为片状颗粒。

(3)称量由各粒级挑出的针状颗粒和片状颗粒的质量,其总质量为 m_1。

五、计算

碎石或砾石中针片状颗粒含量按式(2-1-24)计算,精确至 0.1%。

$$Q_e = \frac{m_1}{m_0} \times 100\% \tag{2-1-24}$$

式中:Q_e——试样的针片状颗粒含量(%);
　　m_1——试样中所含针状颗粒与片状颗粒的总质量(g);
　　m_0——试样总质量(g)。

注:如果需要可以分别计算针状颗粒和片状颗粒的含量百分数。

试验八　粗集料针片状颗粒含量试验(游标卡尺法)
(JTG E42 T 0312—2005)

一、目的与适用范围

(1)本方法适用于测定粗集料的针状及片状颗粒含量,以百分率计。

(2)本方法测定的针片状颗粒,是指用游标卡尺测定的粗集料颗粒的最大长度(或宽度)方向与最小厚度(或直径)方向的尺寸之比大于 3 倍的颗粒。有特殊要求采用其他比例时,应在试验报告中注明。

(3)本方法测定的粗集料中针片状颗粒的含量,可用于评价集料的形状和抗压碎能力,以评定石料生产厂的生产水平及该材料在工程中的适用性。

二、仪器设备

(1)标准筛:方孔筛 4.75mm。
(2)游标卡尺:精密度为 0.1mm。
(3)天平:感量不大于 1g。

三、试验步骤

(1)按现行集料随机取样的方法,采集集料试样。
(2)按分料器法或四分法选取 1kg 左右的试样。对每一种规格的粗集料,应按照不同的公称粒径,分别取样检验。
(3)用 4.75mm 标准筛将试样过筛,取筛上部分供试验用,称取试样的总质量 m_0,准确至 1g,试样数量应不少于 800g,并不少于 100 颗。

注:对 2.36~4.75mm 级粗集料,由于卡尺量取有困难,故一般不作测定。

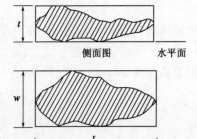

图 2-1-2　针片状颗粒稳定状态

(4)将试样平摊于桌面上,首先用目测挑出接近立体的颗粒,剩下可能属于针状(细长)和片状(扁平)的颗粒。

(5)按图 2-1-2 所示的方法将欲测量的颗粒放在桌面上成一稳定的状态,图中颗粒平面方向的最大长度为 L,侧面厚度的最大尺寸为 t,颗粒最大宽度为 $w(t<w<L)$,用卡尺逐颗测量石料的 L 及 t,将 $L/t \geqslant 3$ 的颗粒(即最大长度方向与最大厚度方向的尺寸之比大于 3 的颗粒)分别挑出作为针片状颗粒。称取针片状颗粒的质量 m_1,准确至 1g。

注:稳定状态是指平放的状态,不是直立状态,侧面厚度的最大尺寸 t 为图 2-1-2 中状态的颗粒顶部至平台的厚度,是在最薄的一个面上测量的,但并非颗粒中最薄部位的厚度。

四、计算

按式(2-1-25)计算针片状颗粒含量。

$$Q_e = \frac{m_1}{m_0} \times 100\% \tag{2-1-25}$$

式中:Q_e——针片状颗粒含量(%);
　　m_0——试验用的集料总质量(g);
　　m_1——针片状颗粒的质量(g)。

五、报告

(1)试验要平行测定两次,计算两次结果的平均值。如两次结果之差小于平均值的 20%,取平均值为试验值;如大于或等于 20%,应追加测定一次,取三次结果的平均值为测定值。
(2)试验报告应报告集料的种类、产地、岩石名称、用途。

试验九 粗集料压碎值试验
（JTG E42 T 0316—2005）

试验教学

一、目的与适用范围

集料压碎值用于衡量石料在逐渐增加的荷载下抵抗压碎的能力,是衡量石料力学性质的指标,以评定其在公路工程中的适用性。

二、仪器设备

(1)石料压碎值试验仪:由内径150mm、两端开口的钢制圆形试筒、压柱和底板组成,其形状如图2-1-3所示,尺寸见表2-1-7。试筒内壁、压柱的底面及底板的上表面等与石料接触的表面都应进行热处理,使表面硬化,达到维氏硬度65°并保持光滑状态。

(2)金属棒:直径10mm,长450~600mm,一端加工成半球形。

(3)天平:称量2~3kg,感量不大于1g。

(4)标准筛:筛孔尺寸13.2mm、9.5mm、2.36mm方孔筛各一个。

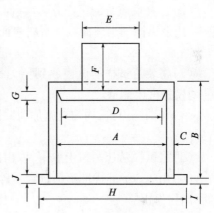

图2-1-3 压碎指标值测定仪

试筒、压柱和底板尺寸　　　　　　表2-1-7

部位	符号	名称	尺寸(mm)
试筒	A	内径	150 ± 0.3
	B	高度	125 ~ 128
	C	壁厚	≥12
压柱	D	压头直径	149 ± 0.2
	E	压杆直径	100 ~ 149
	F	压柱总长	100 ~ 110
	G	压头厚度	≥25
底板	H	直径	200 ~ 220
	I	厚度(中间部分)	6.4 ± 0.2
	J	边缘厚度	10 ± 0.2

(5)压力机:500kN,应能在10min内达到400kN。

(6)金属筒:圆柱形,内径112.0mm,高179.4mm,容积1 767 cm^3。

三、试验准备

(1)采用风干石料用13.2mm和9.5mm标准筛过筛,取9.5~13.2mm的试样3组各3 000g,供试验用。如过于潮湿需加热烘干时,烘箱温度不得超过100℃,烘干时间不超过4h。试验前,石料应冷却至室温。

(2)每次试验的石料数量应满足按下述方法夯击后石料在试筒内的深度为100mm。

在金属筒中确定石料数量的方法如下:将试样分3次(每次数量大体相同)均匀装入试模中,每次均将试样表面整平,用金属棒的半球面端从石料表面上均匀捣实25次。最后用金属棒作为直刮刀将表面仔细整平。称取量筒中试样质量(m_0)。以相同质量的试样进行压碎值的平行试验。

四、试验步骤

(1)将试筒安放在底板上。

(2)将要求质量的试样分3次(每次数量大体相同)均匀装入试模中,每次均将试样表面整平,用金属棒的半球面端从石料表面上均匀捣实25次。最后用金属棒作为直刮刀将表面仔细整平。

(3)将装有试样的试模放到压力机上,同时加压头放入试筒内石料面上,注意使压头摆平,勿楔挤试模侧壁。

(4)开动压力机,均匀地施加荷载,在10min左右的时间内达到总荷载400kN,稳压5s,然后卸荷。

(5)将试模从压力机上取下,取出试样。

(6)用2.36mm标准筛筛分经压碎的全部试样,可分几次筛分,均需筛到在1min内无明显的筛出物为止。

(7)称取通过2.36mm筛孔的全部细料质量(m_1),准确至1g。

五、计算

石料压碎值按式(2-1-26)计算,精确至0.1%。

$$Q'_a = \frac{m_1}{m_0} \times 100\% \qquad (2\text{-}1\text{-}26)$$

式中:Q'_a——石料压碎值(%);

m_0——试验前试样质量(g);

m_1——试验后通过2.36mm筛孔的细料质量(g)。

六、报告

以3个试样平行试验结果的算术平均值作为压碎值的测定值。

第二章 石灰和水泥试验

试验一 石灰有效氧化钙和有效氧化镁测定
Ⅰ 有效氧化钙的测定方法
（JTG E51 T 0811—1994）

一、目的与适用范围

本方法适用于测定各种石灰的有效氧化钙含量。

二、仪器设备

(1) 方孔筛:0.15mm,1 个。

(2) 烘箱:50~250℃,1 台。

(3) 干燥器:ϕ25cm,1 个。

(4) 称量瓶:ϕ30mm×50mm,10 个。

(5) 瓷研钵:ϕ12~13cm,1 个。

(6) 分析天平:量程不小于 50g,感量 0.0001g,1 台。

(7) 电子天平:量程不小于 500g,感量 0.01g,1 台。

(8) 电炉:1500W,1 个。

(9) 石棉网:20cm×20cm,1 块。

(10) 玻璃珠:ϕ3mm,1 袋(0.25kg)。

(11) 具塞三角瓶:250mL,20 个。

(12) 漏斗:短颈,3 个。

(13) 塑料洗瓶,1 个。

(14) 塑料桶:20L,1 个。

(15)下口蒸馏水瓶:5 000mL,1 个。

(16)三角瓶:300mL,10 个。

(17)容量瓶:250mL、1 000mL,各 1 个。

(18)量筒:200mL、100mL、50mL、5mL,各 1 个。

(19)试剂瓶:250mL、1 000mL,各 5 个。

(20)塑料试剂瓶:1L,1 个。

(21)烧杯:50mL,5 个;250mL(或 300mL),10 个。

(22)棕色广口瓶:60mL,4 个;250mL,5 个。

(23)滴瓶:60mL,3 个。

(24)酸滴定管:50mL,2 支。

(25)滴定台及滴定管夹:各一套。

(26)大肚移液管:25mL、50mL,各 1 个。

(27)表面皿:7cm,10 块。

(28)玻璃棒:8mm×250mm 及 4mm×180mm 各 10 支。

(29)试剂勺:5 个。

(30)吸水管:8mm×150mm,5 支。

(31)洗耳球:大、小各 1 个。

三、试剂

(1)蔗糖(分析纯)。

(2)酚酞指示剂:称取 0.5g 酚酞溶于 50mL95% 乙醇中。

(3)0.1% 甲基橙水溶液:称取 0.05g 甲基橙溶于 50mL 蒸馏水(40~50℃)中。

(4)盐酸标准溶液(相对于 0.5mol/L):将 42mL 浓盐酸(相对密度 1.19)稀释至 1L,按下述方法标定其摩尔浓度后备用。

称取 0.8~1.0g(准确至 0.000 1g)已在 180℃烘干 2h 的碳酸钠(优级纯或基准级)记录为 m,置于 250mL 三角瓶中,加 100mL 水使其完全溶解;然后加入 2~3 滴 0.1% 甲基橙指示剂,记录滴定管中待标定盐酸标准溶液的体积 V_1,用待标定的盐酸标准溶液滴定至碳酸钠溶液由黄色变为橙红色;将溶液加热至微沸,并保持微沸 3min,然后放在冷水中冷却至室温,如此时橙红色变为黄色,再用盐酸标准溶液滴定,至溶液出现稳定橙红色时为止。记录滴定管中盐酸标准溶液的体积 V_2、V_1、V_2 的差值即为盐酸标准溶液的消耗量 V。

盐酸标准溶液的摩尔浓度❶按式(2-2-1)计算:

$$M = \frac{m}{V \times 0.053} \tag{2-2-1}$$

式中:M——盐酸标准溶液的摩尔浓度(mol/L);

m——称取碳酸钠的质量(g);

---

❶ 该处盐酸标准溶液的浓度相当于 1mol/L 标准溶液浓度的一半左右。

V——滴定时盐酸标准溶液的消耗量(mL);

0.053——与1.00mL盐酸标准溶液[C(HCL)=1.000mol/L]相当的以克表示的无水碳酸钠的质量。

四、准备试样

(1)生石灰试样:将生石灰样品打碎,使颗粒不大于1.18mm。拌和均匀后用四分法缩减至200g左右,放入瓷研钵中研细。再经四分法缩减至20g左右。研磨所得石灰样品,通过0.15mm(方孔筛)的筛。从此细样中均匀挑取10余克,置于称量瓶中在105℃烘箱内烘至恒重,储于干燥器中,供试验用。

(2)消石灰试样:将消石灰样品用四分法缩减至10余克。如有大颗粒存在,须在瓷研钵中磨细至无不均匀颗粒存在为止。置于称量瓶中在105℃烘箱内烘至恒重,储于干燥器中,供试验用。

五、试验步骤

(1)称取约0.5g(用减量法称量,精确至0.0001g)试样,记录为m_1,放入干燥的250ml具塞三角瓶中,取5g蔗糖覆盖在试样表面,投入干玻璃珠15粒。迅速加入新煮沸并已冷却的蒸馏水50mL,立即加塞振荡15min(如有试样结块或黏于瓶壁现象,则应重新取样)。

(2)打开瓶塞,用水冲洗瓶塞及瓶壁,加入2~3滴酚酞指示剂,记录滴定管中盐酸标准溶液体积V_3,用已标定的约0.5mol/L盐酸标准溶液滴定(滴定速度以2~3滴/s为宜),至溶液的粉红色显著消失并在30s内不再复现即为终点,记录滴定管中盐酸标准溶液的体积V_4,V_3、V_4的差值即为盐酸标准溶液的消耗量V_5。

六、计算

按式(2-2-2)计算有效氧化钙的含量:

$$X = \frac{V_5 \times M \times 0.028}{m_1} \times 100\% \tag{2-2-2}$$

式中:X——有效氧化钙的含量(%);

V_5——滴定时消耗盐酸标准溶液的体积(mL);

0.028——氧化钙毫克当量;

m_1——试样质量(g);

M——盐酸标准溶液的摩尔浓度(mol/L)。

七、结果整理

对同一石灰样品至少应做两个试样和进行两次测定,并取两次结果的平均值代表最终结果。石灰中氧化钙和有效钙含量在30%以下的允许重复性误差为0.40,含量为30%~50%的允许重复性误差为0.50,含量大于50%的允许重复性误差为0.60。

Ⅱ 石灰氧化镁的测定方法
（JTG E51 T 0812—1994）

一、目的与适用范围

本方法适用于测定各种石灰的总氧化镁含量。

二、仪器设备

与有效氧化钙测定的相同。

三、试剂

(1) 1:10 盐酸：将 1 体积盐酸（相对密度 1.19）以 10 体积蒸馏水稀释。

(2) 氢氧化铵—氯化铵缓冲溶液：将 67.5g 氯化铵溶于 300mL 无二氧化碳的蒸馏水中，加浓氢氧化铵（氨水）（相对密度为 0.90）570mL，然后用水稀释至 1 000mL。

(3) 酸性铬兰 K—萘酚绿 B(1:2.5) 混合指示剂：称取 0.3g 酸性铬兰 K 和 0.75g 萘酚绿 B 与 50g 已在 105℃ 烘干的硝酸钾混合研细，保存于棕色广口瓶中。

(4) EDTA 二钠标准溶液：将 10g EDTA 二钠溶于 40~50℃ 蒸馏水中，待全部溶解并冷却至室温后，用水稀释至 1 000mL。

(5) 氧化钙标准溶液：精确称取 1.784 8g 在 105℃ 烘干（2h）的碳酸钙（优级纯），置于 250mL 烧杯中，盖上表面皿，从杯嘴缓慢滴加 1:10 盐酸 100mL，加热溶解，待溶液冷却后，移入 1 000mL 的容量瓶中，用新煮沸冷却后的蒸馏水稀释至刻度摇匀。此溶液每毫升的 Ca^{2+} 含量相当于 1mg 氧化钙的 Ca^{2+} 含量。

(6) 20% 的氢氧化钠溶液：将 20g 氢氧化钠溶于 80mL 蒸馏水中。

(7) 钙指示剂：将 0.2g 钙试剂羧酸钠和 20g 已在 105℃ 烘干的硫酸钾混合研细，保存于棕色广口瓶中。

(8) 10% 酒石酸钾钠溶液：将 10g 酒石酸钾钠溶于 90mL 蒸馏水中。

(9) 三乙醇胺(1:2)溶液：将 1 体积三乙醇胺以 2 体积蒸馏水稀释摇匀。

四、EDTA 标准溶液与氧化钙和氧化镁关系的标定

(1) 精确吸取 V_1 = 50mL 氧化钙标准溶液放于 300mL 三角瓶中，用水稀释至 100mL 左右，然后加入钙指示剂约 0.2g，以 20% 氢氧化钠溶液调整溶液碱度到出现酒红色，再过量加 3~4mL，然后以 EDTA 二钠标准溶液滴定，至溶液由酒红色变成纯蓝色时为止。记录 EDTA 二钠标准溶液体积 V_2。

(2) EDTA 二钠标准溶液对氧化钙的滴定度按式(2-2-3)计算。

$$T_{CaO} = \frac{CV_1}{V_2} \tag{2-2-3}$$

式中：T_{CaO}——EDTA 标准溶液对氧化钙的滴定度，即 1mL EDTA 二钠标准溶液相当于氧化钙

的毫克数；

C——1mL 氧化钙标准溶液含有氧化钙的毫克数，等于1；

V_1——吸取氧化钙标准溶液的体积(mL)；

V_2——消耗 EDTA 二钠标准溶液的体积(mL)。

(3) EDTA 二钠标准溶液对氧化镁的滴定度(T_{MgO})，即 1mL EDTA 二钠标准溶液相当于氧化镁的毫克数，按式(2-2-4)计算。

$$T_{MgO} = T_{CaO} \times \frac{40.31}{56.08} = 0.72 T_{CaO} \tag{2-2-4}$$

五、试样准备

(1) 生石灰试样：将生石灰样品打碎，使颗粒不大于 1.18mm。拌和均匀后用四分法缩减至 200g 左右，放入瓷研钵中研细。再经四分法缩减至 20g 左右。研磨所得石灰样品，通过 0.15mm(方孔筛)的筛。从此细样中均匀挑取 10 余克，置于称量瓶中在 105℃烘箱内烘至恒重，储于干燥器中，供试验用。

(2) 消石灰试样：将消石灰样品用四分法缩减至 10 余克。如有大颗粒存在，须在瓷研钵中磨细至无不均匀颗粒存在为止。置于称量瓶中在 105℃烘箱内烘至恒重，储于干燥器中，供试验用。

六、试验步骤

(1) 称取约 0.5g(准确至 0.000 1g)石灰试样，并记录试样质量 m，放入 250mL 烧杯中，用水湿润，加 1:10 盐酸 30mL，用表面皿盖住烧杯，加热至微沸，并保持微沸 8~10min。

(2) 用水把表面皿洗净，冷却后把烧杯内的沉淀及溶液移入 250mL 容量瓶中，加水至刻度摇匀。

(3) 待溶液沉淀后，用移液管吸取 25mL 溶液，放入 250mL 三角瓶中，加 50mL 水稀释后，加酒石酸钾钠溶液 1mL、三乙醇胺溶液 5mL，再加入铵—铵缓冲溶液 10mL(此时待测溶液的 pH =10)、酸性铬兰 K—萘酚绿 B 指示剂约 0.1g。记录滴定管中初始EDTA二钠标准溶液体积 V_5，用 EDTA 二钠标准溶液滴定，至溶液由酒红色变为纯蓝色即为终点，记录滴定管中 EDTA二钠标准溶液的体积 V_6，V_5、V_6 的差值即为滴定钙镁含量的 EDTA 二钠标准溶液的消耗量 V_3。

(4) 再从前述同一容量瓶中，用移液管吸取 25mL 溶液，置于 300mL 三角瓶中，加水 150mL 稀释后，加三乙醇胺溶液 5mL 及 20% 氢氧化钠溶液 5mL(此时待测溶液的 pH≥12)，放入约 0.2g 钙指示剂。记录滴定管中初始 EDTA 二钠标准溶液体积 V_7，用 EDTA 二钠标准溶液滴定，至溶液由酒红色变为蓝色即为终点，记录滴定管中 EDTA 二钠标准溶液的体积 V_8，V_7、V_8 的差值即为滴定钙离子的 EDTA 二钠标准溶液的消耗量 V_4。

七、计算

氧化镁的含量按式(2-2-5)计算：

$$X = \frac{T_{MgO}(V_3 - V_4) \times 10}{m \times 1\,000} \times 100\% \tag{2-2-5}$$

式中：X——氧化镁的含量(%)；

T_{MgO}——EDTA 二钠标准溶液对氧化镁的滴定度；

V_3——滴定钙镁含量消耗 EDTA 二钠标准溶液的体积(mL)；

V_4——滴定钙消耗 EDTA 二钠标准溶液的体积(mL)；

10——总溶液对分取溶液的体积倍数；

m——试样质量(g)。

八、结果整理

对同一石灰样品至少应做两个试样和进行两次测定，读数精确至 0.1mL。取两次测定结果平均值代表最终结果。

试验二 水泥细度检测方法（80μm 筛筛析法）
（JTG E30 T 0502—2005）

一、目的与适用范围

本方法规定用 80μm 筛检验水泥细度的测试方法。

本方法适用于硅酸盐水泥、普通硅酸盐水泥、矿渣硅酸盐水泥、粉煤灰硅酸盐水泥、火山灰质硅酸盐水泥、复合硅酸盐水泥、道路硅酸盐水泥及指定采用本方法的其他品种水泥。

二、仪器设备

(1)试验筛：由圆形筛框和筛网组成，分负压筛和水筛两种。

(2)负压筛析仪。

(3)水筛架和喷头。

(4)天平：量程应大于 100g，感量不大于 0.05g。

三、样品处理

水泥样品应充分拌匀，通过 0.9mm 方孔筛，记录筛余物情况，要防止过筛时混进其他水泥。

四、试验步骤

1. 负压筛法

(1)筛析试验前，应把负压筛放在筛座上，盖上筛盖，接通电源，检查控制系统，调节负压至 4 000～6 000Pa 范围内。

(2)称取试样 25g，置于洁净的负压筛中，放在筛座上，盖上筛盖，开动筛析仪连续筛析 2min，在此期间如有试样附着在筛盖上，可轻轻地敲击筛盖使试样落下。筛毕，用天平称取筛余物。

(3)当工作负压小于 4 000Pa 时，应清理吸尘器内水泥，使负压恢复正常。

2. 水筛法

(1)筛析试验前,使水中无泥、砂,调整好水压及水筛架的位置,使其能正常运转。喷头底面和筛网之间距离为 35~75mm。

(2)称取试样 25g,置于洁净的水筛中,立即用淡水冲洗至大部分细粉通过后,放在水筛架上,用水压为 0.05MPa±0.02MPa 的喷头连续冲洗 3min。筛毕,用少量水把筛余物冲至蒸发皿中,等水泥颗粒全部沉淀后,小心倒出清水,烘干并用天平称量筛余物。

(3)试验筛的清洗。

试验筛必须保持洁净,筛孔通畅,使用 10 次后要进行清洗。金属筛框、铜丝网筛洗时应用专门的清洗剂,不可用弱酸浸泡。

五、计算

水泥试样筛余百分数按式(2-2-6)计算,计算结果精确至 0.1%。

$$F = \frac{R_s}{m} \times 100\% \tag{2-2-6}$$

式中:F——水泥试样的筛余百分数(%);

R_s——水泥筛余物的质量(g);

m——水泥试样的质量(g)。

注:负压筛法与水筛法的结果发生争议时,以负压筛法为准。

试验三 水泥标准稠度用水量、凝结时间、安定性检验方法 (GB/T 1346—2011)

试验教学

一、目的与适用范围

本方法规定了水泥标准稠度用水量、凝结时间和由游离氧化钙造成的体积安定性测定方法。

本方法适用于硅酸盐水泥、普通硅酸盐水泥、矿渣硅酸盐水泥、粉煤灰硅酸盐水泥、火山灰质硅酸盐水泥、复合硅酸盐水泥以及指定采用本方法的其他品种水泥。

二、仪器设备

(1)水泥净浆搅拌机:符合《水泥净浆搅拌机》(JC/T 729—2005)的要求。

(2)标准法维卡仪:测定水泥标准稠度和凝结时间用维卡仪及配件示意图如图 2-2-1 所示。

标准稠度测定用试杆[图 2-2-1c)]有效长度为 50mm±1mm,由直径为 10mm±0.05mm 的圆柱形耐腐蚀金属制成。测定凝结时间时取下试杆,用试针[图 2-2-1d)、2-2-1e)]代替试杆。试针由钢制成,其有效长度初凝针为 50mm±1mm、终凝针为 30mm±1mm,直径为 1.13mm±0.05mm。滑动部分的总质量为 300g±1g。与试杆、试针联结的滑动杆表面应光滑,能靠重力自由下落,不得有紧涩和旷动现象。

盛装水泥净浆的试模由耐腐蚀的、有足够硬度的金属制成。试模为深 40mm ± 0.2mm、顶内径为 65mm ± 0.5mm、底内径为 75mm ± 0.5mm 的截顶圆锥体。每个试模应配备一个边长或直径约为 100mm、厚度 4~5mm 的平板玻璃底板或金属底板。

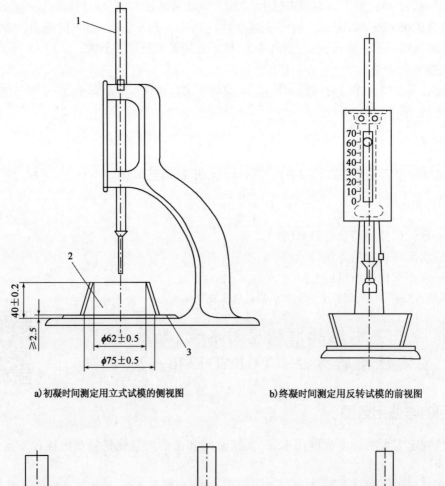

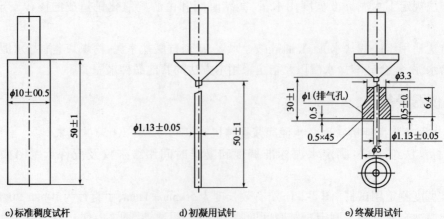

图 2-2-1 测定水泥标准稠度和凝结时间用维卡仪及配件示意图（尺寸单位：mm）
1-滑动杆；2-试模；3-玻璃板

(3) 代用法维卡仪：符合《水泥净浆标准稠度与凝结时间测定仪》（JC/T 727—2005）的要求。

210

(4)湿气养护箱:应能使温度控制在20℃±1℃,相对湿度大于90%。

(5)雷氏夹:由铜质材料制成,其结构如图2-2-2所示。当一根指针的根部先悬挂在一根金属丝或尼龙丝上,另一根指针的根部再挂上300g质量的砝码时,两根指针的针尖距离增加应在17.5mm±2.5mm范围以内,即$2x = 17.5mm±2.5mm$(图2-2-3),当去掉砝码后针尖的距离能恢复至挂砝码前的状态。

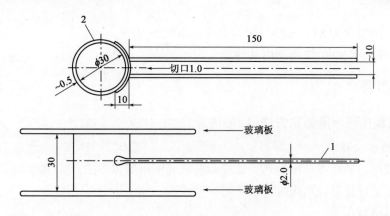

图2-2-2 雷氏夹(尺寸单位:mm)
1-指针;2-环模

(6)沸煮箱:有效容积约为410mm×240mm×310mm,篦板与加热器之间的距离大于50mm。箱的内层由不易锈蚀的金属材料制成,能在30min±5min内将箱内的试验用水由室温升至沸腾并可保持沸腾状态3h以上,整个试验过程中不需补充水量。

(7)雷氏夹膨胀值测定仪:如图2-2-4所示,标尺最小刻度为0.5mm。

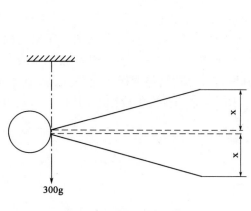

图2-2-3 雷氏夹受力示意图

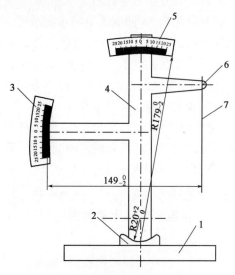

图2-2-4 雷氏膨胀值测定仪(尺寸单位:mm)
1-底座;2-模子座;3-测弹性标尺;4-立柱;5-测膨胀值标尺;6-悬臂;7-悬丝

(8)天平:最大称量不小于1 000g,感量1g。

(9)量筒或滴定管:精度±0.5mL。

三、材料

试验用水应是洁净的饮用水,如有争议时应以蒸馏水为准。

四、试验条件

(1)试验室的温度为20℃±2℃,相对湿度应不低于50%。
(2)水泥试样、拌和水、仪器和用具的温度应与试验室一致。

五、试验步骤

(一)标准稠度用水量测定方法(标准法)

1. 试验前准备工作

(1)维卡仪的滑动杆能自由滑动。试模和玻璃底板用湿布擦拭,将试模放在底板上。
(2)调整至试杆接触玻璃板时将指针对准零点。
(3)搅拌机运行正常。

2. 水泥净浆的拌制

用水泥净浆搅拌机搅拌,搅拌锅和搅拌叶片先用湿布擦过,将拌和水倒入搅拌锅内,然后在5~10s内小心将称好的500g水泥加入水中,防止水和水泥溅出;拌和时,先将锅放在搅拌机的锅座上,升至搅拌位置,启动搅拌机,低速搅拌120s,停15s,同时将叶片和锅壁上的水泥浆刮入锅中间,接着高速搅拌120s停机。

3. 标准稠度用水量的测定步骤

拌和结束后,立即取适量的水泥净浆一次性将其装入已置于玻璃底板上的试模中,浆体超过试模上端,用宽约25mm的直边刀轻轻拍打超出试模部分的浆体5次以排除浆体中的孔隙,然后在试模上表面约1/3处,略倾斜于试模分别向外轻轻锯掉多余净浆,再从试模边沿轻抹顶部一次,使净浆表面光滑。在锯掉多余净浆和抹平的操作过程中,注意不要压实净浆;抹平后迅速将试模和底板移到维卡仪上,并将其中心定在试杆下,降低试杆直至与水泥净浆表面接触,拧紧螺钉1~2s后,突然放松,使试杆垂直自由沉入水泥净浆中。在试杆停止沉入或释放试杆30s时记录试杆距底板之间的距离,升起试杆后,立即擦净;整个操作应在搅拌后1.5min内完成。以试杆沉入净浆并距底板6mm±1mm的水泥净浆为标准稠度净浆,其拌和水量为该水泥的标准稠度用水量(P),按水泥质量的百分比计。

(二)标准稠度用水量的测定(代用法)

1. 试验前准备工作

(1)维卡仪的金属棒能自由滑动。
(2)调整至试锥接触锥模顶面时指针对准零点。
(3)搅拌机运行正常。

2. 水泥净浆的拌制

同标准法。

3. 标准稠度的测定

(1)采用代用法测定水泥标准稠度用水量可用调整水量和不变水量两种方法的任一种测定。采用调整水量方法时拌和水量按经验找水,采用不变水量方法时拌和水量用142.5mL。

(2)拌和结束后,立即将拌制好的水泥净浆装入锥模中,用宽约25mm的直边刀在浆体表面轻轻插捣5次,再轻振5次,刮去多余的净浆;抹平后迅速放到试锥下面固定的位置上,将试锥降至净浆表面,拧紧螺钉1~2s后,突然放松,让试锥垂直自由地沉入水泥净浆中。到试锥停止下沉或释放试锥30s时记录试锥下沉深度。整个操作应在搅拌后1.5min内完成。

(3)用调整水量方法测定时,以试锥下沉深度30mm±1mm时的净浆为标准稠度净浆。其拌和水量为该水泥的标准稠度用水量(P),按水泥质量的百分比计。如下沉深度超出范围需另称试样,调整水量,重新试验,直至达到30mm±1mm为止。

(4)用不变水量方法测定时,根据式(2-2-7)(或仪器上对应标尺)计算得到标准稠度用水量P。当试锥下沉深度小于13mm时,应改用调整水量法测定。

$$P = 33.4 - 0.185S \qquad (2\text{-}2\text{-}7)$$

式中:P——标准稠度用水量(%);

S——试锥下沉深度(mm)。

(三)凝结时间测定方法

1. 试验前准备工作

调整凝结时间测定仪的试针接触玻璃板时将指针对准零点。

2. 试件的制备

以标准稠度用水量制成标准稠度净浆,按上述规定方法装模和刮平后,立即放入湿气养护箱中。记录水泥全部加入水中的时间作为凝结时间的起始时间。

3. 初凝时间的测定

试件在湿气养护箱中养护至加水后30min时进行第一次测定。测定时,从湿气养护箱中取出试模放到试针下,降低试针与水泥净浆表面接触,拧紧螺钉1~2s,突然放松,试针垂直自由地沉入水泥净浆。观察试针停止下沉或释放试针30s时指针的读数。临近初凝时间时每隔5min(或更短时间)测定一次,当试针沉至距底板4mm±1mm时,为水泥达到初凝状态;由水泥全部加入水中至初凝状态的时间为水泥的初凝时间,用"min"来表示。

4. 终凝时间的测定

为了准确观测试针沉入的状况,在终凝针上安装了一个环形附件[图2-2-1e)]。在完成初凝时间测定后,立即将试模连同浆体以平移的方式从玻璃板取下,翻转180°,直径大端向上,小端向下放在玻璃板上,再放入湿气养护箱中继续养护,临近终凝时间每隔15min(或更短时间)测定一次,当试针沉入试体0.5mm时,即环形附件开始不能在试体上留下痕迹时,为水泥达到终凝状态。由水泥全部加入水中至终凝状态的时间为水泥的终凝时间,用"min"来表示。

测定时应注意,在最初测定的操作时应轻轻扶持金属柱,使其徐徐下降,以防试针撞弯,但结果以自由下落为准。在整个测试过程中试针沉入的位置至少要距试模内壁10mm,临近初凝时,每隔5min(或更短时间)测定一次,临近终凝时每隔15min(或更短时间)测定一次,到达初凝时应立即重复测一次,当两次结论相同时才能确定到达初凝状态。到达终凝时,需要在试体另外两个不同点测试,确认结论相同才能确定到达终凝状态。每次测定不能让试针落入原针孔,每次测试完毕须将试针擦净并将试模放回湿气养护箱内,整个测试过程要防止试模受振。

注:可以使用能得出与标准中规定方法相同结果的凝结时间自动测定仪,有矛盾时以标准规定方法为准。

(四)安定性测定方法(标准法)

1. 测定前准备工作

每个试样需成型两个试件,每个雷氏夹需配备两个边长或直径约80mm、厚度为4~5mm的玻璃板,凡与水泥净浆接触的玻璃板表面和雷氏夹内表面都要稍稍涂上一层油。

注:有些油会影响凝结时间,矿物油比较合适。

2. 雷氏夹试件的成型

以预先准备好的雷氏夹放在已稍擦油的玻璃板上,并立即将已制好的标准稠度净浆一次装满雷氏夹,装浆时一只手轻轻扶持雷氏夹,另一只手用宽约25mm的直边刀在浆体表面轻轻插捣3次,然后抹平,盖上稍涂油的玻璃板,接着立即将试件移至湿气养护箱内养护 $24h \pm 2h$。

3. 沸煮

调整好沸煮箱内的水位,使能保证在整个沸煮过程中都超过试件,不需中途添补试验用水,同时又能保证在 $30min \pm 5min$ 内能升至沸腾。

脱去玻璃板取下试件,先测量雷氏夹指针尖端间的距离(A),精确到0.5mm,接着将试件放入沸煮箱水中的试件架上,指针朝上,然后在 $30min \pm 5min$ 内加热至沸并恒沸 $180min \pm 5min$。

4. 结果判别

沸煮结束后,立即放掉沸煮箱中的热水,打开箱盖,待箱体冷却至室温,取出试件进行判别。测量雷氏夹指针尖端的距离(C),准确至0.5mm,当两个试件煮后增加距离($C-A$)的平均值不大于5.0mm时,即认为该水泥安定性合格;当两个试件煮后增加距离($C-A$)的平均值大于5.0mm时,应用同一样品立即重做一次试验。以复检结果为准。

(五)安定性测定方法(代用法)

1. 测定前准备工作

每个样品需准备两块边长约100mm的玻璃板,凡与水泥净浆接触的玻璃板都要稍稍涂上一层油。

2. 试饼的成型方法

将制好的标准稠度净浆取出一部分分成两等份,使之呈球形,放在预先准备好的玻璃板上,轻轻振动玻璃板并用湿布擦过的小刀由边缘向中央抹,做成直径为70~80mm、中心厚约10mm、边缘渐薄、表面光滑的试饼,接着将试饼放入湿气养护箱内养护 $24h \pm 2h$。

3. 沸煮

调整好沸煮箱内的水位,使能保证在整个沸煮过程中都超过试件,不需中途添补试验用水,同时又能保证在 $30min \pm 5min$ 内能升至沸腾。

脱去玻璃板取下试件,在试饼无缺陷的情况下将试饼放在沸煮箱水中的篦板上,在 $30min \pm 5min$ 内加热至沸并恒沸 $180min \pm 5min$。

4. 结果判别

沸煮结束后,立即放掉沸煮箱中的热水,打开箱盖,待箱体冷却至室温,取出试件进行判别。目测试饼未发现裂缝,用钢直尺检查也没有弯曲(使钢直尺和试饼底部紧靠,以两者间不透光为不弯曲)的试饼为安定性合格,反之为不合格。当两个试饼判别结果有矛盾时,该水泥的安定性为不合格。

试验四　水泥胶砂强度检验方法(ISO 法) (JTG E30 T 0506—2005)

试验教学

一、目的与适用范围

本方法适用于硅酸盐水泥、普通硅酸盐水泥、矿渣硅酸盐水泥、粉煤灰硅酸盐水泥、复合硅酸盐水泥、道路硅酸盐水泥以及石灰石硅酸盐水泥的抗折与抗压强度检验。采用其他水泥时必须研究本方法的适用性。

二、仪器设备

1. 胶砂搅拌机

胶砂搅拌机属行星式,其搅拌叶片和搅拌锅作相反方向的转动。叶片和锅由耐磨的金属材料制成,叶片与锅底之间的间隙为叶片与锅壁最近的距离。

2. 振实台

由装有两个对称偏心轮的电动机产生振动,使用时固定于混凝土基座上。基座高约400mm,混凝土的体积约 $0.25m^3$,重约600kg。为防止外部振动影响振实效果,可在整个混凝土基座下放一层厚约5mm的天然橡胶弹性衬垫。

将仪器用地脚螺丝固定在基座上,安装后设备成水平状态,仪器底座与基座之间要铺一层砂浆以确保它们完全接触。

3. 试模及下料漏斗

(1)试模为可装卸的三联模,由隔板、端板、底座等部分组成,可同时成型三条截面为40mm×40mm×160mm 的菱形试件。

(2)下料漏斗由漏斗和模套两部分组成。漏斗用厚为0.5mm的白铁皮制作,下料口宽度一般为4~5mm。模套高度为20mm,用金属材料制作。套模壁与模型内壁应重叠,超出内壁不应大于1mm。

4. 抗折试验机和抗折夹具

抗折试验机应符合《水泥胶砂电动抗折试验机》(JC/T 724—2005)中的要求,一般采用双杠杆式,也可采用性能符合要求到的其他试验机。

5. 抗压试验机和抗压夹具

(1)抗压试验机的吨位以200~300kN为宜。抗压试验机,在较大的4/5量程范围内使用时,记录的荷载应有±1%的精度,并具有按2 400N/s±200N/s的速率的加荷能力,应具有一个能指示试件破坏时荷载的指示器。

压力机的活塞竖向轴应与压力机的竖向轴重合,而且活塞作用的合力要通过试件中心。压力机的下压板表面应与该机的轴线垂直并在加荷过程中一直保持不变。

(2)当试验机没有球座,或球座已不灵活或直径大于120mm时,应采用抗压夹具,由硬质钢材制成,受压面积40mm×40mm,并应符合《40mm×40mm水泥抗压夹具》(JC/T 683—2005)的规定。

6.天平

感量为1g。

三、材料

(1)水泥试样从取样到试验要保持24h以上时,应将其储存在基本装满和气密的容器中,这个容器不能和水泥反应。

(2)ISO标准砂。各国生产的ISO标准砂都可以用来按本方法测定水泥强度。我国ISO标准砂应符合相应的标准要求。

(3)试验用水为饮用水。仲裁试验时用蒸馏水。

四、温度与相对湿度

(1)试件成型试验室应保持试验室温度为20℃±2℃(包括强度试验室),相对湿度大于50%。水泥试样、ISO砂、拌和水及试模等的温度应与室温相同。

(2)养护箱或雾室温度为20℃±1℃,相对湿度大于90%,养护水的温度为20℃±1℃。

(3)试件成型试验室的空气温度和相对湿度在工作期间每天应至少记录一次。养护箱或雾室温度和相对湿度至少每4h记录一次。

五、试件成型

(1)成型前将试模擦净,四周的模板与底座的接触面上应涂黄油,紧密装配,防止漏浆,内壁均匀地刷一薄层机油。

(2)水泥与ISO砂的质量比为1:3,水灰比0.5。

(3)每成型三条试件需称量的材料及用量为:水泥450g±2g;ISO砂1 350g±5g;水225mL±1mL。

(4)将水加入锅中,再加入水泥,把锅放在固定架上并上升至固定位置。然后立即开动机器,低速搅拌30s后,在第二个30s开始的同时均匀将砂子加入。当砂是分级装时,应从最粗粒级开始,依次加入,再高速搅拌30s。

停拌90s。在停拌中的第一个15s内用胶皮刮具将叶片和锅壁上的胶砂刮入锅中。在高速下继续搅拌60s。各个阶段时间误差应在±1s内。

(5)用振实台成型时,将空试模和模套固定在振实台上,用适当的勺子直接从搅拌锅中将胶砂分为两层装入试模。装第一层时,每个槽里约放300g砂浆,用大播料器垂直架在模套顶部,沿每个模槽来回一次将料层播平,接着振实60次。再装入第二层胶砂,用小播料器播平,再振实60次。移走模套,从振实台上取下试模,并用刮尺以90°的角度架在试模顶的一端,沿试模长度方向以横向锯割动作慢慢向另一端移动,一次将超出试模的胶砂刮去。并用同一直尺在近乎水平的情况下将试件表面抹平。

(6)在试模上作标记或加字条标明试件的编号和试件相对于振实台的位置。两个龄期以上的试件,编号时应将同一试模中的三条试件分在两个以上的龄期内。

(7)试验前或更换水泥品种时,须将搅拌锅、叶片和下料漏斗等抹擦干净。

六、养护

(1)编号后,将试模放入养护箱养护,养护箱内篦板必须水平,水平放置时刮平面应朝上。对于24h龄期的,应在破型试验前20min内脱模。对于24h以上龄期的,应在成型后20~24h内脱模。脱模时要非常小心,应防止试件损伤。硬化较慢的水泥允许延期脱模,但须记录脱模时间。

(2)试件脱模后即放入水槽中养护,试件之间的间隙和试件上表面的水深不得小于5mm。每个养护池中只能养护同类水泥试件,并应随时加水,保持恒定水位,不允许养护期间全部换水。

(3)除24h龄期或延迟48h脱模的试件外,任何到龄期的试件应在试验(破型)前15min从水中取出。抹去试件表面沉淀物,并用湿布覆盖。

七、强度试验

1. 试验时间

各龄期(试件龄期从水泥加水搅拌开始算起)的试件应在表2-2-1所列时间内进行强度试验。

各龄期强度试验时间　　　　表2-2-1

龄　　期	试验时间	龄　　期	试验时间
24h	24h±15min	24h	24h±15min
48h	48h±30min	7d	7d±2h
72h	72h±45min	28d	28d±8h

2. 抗折强度试验

(1)以中心加荷法测定抗折强度。

(2)采用杠杆式抗折试验机试验时,试件放入前,应使杠杆成水平状态,将试件成型侧面朝上放入抗折试验机内。试件放入后调整夹具,使杠杆在试件折断时尽可能地接近水平位置。

(3)抗折试验加荷速度为50N/s±10N/s,直至折断,并保持两个半截棱柱试件处于潮湿状态直至抗压试验。

(4)抗折强度按式(2-2-8)计算,精确到0.1MPa。

$$R_f = \frac{1.5 F_f \cdot L}{b^3} \tag{2-2-8}$$

式中:R_f——抗折强度(MPa);

F_f——破坏荷载(N);

L——支撑圆柱中心距(mm);

b——试件断面正方形的边长,为40mm。

(5)抗折强度结果取三个试件平均值,精确至0.1MPa。当三个强度值中有超过平均值±10%的,应剔除后再平均,以平均值作为抗折强度试验结果。

3. 抗压强度试验

(1)抗折试验后的断块应立即进行抗压试验。抗压试验须用抗压夹具进行,试件受压面为试件成型时的两个侧面,面积为40mm×40mm。试验前应清除试件受压面与加压板间的砂粒或杂物。试件的底面靠紧夹具定位销,断块试件应对准抗压夹具中心,并使夹具对准压力机压板中心,半截棱柱体中心与压力机压板中心差应在±0.5mm内,棱柱体露在压板外的部分约为10mm。

(2)压力机加荷速度应控制在2 400N/s±200N/s速率范围内,在接近破坏时更应严格掌握。

(3)抗压强度按式(2-2-9)计算,精确到0.1MPa:

$$R_c = \frac{F_c}{A} \qquad (2\text{-}2\text{-}9)$$

式中:R_c——抗压强度(MPa);

F_c——破坏荷载(N);

A——受压面积,40mm×40mm=1 600mm²。

(4)抗压强度结果为一组6个断块试件抗压强度的算术平均值,精确至0.1MPa。如果6个强度值中有一个值超过平均值±10%的,应剔除后以剩下的5个值的算术平均值作为最后结果。如果5个值中再有超过平均值±10%的,则此组试件无效。

第三章 水泥混凝土试验

试验一　水泥混凝土拌和物的拌和与现场取样方法（JTG E30 T 0521—2005）

一、目的与适用范围

本方法规定了在常温环境中室内水泥混凝土拌和物的拌和与现场取样方法。

轻质水泥混凝土、防水水泥混凝土、碾压水泥混凝土等其他特种水泥混凝土的拌和与现场取样方法，可以参照本方法进行，但因其特殊性所引起的对试验设备及方法的特殊要求，均应遵照对这些水泥混凝土的有关技术规定进行。

二、仪器设备

(1)搅拌机：自由式或强制式。
(2)振动台：标准振动台，符合《混凝土试验用振动台》(JG/T 245—2009)的要求。
(3)磅秤：感量满足称量总量1%的磅秤。
(4)天平：感量满足称量总量0.5%的天平。
(5)其他：铁板、铁铲等。

三、材料

(1)所有材料均应符合有关要求，拌和前材料应放置在温度为20℃±5℃的室内。
(2)为防止粗集料的离析，可将集料按不同粒径分开，使用时再按一定比例混合。试样从抽取至试验完毕过程中，不要风吹日晒，必要时应采取保护措施。

四、拌和步骤

(1)拌和时保持室温为20℃±5℃。
(2)拌和物的总量至少应比所需量高20%以上。拌制混凝土的材料用量应以质量计，称量的精确度:集料为±1%,水、水泥、掺和料和外加剂为±0.5%。

(3)粗集料、细集料均以干燥状态为基准,计算用水量时应扣除粗集料、细集料的含水量。

注:干燥状态是指含水率小于0.5%的细集料和含水率小于0.2%的粗集料。

(4)外加剂的加入。

对于不溶于水或难溶于水且不含潮解型盐类,应先和一部分水泥拌和,以保证充分分散。

对于不溶于水或难溶于水但含潮解型盐类,应先和细集料拌和。

对于水溶性或液体,应先和水拌和。

其他特殊外加剂,应遵守有关规定。

(5)拌制混凝土所用各种用具,如铁板、铁铲、抹刀,应预先用水润湿,使用完后必须清洗干净。

(6)使用搅拌机前,应先用少量砂浆进行涮膛,再刮出涮膛砂浆,以避免正式拌和混凝土时水泥砂浆黏附筒壁的损失。涮膛砂浆的水灰比及砂灰比,应与正式的混凝土配合比相同。

(7)用搅拌机拌和时,拌和量宜为搅拌机公称容量的1/4~3/4之间。

(8)搅拌机搅拌。

按规定称好原材料,往搅拌机内顺序加入粗集料、细集料、水泥。开动搅拌机,将材料拌和均匀,在拌和过程中徐徐加水,全部加料时间不宜超过2min。水全部加入后,继续拌和约2min,而后将拌和物倾出在铁板上,再经人工翻拌1~2min,务必使拌和物均匀一致。

(9)人工拌和。

采用人工拌和时,先用湿布将铁板、铁铲润湿,再将称好的砂和水泥在铁板上拌匀,加入粗集料,再混合搅拌均匀。而后将此拌和物堆成长堆,中心扒成长槽,将称好的水倒入约一半,将其与拌和物仔细拌匀,再将材料堆成长堆,扒成长槽,倒入剩余的水,继续进行拌和,来回翻拌至少6遍。

(10)从试样制备完毕到开始做各项性能试验不宜超过5min(不包括成型试件)。

五、现场取样

(1)新混凝土现场取样:凡由搅拌机、料斗、运输小车以及浇制的构件中采取新拌混凝土代表性样品时,均须从三处以上的不同部位抽取大致相同分量的代表性样品(不要抽取已经离析的混凝土),集中用铁铲翻拌均匀,而后立即进行拌和物的试验。拌和物取样量应多于试验所需数量的1.5倍,其体积不小于20L。

(2)为使取样具有代表性,宜采用多次采样的方法,最后集中用铁铲翻拌均匀。

(3)从第一次取样到最后一次取样不宜超过15min。取回的混凝土拌和物应经过人工再次翻拌均匀,而后进行试验。

试验二 水泥混凝土拌和物稠度试验方法(坍落度仪法)
(JTG E30 T 0522—2005)

试验教学

一、目的与适用范围

本方法规定了采用坍落度仪测定水泥混凝土拌和物稠度的方法和步骤。

本方法适用于坍落度大于10mm,集料公称最大粒径不大于31.5mm的水泥混凝土的坍落度测定。

二、仪器设备

（1）坍落筒:如图2-3-1所示,符合《混凝土坍落度仪》(JG/T 248—2009)中有关技术要求。坍落筒为铁板制成的截头圆锥筒,厚度不小于1.5mm,内侧平滑,没有铆钉头之类的突出物,在筒上方约2/3高度处有两个把手,近下端两侧焊有两个踏脚板,保证坍落筒可以稳定操作,坍落筒尺寸如表2-3-1所示。

（2）捣棒:符合《混凝土坍落度仪》(JG/T 248—2009)中有关技术要求,为直径16mm,长约600mm并具有半球形端头的钢质圆棒。

（3）其他:小铲、木尺、小钢尺、镘刀和钢平板等。

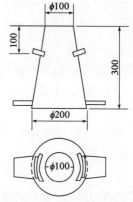

图2-3-1 坍落度试验用坍落筒
（尺寸单位:mm）

坍落筒尺寸 表2-3-1

集料公称最大粒径（mm）	筒的名称	筒的内部尺寸(mm)		
		底部直径	顶部直径	高度
<31.5	标准坍落筒	200±2	100±2	300±2

三、试验步骤

（1）试验前将坍落筒内外洗净,放在经水润湿过的平板上（平板吸水时应垫以塑料布）,踏紧踏脚板。

（2）将代表样分三层装入筒内,每层装入高度稍大于筒高的1/3,用捣棒在每一层的横截面上均匀插捣25次。插捣在全部面积上进行,沿螺旋线由边缘至中心,插捣底层时插至底部,插捣其他两层时,应插透本层并插入下层20~30mm,插捣须垂直压下（边缘部分除外）,不得冲击。在插捣顶层时,装入的混凝土应高出坍落筒口,随插捣过程随时添加拌和物。当顶层插捣完毕后,将捣棒用锯和滚的动作,清除掉多余的混凝土,用镘刀抹平筒口,刮净筒底周围的拌和物。而后立即垂直地提起坍落筒,提筒在5~10s内完成,并使混凝土不受横向及扭力作用。从开始装料到提出坍落度筒整个过程应在150s内完成。

（3）将坍落筒放在锥体混凝土试样一旁,筒顶平放木尺,用小钢尺量出木尺底面至试样顶面最高点的垂直距离,即为该混凝土拌和物的坍落度,精确至1mm。

（4）当混凝土试件的一侧发生崩坍或一边剪切破坏,则应重新取样另测。如果第二次仍发生上述情况,则表示该混凝土和易性不好,应记录。

（5）当混凝土拌和物的坍落度大于220mm时,用钢尺测量混凝土扩展后最终的最大直径和最小直径,在这两个直径之差小于50mm的条件下,用其算术平均值作为坍落扩展度值;否则,此次试验无效。

（6）坍落度试验的同时,可用目测方法评定混凝土拌和物的下列性质,并予记录。

①棍度:按插捣混凝土拌和物时难易程度评定。分"上""中""下"三级。

"上":表示插捣容易。
"中":表示插捣时稍有石子阻滞的感觉。
"下":表示很难插捣。

②含砂情况:按拌和物外观含砂多少而评定,分"多"、"中"、"少"三级。
"多":表示用镘刀抹拌和物表面时,一两次即可使拌和物表面平整无蜂窝。
"中":表示抹五、六次才可使表面平整无蜂窝。
"少":表示抹面困难,不易抹平,有空隙及石子外露等现象。

③黏聚性:观测拌和物各组分相互黏聚情况。评定方法是用捣棒在已坍落的混凝土锥体侧面轻打,如锥体在轻打后逐渐下沉,表示黏聚性良好;如锥体突然倒坍、部分崩裂或发生石子离析现象,即表示黏聚性不好。

④保水性:指水分从拌和物中析出情况,分"多量"、"少量"、"无"三级评定。
"多量":表示提起坍落筒后,有较多水分从底部析出。
"少量":表示提起坍落筒后,有少量水分从底部析出。
"无":表示提起坍落筒后,没有水分从底部析出。

四、试验结果

混凝土拌和物坍落度和坍落扩展度值以毫米(mm)为单位,测量精确至1mm,结果修约至最接近的5mm。

试验三　水泥混凝土拌和物稠度试验方法(维勃仪法)（JTG E30 T 0523—2005）

一、目的与适用范围

本方法规定用维勃稠度仪来测定水泥混凝土拌和物稠度的方法和步骤。

本方法适用于集料公称最大粒径不大于31.5mm的水泥混凝土及维勃时间在5~30s之间的干稠性水泥混凝土的稠度测定。

二、仪器设备

(1)稠度仪(维勃仪):如图2-3-2所示,符合《维勃稠度仪》(JG/T 250—2009)的规定。

①容器:为金属圆筒,内径为240mm±5mm,高200mm±2mm,壁厚3mm,底厚7.5mm。容器应不漏水并有足够刚度,上有把手,底部外伸部分可用螺母将其固定在振动台上。

②坍落度筒:为截头圆锥,筒底部直径为200mm±2mm,顶部直径为100mm±2mm,高300mm±2mm,壁厚不小于1.5mm,上下开口并与锥体轴线垂直,内壁光滑,筒外安有把手。

③圆盘:用透明塑料制成,上装有滑杆。滑杆可以穿过套筒垂直滑动。套筒装在一个可用螺钉固定位置的旋转悬臂上。悬臂上还装有一个漏斗。坍落筒在容器中放好后,转动旋臂,使

漏斗底部套在坍落筒上口。旋臂装在支柱上，可用定位螺钉固定位置。滑杆和漏斗的轴线应与容器的轴线重合。

圆盘直径为230mm±2mm，厚10mm±2mm，圆盘、滑杆及荷重块组成的滑动部分总质量为2750g±50g。滑杆刻度可用来测量坍落度值。

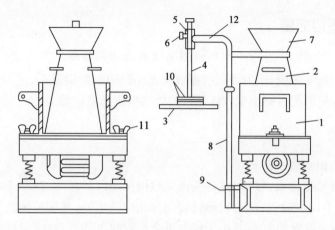

图2-3-2 稠度计（维勃仪）
1-容器；2-坍落度筒；3-圆盘；4-滑杆；5-套筒；6-螺钉；7-漏斗；8-支柱；9-定位螺钉；10-荷重块；11-元宝螺母；12-旋转架

④振动台：工作频率50Hz，空载振幅0.5mm，上有固定容器的螺栓。

(2) 捣棒、镘刀等：符合《混凝土坍落度仪》(JG/T 248—2009)的要求。

(3) 秒表：分度值为0.5s。

三、试验步骤

(1) 将容器用螺母固定在振动台上，放入润湿的坍落筒，把漏斗转到坍落筒上口，拧紧螺钉，使漏斗对准坍落筒口上方。

(2) 按坍落度试验步骤，分三层经漏斗装入拌和物，用捣棒每层捣25次，捣毕第三层混凝土后，拧松螺钉，把漏斗转回到原先的位置，并将筒模顶上的混凝土刮平，然后轻轻提起筒模。

(3) 拧紧螺钉，使圆盘可定向地向下滑动，仔细转圆盘到混凝土上方，并轻轻与混凝土接触。检查圆盘是否可以顺利滑向容器。

(4) 开动振动台并按动秒表，通过透明圆盘观察混凝土的振实情况，当圆盘底面刚为水泥浆布满时，迅即按停秒表和关闭振动台，记下秒表所记时间，精确至1s。

(5) 仪器每测试一次后，必须将容器、筒模及透明圆盘洗净擦干，并在滑杆等处涂薄层黄油，以备下次使用。

四、试验结果

秒表所表示时间即为混凝土拌和物稠度的维勃时间，精确到1s。以两次试验结果的平均值作为混凝土拌和物稠度的维勃时间。

试验四　水泥混凝土立方体抗压强度试验方法（JTG E30 T 0553—2005）

试验教学

一、目的与适用范围

本方法规定了测定水泥混凝土抗压极限强度的方法和步骤。本方法可用于确定水泥混凝土的强度等级，作为评定水泥混凝土品质的主要指标。

本方法适于各类水泥混凝土立方体试件的极限抗压强度试验。

二、仪器设备

（1）搅拌机：自由式或强制式。

（2）振动台：标准振动台，应符合《混凝土试验用振动台》（JG/T 245—2009）的要求。

（3）压力机或万能试验机：压力机除符合国标相应要求外，其测量精度为±1%，试件破坏荷载应大于压力机全量程的20%且小于压力机全量程的80%。同时应具有加荷速度指示装置或加荷速度控制装置。上下压板平整并有足够刚度，可以均匀地连续加荷卸荷，可以保持固定荷载，开机停机均灵活自如，能够满足试件破型吨位要求。

（4）球座：钢质坚硬，面部平整度要求在100mm距离内高低差值不超过0.05mm，球面及球窝粗糙度 $R_a = 0.32\mu m$，研磨、转动灵活。不应在大球座上作小试件破型，球座最好放置在试件顶面（特别是棱柱试件），并凸面朝上，当试件均匀受力后，一般不宜再敲动球座。

（5）试模：应符合《混凝土试模》（JG 237—2008）的要求，内表面刨光磨光（粗糙度 $R_a = 3.2\mu m$）。内部尺寸允许偏差为±0.2%；相邻面夹角为90°±0.3°。试件边长的尺寸公差为1mm。

常用的几种立方体抗压强度试件尺寸规定见表2-3-2。

立方体抗压强度试件尺寸　　　　表2-3-2

集料公称最大粒径（mm）	试件尺寸（mm）	备　注
31.5	150×150×150	标准尺寸
26.5	100×100×100	非标准尺寸
53	200×200×200	非标准尺寸

三、试件制备和养护

1. 立方体试件制备

（1）水泥混凝土的拌和参照《水泥混凝土拌和物的拌和与现场取样方法》（T 0521—2005）。成型前试模内壁涂一薄层矿物油。

（2）取拌和物的总量至少应比所需量高20%以上，并取出少量混凝土拌和物代表样，在5min内进行坍落度或维勃试验，认为品质合格后，应在15min内开始制件或作其他试验。

(3)对于坍落度小于25mm时,可采用φ25mm的插入式振捣棒成型。将混凝土拌和物一次装入试模,装料时应用抹刀沿各试模壁插捣,并使混凝土拌和物高出试模口;振捣时振捣棒距底板10~20mm,且不要接触底板。振捣直到表面出浆为止,且应避免过振,以防止混凝土离析,一般振捣时间为20s。振捣棒拔出时要缓慢,拔出后不得留有孔洞。用刮刀刮去多余的混凝土,在临近初凝时,用抹刀抹平。试件抹面与试模边缘高低差不得超过0.5mm。

注:这里不适于用水量非常低的水泥混凝土;同时不适于直径或高度不大于100mm的试件。

(4)当坍落度大于25mm且小于70mm时,用标准振动台成型。将试模放在振动台上夹牢,防止试模自由跳动,将拌和物一次装满试模并稍有富余,开动振动台至混凝土表面出现乳状水泥浆时为止,振动过程中随时添加混凝土使试模常满,记录振动时间(为维勃秒数的2~3倍,一般不超过90s)。振动结束后,用金属直尺沿试模边缘刮去多余混凝土,用镘刀将表面初次抹平,待试件收浆后,再次用镘刀将试件仔细抹平,试件抹面与试模边缘的高低差不得超过0.5mm。

(5)当坍落度大于70mm时,用人工成型。拌和物分厚度大致相等的两层装入试模。捣固时按螺旋方向从边缘到中心均匀地进行。插捣底层混凝土时,捣棒应到达模底;插捣上层时,捣棒应贯穿上层后插入下层20~30mm处。插捣时应用力将捣棒压下,保持捣棒垂直,不得冲击,捣完一层后,用橡皮锤轻轻击打试模外端面10~15下,以填平插捣过程中留下的孔洞。

每层插捣次数100cm²时截面积内不得少于12次。试件抹面与试模边缘高低差不得超过0.5mm。

2.养护

(1)试件成型后,用湿布覆盖表面(或其他保持湿度办法),在室温20℃±5℃,相对湿度大于50%的环境下,静放一个到两个昼夜,然后拆模并作第一次外观检查、编号,对有缺陷的试件应除去,或加工补平。

(2)将完好试件放入标准养护室进行养护,标准养护室温度为20℃±2℃,相对湿度在95%以上,试件宜放在铁架或木架上,间距至少10~20mm,试件表面应保持一层水膜,并避免用水直接冲淋。当无标准养护室时,将试件放入温度为20℃±2℃的不流动的$Ca(OH)_2$饱和溶液中养护。

(3)标准养护龄期为28d(以搅拌加水开始),非标准的龄期为1d、3d、7d、60d、90d、180d。

3.试件分组

混凝土抗压强度试件应同龄期者为一组,每组为3个同条件制作和养护的混凝土试块。

四、试验步骤

(1)至试验龄期时,自养护室取出试件,应尽快试验,避免其湿度变化。

(2)取出试件,检查其尺寸及形状,相对两面应平行。量出棱边长度,精确至1mm。试件受力截面积按其与压力机上下接触面的平均值计算。在破型前,保持试件原有湿度,在试验时擦干试件。

(3)以成型时侧面为上下受压面,试件中心应与压力机几何对中。

(4)强度等级小于C30的混凝土取0.3~0.5MPa/s的加荷速度,强度等级大于C30小于

C60时,则取0.5~0.8MPa/s的加荷速度;强度等级大于C60的混凝土取0.8~1.0MPa/s的加荷速度。当试件接近破坏而开始迅速变形时,应停止调整试验机油门,直至试件破坏,记下破坏极限荷载 $F(N)$。

五、试验结果

(1)混凝土立方体试件抗压强度按式(2-3-1)计算:

$$f_{cu} = \frac{F}{A} \tag{2-3-1}$$

式中:f_{cu}——混凝土立方体抗压强度(MPa);
  F——极限荷载(N);
  A——受压面积(mm^2)。

(2)以3个试件测值的算术平均值为测定值,计算精确至0.1MPa。三个测值中的最大值或最小值中如有一个与中间值之差超过中间值的15%,则取中间值为测定值;如最大值和最小值与中间值之差均超过中间值的15%,则该组试验结果无效。

(3)混凝土强度等级小于C60时,非标准试件的抗压强度应乘以尺寸换算系数(表2-3-3),并应在报告中注明。当混凝土强度等级大于等于C60时,宜用标准试件,使用非标准试件时,换算系数由试验确定。

立方体抗压强度尺寸换算系数 表2-3-3

试件尺寸(mm)	尺寸换算系数	试件尺寸(mm)	尺寸换算系数
100×100×100	0.95	200×200×200	1.05

试验五 水泥混凝土抗弯拉强度试验方法
(JTG E30 T 0558—2005)

一、目的与适用范围

本方法规定了测定水泥混凝土抗弯拉极限强度的方法,以提供设计参数,检查水泥混凝土施工品质和确定抗弯拉弹性模量试验加荷标准。

本方法适用于各类水泥混凝土棱柱体试件。

二、仪器设备

(1)压力机或万能试验机:压力机除符合国标相应要求外,其测量精度为±1%,试件破坏荷载应大于压力机全量程的20%小于压力机全量程的80%。同时应具有加荷速度指示装置或加荷速度控制装置。上下压板平整并有足够刚度,可以均匀地连续加荷卸荷,可以保持固定荷载,开机停机均灵活自如,能够满足试件破型吨位要求。

(2)抗弯拉试验装置(即三分点处双点加荷和三点自由支承式混凝土抗弯拉强度与抗弯拉弹模量试验装置):如图2-3-3所示。

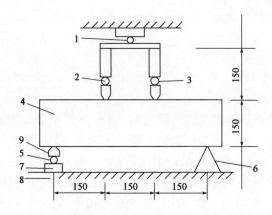

图 2-3-3　抗弯拉试验装置示意图(尺寸单位:mm)

1、2-钢球;3、5-两个钢球;4-试件;6-固定支座;7-活动支座;8-机台;9-活动船形垫块

三、试件制备和养护

(1)试件尺寸应符合表 2-3-4 的规定,同时在试件长向中部 1/3 区段内表面不得有直径超过 5mm、深度超过 2mm 的孔洞。

抗弯拉强度试件尺寸　　　　　　表 2-3-4

集料公称最大粒径(mm)	试件尺寸(mm)	备 注
31.5	150×150×550	标准尺寸
	150×150×600	标准尺寸
26.5	100×100×400	非标准尺寸

(2)混凝土抗弯拉强度试件应取同龄期者为一组,每组 3 根同条件制作和养护的试件。

四、试验步骤

(1)试件取出后,用湿毛巾覆盖并及时进行试验,保持试件干湿状态不变。在试件中部量出其宽度和高度,精确至 1mm。

(2)调整两个可移动支座,将试件安放在支座上,试件成型时的侧面朝上,几何对中后,务必使支座及承压面与活动船形垫块的接触面平稳、均匀,否则应垫平。

(3)加荷时,应保持均匀、连续。当混凝土的强度等级小于 C30 时,加荷速度为 0.02~0.05MPa/s;当混凝土的强度等级大于等于 C30 且小于 C60 时,加荷速度为 0.05~0.08MPa/s;当混凝土的强度等级大于等于 C60 时,加荷速度为 0.08~0.10MPa/s。当试件接近破坏而开始迅速变形时,不得调整试验机油门,直至试件破坏,记下破坏极限荷载 $F(N)$。

(4)记录下最大荷载和试件下边缘断裂的位置。

五、试验结果

(1)当断面发生在两个加荷点之间时,抗弯拉强度 f_f 按式(2-3-2)计算,精确到 0.01MPa。

$$f_f = \frac{FL}{bh^2} \tag{2-3-2}$$

式中：f_f——抗弯拉强度(MPa)；
　　F——极限荷载(N)；
　　L——支座间距离(mm)；
　　b——试件宽度(mm)；
　　h——试件高度(mm)。

(2)以3个试件测值的算术平均值为测定值。3个试件中最大值或最小值中如有一个与中间值之差超过中间值的15%，则把最大值和最小值舍去，以中间值作为试件的抗弯拉强度；如最大值和最小值与中间值之差值均超过中间值15%，则该组试验结果无效。

3个试件中如有一个断裂面位于加荷点外侧，则混凝土抗弯拉强度按另外两个试件的试验结果计算。如果这两个测值的差值不大于这两个测值中较小值的15%，则以两个测值的平均值为测试结果，否则结果无效。

如果有两根试件均出现断裂面位于加荷点外侧，则该组结果无效。

注：断面位置在试件断块短边一侧的底面中轴线上量得。

(3)采用100mm×100mm×400mm非标准试件时，在三分点加荷的试验方法同前，但所取得的抗弯拉强度值应乘以尺寸换算系数0.85。当混凝土强度等级大于等于C60时，应采用标准试件。

第四章 无机结合料稳定材料试验

试验一 无机结合料稳定材料试件制作方法(圆柱形)
（JTG E51 T 0843—2009）

一、适用范围

本方法适用于无机结合料稳定材料的无侧限抗压强度、间接抗拉强度、室内抗压回弹模量、动态模量、劈裂模量等试验的圆柱形试件。

二、仪器设备

(1)方孔筛:孔径53mm、37.5mm、31.5mm、26.5mm、4.75mm和2.36mm的筛各1个。
(2)试模(图2-4-1):细粒土,试模的直径×高=φ50mm×50mm;中粒土,试模的直径×高=φ100mm×100mm;粗粒土,试模的直径×高=φ150mm×150mm。
(3)电动脱模器。
(4)反力架:反力为400kN以上。
(5)液压千斤顶:200~1 000kN。
(6)钢板尺:量程200mm或300mm,最小刻度1mm。
(7)游标卡尺:量程200mm或300mm。
(8)电子天平:量程15kg,感量0.1g;量程4 000g,感量0.01g。
(9)压力试验机:可替代千斤顶和反力架,量程不小于2 000kN,行程、速度可调。

图2-4-1 试模

三、试验准备

(1)试件的径高比一般为1:1,根据需要也可成型1:1.5或1:2的试件。试件的成型根据需要的压实度水平,按照体积标准,采用静力压实法制备。

(2)将具有代表性的风干试料(必要时,可以在50℃烘箱内烘干),用木槌捣碎或用木碾碾碎,但应避免破坏粒料的原粒径。按照公称最大粒径的大一级筛,将土过筛并进行分类。

(3)在预定做试验的前一天,取有代表性的试料测定其风干含水量。对于细粒土,试样应不少于100g;对于中粒土,试样应不少于1 000g;对于粗粒土,试样应不少于2 000g。

(4)按照击实试验法确定无机结合料稳定材料的最佳含水量和最大干密度。

(5)根据击实结果,称取一定质量的风干土,其质量随试件大小而变。对 $\phi50mm \times 50mm$ 的试件,1个试件需干土180~210g;对于 $\phi100mm \times 100mm$ 的试件,1个试件需干土1 700~1 900g;对于 $\phi150mm \times 150mm$ 的试件,1个试件需干土5 700~6 000g。

对于细粒土,一次可称取6个试件的土;对于中粒土,一次宜称取一个试件的土;对于粗粒土,一次只称取一个试件的土。

(6)将准备好的试料分别装入塑料袋中备用。

四、试验步骤

(1)调试成型所需要的各种设备,检查是否运行正常;将成型用的模具擦拭干净,并涂抹机油。成型中、粗粒土时,试模筒的数量应与每组试件的个数相配套。上下垫块应与试模筒相配套,上下垫块能够刚好放入试筒内上下自由移动(一般来说,上下垫块直径比试筒内径小约0.2mm)且上下垫块完全放入试筒后,试筒内未被上下垫块占用的空间体积能满足径高比为1∶1的设计要求。

(2)对于无机结合料稳定细粒土,至少应该制备6个试件;对于无机结合料稳定中粒土和粗粒土,至少应该分别制备9个和13个试件。

(3)根据击实结果和无机结合料的配合比按式(2-4-1)计算每份料的加水量、无机结合料的质量。

(4)将称好的土放在长方盘(约400mm×600mm×70mm)内。向土中加水拌料、闷料。石灰稳定材料、水泥和石灰综合稳定材料、石灰粉煤灰综合稳定材料、水泥粉煤灰综合稳定材料,可将石灰或粉煤灰和土一起拌和,将拌和均匀后的试料放在密闭容器或塑料袋(封口)内浸润备用。

对于细粒土(特别是黏性土),浸润时的含水量应比最佳含水量小3%;对于中粒土和粗粒土,可按最佳含水量加水;对于水泥稳定类材料,加水量应比最佳含水量小1%~2%。应加的水量可按式(2-4-1)计算:

$$m_w = \left(\frac{m_n}{1+0.01w_n} + \frac{m_c}{1+0.01w_c}\right) \times 0.01w - \frac{m_n}{1+0.01w_n} \times 0.01w_n - \frac{m_c}{1+0.01w_c} \times 0.01w_c$$

(2-4-1)

式中:m_w——混合料中应加的水量(g);

m_n——混合料中素土(或集料)的质量(g),其含水量为 w_n(风干含水量)(%);

m_c——混合料中水泥或石灰的质量(g),其原始含水量为 w_c(%)(水泥的 w_c 通常很小,也可以忽略不计);

w——要求达到的混合料的含水量(%)。

浸润时间要求为：黏质土 12～24h，粉质土 6～8h，砂类土、砂砾土、红土砂砾、级配砂砾等可以缩短到 4h 左右，含土很少的未筛分碎石、砂砾及砂可以缩短到 2h。浸润时间一般不超过 24h。

(5)在试件成型前 1h 内，加入预定数量的水泥并拌和均匀。在拌和过程中，应将预留的水(对于细粒土为 3%，对于水泥稳定类为 1%～2%)加入土中，使混合料达到最佳含水量。拌和均匀的加有水泥的混合料应在 1h 内按下述方法制成试件，超过 1h 的混合料应该作废。其他结合料稳定材料，混合料虽不受此限，但也应尽快制成试件。

(6)用反力架和液压千斤顶，或采用压力试验机制件。

将试模配套的下垫块放入试模的下部，但外露 2cm 左右。将称量的规定数量 m_2 的稳定材料混合料分 2～3 次灌入试模中，每次灌入后用夯棒轻轻均匀插实。如制取 $\phi50mm \times 50mm$ 的小试件，则可以将混合料一次倒入试模中，然后将与试模配套的上垫块放入试模内，也应使其外露 2cm 左右(即上、下垫块露出试模外的部分应该相等)。

(7)将整个试模(连同上、下垫块)放到反力架内的千斤顶上(千斤顶下应放一扁球座)或压力机上，以 1mm/min 的加载速率加压，直到上下压柱都压入试模为止。维持压力 2min。

(8)解除压力后，取下试模，并放到脱模器上将试件顶出。用水泥稳定有黏结性的材料(如黏质土)时，制件后可以立即脱模；用水泥稳定无黏结性细粒土时，最好过 2～4h 再脱模；对于中、粗粒土的无机结合料稳定材料，也最好过 2～6h 脱模。

(9)在脱模器上取试件时，应用双手抱住试件侧面的中下部，然后沿水平方向轻轻旋转，待感觉到试件移动后，再将试件轻轻抱起，放置到试验台上。切勿直接将试件向上拔起。

(10)称试件的质量 m_2，小试件精确至 0.01g，中试件精确至 0.01g，大试件精确至 0.1g。然后用游标卡尺测量试件高度 h，精确至 0.1mm。检查试件的高度和质量，不满足成型标准的试件作为废件。

(11)试件称量后应立即放在塑料袋中封闭，并用潮湿的毛巾覆盖，移放至养生室。

五、计算

单个试件的标准质量：
$$m_0 = V \cdot \rho_{max} \cdot (1 + w_{opt}) \cdot \gamma \tag{2-4-2}$$

考虑到试件成型过程中的质量损耗，实际操作过程中每个试件的质量可增加 0～2%，即：
$$m_0' = m_0 \cdot (1 + \delta) \tag{2-4-3}$$

每个试件的干料(包括干土和无机结合料)总质量：
$$m_1 = \frac{m_0'}{1 + w_{opt}} \tag{2-4-4}$$

每个试件中的无机结合料质量：

外掺法
$$m_2 = m_1 \cdot \frac{\alpha}{1 + \alpha} \tag{2-4-5}$$

内掺法
$$m_2 = m_1 \cdot \alpha \tag{2-4-6}$$

每个试件中的干土质量：
$$m_3 = m_1 - m_2 \tag{2-4-7}$$

每个试件中的加水量:
$$m_w = (m_2 + m_3) \cdot w_{opt} \quad (2\text{-}4\text{-}8)$$

验算:
$$m'_0 = m_2 + m_3 + m_w \quad (2\text{-}4\text{-}9)$$

式中:V——试件体积(cm^3);

w_{opt}——混合料最佳含水量(%);

ρ_{max}——混合料最大干密度(g/cm^3);

γ——混合料压实度标准(%);

m_0、m'_0——混合料质量(g);

m_1——干混合料质量(g);

m_2——无机结合料质量(g);

m_3——干土质量(g);

δ——计算混合料质量的冗余量(%);

α——无机结合料的掺量(%);

m_w——加水质量(g)。

六、结果整理

(1)小试件的高度误差范围为 $-0.1\sim0.1cm$,中试件的高度误差范围为 $-0.1\sim0.15cm$,大试件的高度误差范围应为 $-0.1\sim0.2cm$。

(2)质量损失:小试件应不超过标准质量5g,中试件应不超过25g,大试件应不超过50g。

试验二 无机结合料稳定材料养生试验方法 (JTG E51 T 0845—2009)

一、适用范围

本方法适用水泥稳定材料类和石灰、二灰稳定材料类的养生。标准养生方法是指无机结合料稳定类材料在规定的标准温度和湿度环境下强度增长的过程。本方法规定了无机结合料稳定材料的标准养生的试验方法和步骤。

二、仪器设备

标准养护室:标准养护室温度为20℃±2℃,相对湿度在95%以上。

三、试验步骤(标准养生方法)

(1)试件从试模内脱出并量高称质量后,中试件和大试件应装入塑料袋内。试件装入塑料袋后,将袋内的空气排除干净,扎紧袋口,将包好的试件放入养护室。

(2)标准养生的温度为20℃±2℃,标准养生的湿度为≥95%。试件宜放在铁架或木架上,间距至少为10~20mm。试件表面应保持一层水膜,并避免用水直接冲淋。

(3)对无侧限抗压强度试验,标准养生龄期是 7d,最后一天浸水。对弯拉强度、间接抗拉强度,水泥稳定材料类的标准养生龄期是 90d,石灰稳定材料类的标准养生龄期是 180d。

(4)在养生期的最后一天,将试件取出,观察试件的边角有无磨损和缺块,并量高称质量,然后将试件浸泡于 20℃ ±2℃水中,应使水面在试件顶上约 2.5cm。

三、结果整理

(1)如养生期间有明显的边角缺损,试件应该作废。

(2)对养生 7d 的试件,在养生期间,试件质量损失应符合下列规定:小试件不超过 1g;中试件不超过 4g;大试件不超过 10g。质量损失超过此规定的试件,应予作废。

(3)对养生 90d 和 180d 的试件,在养生期间,试件质量的损失应符合下列规定:小试件不超过 1g;中试件不超过 10g;大试件不超过 20g。质量损失超过此规定的试件,应予作废。

试验三　无机结合料稳定材料无侧限抗压强度试验方法（JTG E51 T 0805—1994）

一、目的与适用范围

本方法适用于测定无机结合料稳定材料(包括稳定细粒土、中粒土和粗粒土)试件的无侧限抗压强度。

二、仪器设备

(1)标准养护室。

(2)水槽:深度应大于试件高度 50mm。

(3)压力机或万能试验机(也可用路面强度试验仪和测力计):压力机应符合《液压式万能试验机》(GB/T 3159—2008)及《试验机通用技术要求》(GB/T 2611—2007)中的要求,其测量精度为 ±1%,同时应具有加载速率指示装置或加载速率控制装置。上下压板平整并有足够刚度,可以均匀地连续加载卸载,可以保持固定荷载。开机停机均灵活自如,能够满足试件吨位要求,且压力机加载速率可以有效控制在 1mm/min。

(4)电子天平:量程 15kg,感量 0.1g;量程 4 000g,感量 0.01g。

(5)量筒、拌和工具、大小铝盒、烘箱等。

(6)球形支座。

(7)机油:若干。

三、试件制备和养护

(1)细粒土,试模的直径×高 = ϕ50mm × 50mm;中粒土,试模的直径×高 = ϕ100mm × 100mm;粗粒土,试模的直径×高 = ϕ150mm × 150mm。

(2)按照标准方法成型径高比为 1∶1 的圆柱形试件。

(3)按照标准养生方法进行 7d 的标准养生。

(4)将试件两顶面用刮刀刮平,必要时可用快凝水泥砂浆抹平试件顶面。

(5)为保证试验结果的可靠性和准确性,每组试件的数目要求为:小试件不少于6个;中试件不少于9个;大试件不少于13个。

四、试验步骤

(1)根据试验材料的类型和一般的工程经验,选择合适量程的测力计和压力机,试件破坏荷载应大于测力量程的20%且小于测力量程的80%。球形支座和上下顶板涂上机油,使球形支座能够灵活转动。

(2)将已浸水一昼夜的试件从水中取出,用软布吸去试件表面的水分,并称试件的质量 m_4。

(3)用游标卡尺测量试件的高度 h,精确至 0.1mm。

(4)将试件放在路面材料强度试验仪或压力机上,并在升降台上先放一扁球座,进行抗压试验。试验过程中,应保持加载速率为 1mm/min。记录试件破坏时的最大压力 $P(\mathrm{N})$。

(5)从试件内部取有代表性的样品(经过打破),按照烘干法测定其含水量 w。

五、计算

试件的无侧限抗压强度按式(2-4-10)计算,保留1位小数。

$$R_c = \frac{P}{A} \tag{2-4-10}$$

式中: R_c ——试件的无侧限抗压强度(MPa);

P ——试件破坏时的最大压力(N);

A ——试件的截面积(mm^2),见式(2-4-11)。

$$A = \frac{1}{4}\pi D^2 \tag{2-4-11}$$

式中: D ——试件的直径(mm)。

六、结果整理

(1)同一组试件试验中,采用3倍均方差方法剔除异常值,小试件可以允许有1个异常值,中试件1~2个异常值,大试件2~3个异常值。异常值数量超过上述规定的试验重做。

(2)同一组试验的变异系数 $C_v(\%)$ 符合下列规定,方为有效试验:小试件 $C_v \leq 6\%$;中试件 $C_v \leq 10\%$;大试件 $C_v \leq 15\%$。如不能保证试验结果的变异系数小于规定的值,则应按允许误差10%和90%概率重新计算所需的试件数量,增加试件数量并另做新试验。新试验结果与老试验结果一并重新进行统计评定,直到变异系数满足上述规定。

七、报告

试验报告应包括以下内容:

(1)材料的颗粒组成。

(2)水泥的种类和强度等级,或石灰的等级。

(3)重型击实的最佳含水量(%)和最大干密度(g/cm³)。
(4)无机结合料类型及剂量。
(5)试件干密度(保留3位小数,g/cm³)或压实度。
(6)吸水量以及测抗压强度时的含水量(%)。
(7)若干个试验结果的最小值和最大值、平均值 $\bar{R}_c$、标准差 S、变异系数 C_v 和95%保证率的值 $R_{c0.95}$($R_{c0.95} = \bar{R}_c - 1.645S$)。

第五章 沥青材料试验

试验一 沥青针入度试验
（JTG E20 T 0604—2011）

试验教学

一、目的与适用范围

本方法适用于测定道路石油沥青、聚合物改性沥青针入度以及液体石油沥青蒸馏或乳化沥青蒸发后残留物的针入度，以 0.1mm 计。其标准试验条件为温度 25℃，荷重 100g，贯入时间 5s。

二、仪器设备

（1）针入度仪：为提高测试精度，针入度试验宜采用能自动计时的针入度仪进行测定，要求针和针连杆必须在无明显摩擦下垂直运动，针的贯入深度必须准确至 0.1mm。针和针连杆组合件总质量为 50g±0.05g，另附 50g±0.05g 砝码一只，试验时总质量为 100g±0.05g。仪器应有放置平底玻璃保温皿的平台，并有调节水平的装置，针连杆应与平台相垂直。应有针连杆制动按钮，使针连杆可自由下落。针连杆易于装拆，以便检查其质量。仪器还设有可自由转动与调节距离的悬臂，其端部有一面小镜或聚光灯泡，借以观察针尖与试样表面接触情况，且应对装置的准确性经常校验。当采用其他试验条件时，应在试验结果中注明。

（2）标准针：由硬化回火的不锈钢制成，洛氏硬度 HRC54~60，表面粗糙度 Ra0.2~0.3μm，针及针杆总质量 2.5g±0.05g，针杆上应打印有号码标志，针应设有固定用装置盒（筒），以免碰撞针尖。每根针必须附有计量部门的检验单，并定期进行检验。

（3）盛样皿：金属制，圆柱形平底。小盛样皿的内径 55mm，深 35mm（适用于针入度小于 200 的试样）；大盛样皿内径 70mm，深 45mm（适用于针入度 200~350 的试样）；对针入度大于 350 的试样需使用特殊盛样皿，其深度不小于 60mm，容积不少于 125mL。

（4）恒温水槽：容量不少于 10L，控温的准确度为 0.1℃。水槽中应设有一带孔的搁架，位于水面下不得少于100mm,距水槽底不得少于50mm处。

(5)平底玻璃皿:容量不少于1L,深度不少于80mm。内设有一不锈钢三脚支架,能使盛样皿稳定。

(6)温度计或温度传感器:精度为0.1℃。

(7)计时器:精度为0.1s。

(8)位移计或位移传感器:精度为0.1mm。

(9)盛样皿盖:平板玻璃,直径不小于盛样皿开口尺寸。

(10)溶剂:三氯乙烯等。

(11)其他:电炉或砂浴、石棉网、金属锅或瓷把坩埚等。

三、试验准备

(1)按规程规定方法准备试样。

(2)按试验要求将恒温水槽调节到要求的试验温度25℃,或15℃、30℃(或5℃)等,保持稳定。

(3)将试样注入盛样皿中,试样高度应超过预计针入度值10mm,并盖上盛样皿,以防落入灰尘。盛有试样的盛样皿在15～30℃室温中冷却不少于1.5h(小盛样皿)、2h(大盛样皿)或3h(特殊盛样皿)后,应移入保持规定试验温度±0.1℃的恒温水槽中,并应保温不少于1.5h(小盛样皿)、2h(大试样皿)或2.5h(特殊盛样皿)。

(4)调整针入度仪使之水平。检查针连杆和导轨,以确认无水和其他外来物,无明显摩擦。用三氯乙烯或其他溶剂清洗标准针,并擦干。将标准针插入针连杆,用螺钉固紧。按试验条件,加上附加砝码。

四、试验步骤

(1)取出达到恒温的盛样皿,并移入水温控制在试验温度±0.1℃(可用恒温水槽中的水)的平底玻璃皿中的三脚支架上,试样表面以上的水层深度不小于10mm。

(2)将盛有试样的平底玻璃皿置于针入度仪的平台上。慢慢放下针连杆,用适当位置的反光镜或灯光反射观察,使针尖恰好与试样表面接触,将位移计或刻度盘指针复位为零。

(3)开始试验,按下释放键,这时计时与标准针落下贯入试样同时开始,至5s时自动停止。

(4)读取位移计或刻度盘指针的读数,准确至0.1mm。

(5)同一试样平行试验至少3次,各测试点之间及与盛样皿边缘的距离不应少于10 mm。

每次试验后应将盛有盛样皿的平底玻璃皿放入恒温水槽,使平底玻璃皿中水温保持试验温度。每次试验应换一根干净标准针或将标准针取下用蘸有三氯乙烯溶剂的棉花或布擦净,再用干棉花或布擦干。

(6)测定针入度大于200的沥青试样时,至少用3支标准针,每次试验后将针留在试样中,直至3次平行试验完成后,才能将标准针取出。

五、报告

(1)同一试样3次平行试验结果的最大值和最小值之差在表2-5-1允许偏差范围内时,计算3次试验结果的平均值,取整数作为针入度试验结果,以0.1mm计。

试验结果允许偏差　　　　　　　　　表2-5-1

针入度(0.1mm)	允许差值(0.1mm)	针入度(0.1mm)	允许差值(0.1mm)
0~49	2	150~249	12
50~149	4	250~500	20

当试验值不符合此要求时,应重新进行试验。

(2)允许误差。

①当试验结果小于50(0.1mm)时,重复性试验的允许误差为2(0.1mm),再现性试验的允许误差为4(0.1mm)。

②当试验结果等于或大于50(0.1mm)时,重复性试验的允许误差为平均值的4%,再现性试验的允许误差为平均值的8%。

试验二　沥青延度试验
(JTG E20 T 0605—2011)

试验教学

一、目的与适用范围

(1)本方法适用于测定道路石油沥青、聚合物改性沥青、液体石油沥青蒸馏残留物和乳化沥青蒸发残留物等材料的延度。

(2)沥青延度的试验温度与拉伸速率可根据要求采用,通常采用的试验温度为25℃、15℃、10℃或5℃,拉伸速度为5cm/min±0.25cm/min。当低温采用1cm/min±0.05cm/min拉伸速度时,应在报告中注明。

二、仪器设备

(1)延度仪:延度仪的测量长度不宜大于150cm,仪器应有自动控温、控速系统。应满足试件浸没于水中,能保持规定的试验温度及规定的拉伸速度拉伸试件,且试验时应无明显振动。该仪器的形状及组成如图2-5-1所示。

(2)试模:黄铜制,由两个端模和两个侧模组成,试模内侧表面粗糙度Ra0.2μm。其形状及尺寸如图2-5-2所示。

(3)试模底板:玻璃板或磨光的铜板、不锈钢板(表面粗糙度Ra0.2μm)。

(4)恒温水槽:容量不少于10L,控制温度的准确度为0.1℃,水槽中应设有带孔搁架,搁架距水槽底不得少于50mm。试件浸入水中深度不小于100mm。

(5)温度计:量程0~50℃,分度值0.1℃。

(6)砂浴或其他加热炉具。

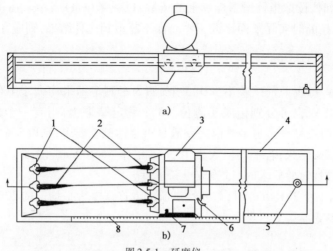

图 2-5-1 延度仪
1-试模;2-试样;3-电机;4-水槽;5-泄水孔;6-开关柄;7-指针;8-标尺

(7)甘油滑石粉隔离剂(甘油与滑石粉的质量比为2:1)。

(8)其他:平刮刀、石棉网、酒精、食盐等。

三、试验准备

(1)将隔离剂拌和均匀,涂于清洁干燥的试模底板和两个侧模的内侧表面,并将试模在试模底板上装妥。

(2)按规定的方法准备试样,然后将试样仔细自试模的一端至另一端往返数次缓缓注入模中,最后略高出试模。灌模时不得使气泡混入。

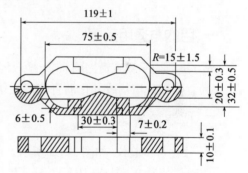

图 2-5-2 延度仪试模(尺寸单位:mm)

(3)试件在室温中冷却不少于1.5h,然后用热刮刀刮除高出试模的沥青,使沥青面与试模面齐平。沥青的刮法应自试模的中间刮向两端,且表面应刮得平滑。将试模连同底板再放入规定试验温度的水槽中保温1.5h。

(4)检查延度仪延伸速度是否符合规定要求,然后移动滑板使其指针正对标尺的零点。将延度仪注水,并保温达到试验温度±0.1℃。

四、试验步骤

(1)将保温后的试件连同底板移入延度仪的水槽中,然后将盛有试样的试模自玻璃板或不锈钢板上取下,将试模两端的孔分别套在滑板及槽端固定板的金属柱上,并取下侧模。水面距试件表面应不小于25mm。

(2)开动延度仪,并注意观察试样的延伸情况。此时应注意,在试验过程中,水温应始终保持在试验温度规定范围内,且仪器不得有振动,水面不得有晃动,当水槽采用循环水时,应暂时中断循环,停止水流。在试验中,如发现沥青细丝浮于水面或沉入槽底时,应在水中加入酒精或食盐,调整水的密度至与试样相近后,重新试验。

(3)试件拉断时,读取指针所指标尺上的读数,以厘米(cm)表示。在正常情况下,试件延伸时应呈锥尖状,拉断时实际断面接近于零。如不能得到这种结果,则应在报告中注明。

五、报告

(1)同一样品,每次平行试验不少于3个,如3个测定结果均大于100cm,试验结果记作">100cm";特殊需要也可分别记录实测值。3个测定结果中,当有一个以上的测定值小于100cm时,若最大值或最小值与平均值之差满足重复性试验要求,则取3个测定结果的平均值的整数作为延度试验结果;若平均值大于100cm,记作">100cm";若最大值或最小值与平均值之差不符合重复性试验要求时,试验应重新进行。

(2)当试验结果小于100cm时,重复性试验的允许误差为平均值的20%;再现性试验的允许误差为平均值的30%。

试验三 沥青软化点试验(环球法)
(JTG E20 T 0606—2011)

试验教学

一、目的与适用范围

本方法适用于测定道路石油沥青、聚合物改性沥青的软化点,也适用于测定液体石油沥青、煤沥青蒸馏残留物或乳化沥青蒸发残留物的软化点。

二、仪器设备

(1)软化点试验仪:如图2-5-3所示。由下列部件组成:
①钢球:直径9.53mm,质量3.5g±0.05g。
②试样环:黄铜或不锈钢等制成,如图2-5-4所示。

图2-5-3 软化点试验仪　　　　图2-5-4 试样环和钢球定位环

③钢球定位环:黄铜或不锈钢制成,如图2-5-4所示。

④金属支架:由两个主杆和三层平行的金属板组成。上层为一圆盘,直径略大于烧杯直径,中间有一圆孔,用以插放温度计。中层板上有两个孔,各放置金属环,中间有一小孔可支持温度计的测温端部。一侧立杆距环上面 51mm 处刻有水高标记。环下面距下层底板为 25.4mm,而下底板距烧杯底不少于 12.7mm,也不得大于 19mm。三层金属板和两个主杆由两螺母固定在一起。

⑤耐热玻璃烧杯:容量 800~1 000mL,直径不小于 86mm,高不小于 120mm。

⑥温度计:量程 0~100℃,分度值 0.5℃。

(2)装有温度调节器的电炉或其他加热炉具(液化石油气、天然气等)。应采用带有振荡搅拌器的加热电炉,振荡子置于烧杯底部。

(3)当采用自动软化点仪时,各项要求应与上述要求相同,温度采用温度传感器测定,并能自动显示或记录,且应对自动装置的准确性经常校验。

(4)试样底板:金属板(表面粗糙度应达 Ra0.8μm)或玻璃板。

(5)恒温水槽:控温的准确度为 ±0.5℃。

(6)平直刮刀。

(7)甘油、滑石粉隔离剂(甘油与滑石粉的比例为质量比 2:1)。

(8)蒸馏水或纯净水。

(9)其他:石棉网。

三、试验准备

(1)将试样环置于涂有甘油滑石粉隔离剂的试样底板上。按规定方法将准备好的沥青试样徐徐注入试样环内至略高出环面为止。

如估计试样软化点高于 120℃,则试样环和试样底板(不用玻璃板)均应预热至 80~100℃。

(2)试样在室温冷却 30min 后,并用热刮刀刮除环面上的试样,应使其与环面齐平。

四、试验步骤

(1)试样软化点在 80℃以下者:

①将装有试样的试样环连同试样底板置于 5℃ ±0.5℃ 水的恒温水槽中至少 15min;同时将金属支架、钢球、钢球定位环等亦置于相同水槽中。

②烧杯内注入新煮沸并冷却至 5℃ 的蒸馏水或纯净水,水面略低于立杆上的深度标记。

③从恒温水槽中取出盛有试样的试样环放置在支架中层板的圆孔中,套上定位环;然后将整个环架放入烧杯中,调整水面至深度标记,并保持水温为 5℃ ±0.5℃。环架上任何部分不得附有气泡。将 0~100℃ 的温度计由上层板中心孔垂直插入,使端部测温头底部与试样环下面齐平。

④将盛有水和环架的烧杯移至放有石棉网的加热炉具上,然后将钢球放在定位环中间的试样中央,立即开动电磁振荡搅拌器,使水微微振荡.并开始加热,使杯中水温在 3min 内调节至维持每分钟上升 5℃ ±0.5℃,在加热过程中,应记录每分钟上升的温度值,如温度上升速度超出此范围时,则试验应重做。

⑤试样受热软化逐渐下坠,至与下层底板表面接触时,立即读取温度,准确至0.5℃。

(2)试样软化点在80℃以上者:

①将装有试样的试样环连同试样底板置于装有32℃±1℃甘油的恒温槽中至少15min;同时将金属支架、钢球、钢球定位环等亦置于甘油中。

②在烧杯内注入预先加热至32℃的甘油,其液面略低于立杆上的深度标记。

③从恒温槽中取出装有试样的试样环,按上述(1)的方法进行测定,准确至1℃。

五、报告

同一试样平行试验两次,当两次测定值的差值符合重复性试验允许误差要求时,取其平均值作为软化点试验结果,准确至0.5℃。

(1)当试样软化点小于80℃时,重复性试验的允许误差为1℃,再现性试验的允许误差为4℃。

(2)当试样软化点大于或等于80℃时,重复性试验的允许误差为2℃,再现性试验的允许误差为8℃。

第六章 沥青混合料试验

试验一　沥青混合料试件制作方法(击实法)
(JTG E20 T 0702—2011)

一、目的与适用范围

(1)本方法适用于标准击实法或大型击实法制作沥青混合料试件,以供试验室进行沥青混合料物理力学性质试验使用。

(2)标准击实法适用于标准马歇尔试验、间接抗拉试验(劈裂法)等所使用的 $\phi 101.6\text{mm} \times 63.5\text{mm}$ 圆柱体试件的成型。大型击实法适用于大型马歇尔试验和 $\phi 152.4\text{mm} \times 95.3\text{mm}$ 的大型圆柱体试件的成型。

(3)沥青混合料试件制作时的条件及试件数量应符合下列规定:

①当集料公称最大粒径小于或等于26.5mm时,采用标准击实法。一组试件的数量不少于4个。

②当集料公称最大粒径大于26.5mm时,宜采用大型击实法。一组试件的数量不少于6个。

二、仪器设备

(1)自动击实仪:如图2-6-1所示,击实仪应具有自动记数、控制仪表、按钮设置、复位及暂停等功能。按其用途分为以下两种:

①标准击实仪:由击实锤、$\phi 98.5\text{mm} \pm 0.5\text{mm}$ 平圆形压实头及带手柄的导向棒组成。用机械将压实锤提升,至 $457.2\text{mm} \pm 1.5\text{mm}$ 高度沿导向棒自由落下连续击实,标准击实锤质量为 $4\,536\text{g} \pm 9\text{g}$。

②大型击实仪:由击实锤、$\phi 149.5\text{mm} \pm 0.1\text{mm}$ 平圆形压实头及带手柄的导向棒组成。用机械将压实锤提升,至 $457.2\text{mm} \pm 2.5\text{mm}$ 高度沿导向棒自由落下击实,大型击实锤质量为

10 210g ± 10g。

（2）试验室用沥青混合料拌和机：如图2-6-2所示，能保证拌和温度并充分拌和均匀，可控制拌和时间，容量不小于10L。搅拌叶自转速度为70~80r/min，公转速度为40~50r/min。

图2-6-1 自动击实仪

图2-6-2 沥青混合料拌和机

（3）试模：由高碳钢或工具钢制成，几何尺寸如下：

①标准击实仪试模的内径为101.6mm±0.2mm、圆柱形金属筒高87mm，底座直径约120.6mm，套筒内径104.8mm、高70mm。

②大型击实仪的试模与套筒尺寸：套筒外径165.1mm，内径155.6mm±0.3mm，总高83mm。试模内径152.4mm±0.2mm，总高115mm，底座板厚12.7mm，直径172mm。

（4）脱模器：电动或手动，应能无破损地推出圆柱体试件，备有标准试件及大型试件尺寸的推出环。

（5）烘箱：大、中型各一台，应有温度调节器。

（6）天平或电子秤：用于称量沥青的，感量不大于0.1g。用于称量矿料的，感量不大于0.5g。

（7）布洛克菲尔德黏度计。

（8）插刀或大螺丝刀。

（9）温度计：分度值1℃。宜采用有金属插杆的插入式数显温度计。金属插杆的长度不小于150mm。量程0~300℃。

（10）其他：电炉或煤气炉、沥青熔化锅、拌和铲、标准筛、滤纸（或普通纸）、胶布、卡尺、秒表、粉笔、棉纱等。

三、准备工作

1. 确定制作沥青混合料试件的拌和温度与压实温度

（1）按规程测定沥青的黏度，绘制黏温曲线。按表2-6-1的要求确定适宜于沥青混合料拌和及压实的等黏温度。

沥青混合料拌和及压实的沥青等温黏度　　　　　　　　　　表 2-6-1

沥青结合料种类	黏度与测定方法	适宜于拌和的沥青结合料黏度	适宜于压实的沥青结合料黏度
石油沥青	表观黏度,T 0625	0.17 Pa·s±0.02Pa·s	0.28 Pa·s±0.03Pa·s

(2)当缺乏沥青黏度测定条件时,试件的拌和与压实温度可按表2-6-2选用,并根据沥青品种和标号作适当调整。针入度小、稠度大的沥青取高限,针入度大、稠度小的沥青取低限,一般取中值。

沥青混合料拌和及压实温度参考表　　　　　　　　　　表 2-6-2

沥青结合料种类	拌和温度(℃)	压实温度(℃)
石油沥青	140~160	120~150
改性沥青	160~175	140~170

(3)对改性沥青,应根据实践经验、改性剂的品种和用量,适当提高混合料的拌和和压实温度,对大部分聚合物改性沥青,通常在普通沥青的基础上提高10~20℃,掺加纤维时,尚需再提高10℃左右。

(4)常温沥青混合料的拌和及压实在常温下进行。

2.沥青混合料试件的制作条件

(1)在拌和厂或施工现场采取沥青混合料制作试样时,按规程规定的方法取样,将试样置于烘箱中加热或保温,在混合料中插入温度计测量温度,待混合料温度符合要求后成型。需要拌和时可倒入已加热的室内沥青混合料拌和机中适当拌和,时间不超过1min,不得在电炉或明火上加热炒拌。

(2)在试验室人工配制沥青混合料时,试件的制作按下列步骤进行:

①将各种规格的矿料置105℃±5℃的烘箱中烘干至恒量(一般不少于4~6h)。

②将烘干分级的粗、细集料,按每个试件设计级配要求称其质量,在一金属盘中混合均匀,矿粉单独放入小盆里,然后置烘箱中加热至沥青拌和温度以上约15℃(采用石油沥青时通常为163℃;采用改性沥青时通常需180℃)备用。一般按一组试件(每组4~6个)备料,但进行配合比设计时宜对每个试件分别备料。常温沥青混合料的矿料不应加热。

③将按规程方法采取的沥青试样,用烘箱加热至规定的沥青混合料拌和温度,但不得超过175℃。当不得已采用燃气炉或电炉直接加热进行脱水时,必须使用石棉垫隔开。

四、拌制沥青混合料(黏稠石油沥青混合料)

(1)用蘸有少许黄油的棉纱擦净试模、套筒及击实座等,置100℃左右烘箱中加热1h备用。常温沥青混合料用试模不加热。

(2)将沥青混合料拌和机提前预热至拌和温度10℃左右。

(3)将加热的粗细集料置于拌和机中,用小铲子适当混合,然后加入需要数量的沥青(如沥青已称量在一专用容器内时,可在倒掉沥青后用一部分热矿粉将黏在容器壁上的沥青擦拭掉并一起倒入拌和锅中),开动拌和机一边搅拌一边使拌和叶片插入混合料中拌和1~1.5min;暂停拌和,加入加热的矿粉,继续拌和至均匀为止,并使沥青混合料保持在要求的拌和温度范围内。标准的总拌和时间为3min。

五、成型方法

(1)击实法的成型步骤如下：

①将拌好的沥青混合料，用小铲适当拌和均匀，称取一个试件所需的用量(标准马歇尔试件约1 200g，大型马歇尔试件约4 050g)。当已知沥青混合料的密度时，可根据试件的标准尺寸计算并乘以1.03得到要求的混合料数量。当一次拌和几个试件时，宜将其倒入经预热的金属盘中，用小铲适当拌和均匀分成几份，分别取用。在试件制作过程中，为防止混合料温度下降，应连盘放在烘箱中保温。

②从烘箱中取出预热的试模及套筒，用蘸有少许黄油的棉纱擦拭套筒、底座及击实锤底面，将试模装在底座上，放一张圆形的吸油性小的纸，用小铲将混合料铲入试模中，用插刀或大螺丝刀沿周边插捣15次，中间捣10次。插捣后将沥青混合料表面整平。对大型击实法的试件，混合料分两次加入，每次插捣次数同上。

③插入温度计至混合料中心附近，检查混合料温度。

④待混合料温度符合要求的压实温度后，将试模连同底座一起放在击实台上固定，在装好的混合料上面垫一张吸油性小的圆纸，再将装有击实锤及导向棒的压实头放入试模中，开启电机，使击实锤从457mm的高度自由落下到击实规定的次数(75次或50次)。对大型试件，击实次数为75次(相应于标准击实的50次)或112次(相应于标准击实75次)。

⑤试件击实一面后，取下套筒，将试模翻面，装上套筒；然后以同样的方法和次数击实另一面。乳化沥青混合料试件在两面击实后，将一组试件在室温下横向放置24h；另一组试件置温度为105℃±5℃的烘箱中养生24h。将养生试件取出后再立即两面锤击各25次。

⑥试件击实结束后，立即用镊子取掉上下面的纸，用卡尺量取试件离试模上口的高度并由此计算试件高度。高度不符合要求时，试件应作废，并按式(2-6-1)调整试件的混合料质量，以保证高度符合63.5mm±1.3mm(标准试件)或95.3mm±2.5mm(大型试件)的要求。

$$调整后混合料质量 = \frac{要求试件高度 \times 原用混合料质量}{所得试件的高度} \qquad (2-6-1)$$

(2)卸去套筒和底座，将装有试件的试模横向放置冷却至室温后(不少于12h)，置脱模机上脱出试件。用于现场马歇尔指标检验的试件，在施工质量检验过程中如急需试验，允许采用电风扇吹冷1h或浸水冷却3min以上的方法脱模，但浸水脱模法不能用于测量密度、空隙率等各项物理指标。

(3)将试件仔细置于干燥洁净的平面上，供试验用。

试验二　压实沥青混合料密度试验(表干法)
(JTG E20 T 0705—2011)

一、目的与适用范围

(1)本方法适用于测定吸水率不大于2%的各种沥青混合料试件，包括密级配沥青混凝土、沥青玛蹄脂碎石混合料(SMA)和沥青稳定碎石等沥青混合料试件的毛体积相对密度和毛体积密度。标准温度为 25℃±0.5℃。

(2)本方法测定的毛体积相对密度和毛体积密度适用于计算沥青混合料试件的空隙率、矿料间隙率等各项体积指标。

二、仪器设备

(1)浸水天平或电子天平(图 2-6-3):当最大称量在 3kg 以下时,感量不大于 0.1g;最大称量 3kg 以上时,感量不大于 0.5g,应有测量水中重的挂钩。

(2)网篮。

(3)溢流水箱:使用洁净水,有水位溢流装置,保持试件和网篮浸入水中后的水位一定。能调整水温至 25℃±0.5℃。

(4)试件悬吊装置:天平下方悬吊网篮及试件的装置,吊线应采用不吸水的细尼龙线绳,并有足够的长度。对轮碾成型机成型的板块状试件可用铁丝悬挂。

(5)秒表。

(6)毛巾。

(7)电风扇或烘箱。

图 2-6-3 浸水天平、网篮

三、方法与步骤

(1)准备试件。本试验可以采用室内成型的试件,也可以采用工程现场钻芯、切割等方法获得的试件。试验前试件宜在阴凉处保存(温度不宜高于 35℃),且放置在水平的平面上,注意不要使试件产生变形。

(2)选择适宜的浸水天平或电子天平,最大称量应满足试件质量的要求。

(3)除去试件表面的浮粒,称取干燥试件的空中质量(m_a),根据选择的天平的感量读数,准确至 0.1g 或 0.5g。

(4)将溢流水箱水温保持在 25℃±0.5℃。挂上网篮,浸入溢流水箱中,调节水位,将天平调平并复零,把试件置于网篮中(注意不要晃动水)浸水中 3~5min,称取水中质量(m_w)。若天平读数持续变化,不能很快达到稳定,说明试件吸水较严重,不适用于此法测定,应改用蜡封法测定。

(5)从水中取出试件,用洁净柔软的拧干湿毛巾轻轻擦去试件的表面水(不得吸走空隙内的水),称取试件的表干质量(m_f)。从试件拿出水面到擦拭结束不宜超过 5s,称量过程中流出的水不得再擦拭。

(6)对从工程现场钻取的非干燥试件,可先称取水中质量(m_w)和表干质量(m_f),然后用电风扇将试件吹干至恒量(一般不少于 12h,当不需进行其他试验时,也可用 60℃±5℃烘箱烘干至恒量),再称取空中质量(m_a)。

四、计算

(1)按式(2-6-2)计算试件的吸水率,取 1 位小数。

$$S_a = \frac{m_f - m_a}{m_f - m_w} \times 100\% \tag{2-6-2}$$

式中:S_a——试件的吸水率(%);
m_a——干燥试件的空中质量(g);
m_w——试件的水中质量(g);
m_f——试件的表干质量(g)。

(2)按式(2-6-3)及式(2-6-4)计算试件的毛体积相对密度和毛体积密度,取3位小数。

$$\gamma_f = \frac{m_a}{m_f - m_w} \tag{2-6-3}$$

$$\rho_f = \frac{m_a}{m_f - m_w} \cdot \rho_w \tag{2-6-4}$$

式中:γ_f——试件毛体积相对密度,无量纲;
ρ_f——试件毛体积密度(g/cm³);
ρ_w——25℃时水的密度,取0.997 1g/cm³。

(3)按式(2-6-5)计算试件的空隙率,取1位小数。

$$VV = \left(1 - \frac{\gamma_f}{\gamma_t}\right) \times 100\% \tag{2-6-5}$$

式中:VV——试件的空隙率(%);
γ_t——沥青混合料理论最大相对密度,按规定方法计算或实测得到,无量纲;
γ_f——试件的毛体积相对密度,无量纲,通常采用表干法测定;当试件吸水率$S_a > 2\%$时,宜采用蜡封法测定;当按规定容许采用水中重法测定时,也可用表观相对密度代替。

(4)按式(2-6-6)计算矿料的合成毛体积相对密度,取3位小数。

$$\gamma_{sb} = \frac{100}{\dfrac{P_1}{\gamma_1} + \dfrac{P_2}{\gamma_2} + \cdots + \dfrac{P_n}{\gamma_n}} \tag{2-6-6}$$

式中: γ_{sb}——矿料的合成毛体积相对密度,无量纲;
$P_1、P_2 \cdots P_n$——各种矿料占矿料总质量的百分率(%),其和为100;
$\gamma_1、\gamma_2 \cdots \gamma_n$——各种矿料的相对密度,无量纲。

(5)按式(2-6-7)计算矿料的合成表观相对密度,取3位小数。

$$\gamma_{sa} = \frac{100}{\dfrac{P_1}{\gamma'_1} + \dfrac{P_2}{\gamma'_2} + \cdots + \dfrac{P_n}{\gamma'_n}} \tag{2-6-7}$$

式中:γ_{sa}——矿料的合成表观相对密度,无量纲;
$\gamma'_1、\gamma'_2 \cdots \gamma'_n$——各种矿料的表观相对密度,无量纲。

(6)确定矿料的有效相对密度,取3位小数。

①对非改性沥青混合料,采用真空法实测理论最大相对密度,取平均值。按式(2-6-8)计算合成矿料的有效相对密度γ_{se}。

$$\gamma_{se} = \frac{100 - P_b}{\dfrac{100}{\gamma_t} - \dfrac{P_b}{\gamma_b}} \qquad (2\text{-}6\text{-}8)$$

式中：γ_{se}——合成矿料的有效相对密度，无量纲；

P_b——沥青用量，即沥青质量占沥青混合料总质量的百分比(%)；

γ_t——实测的沥青混合料理论最大相对密度，无量纲；

γ_b——25℃时沥青的相对密度，无量纲。

②对改性沥青及SMA等难以分散的混合料，有效相对密度宜直接由矿料的合成毛体积相对密度与合成表观相对密度按式(2-6-9)计算确定，其中沥青吸收系数C值根据材料的吸水率由式(2-6-10)求得，合成矿料的吸水率按式(2-6-11)计算。

$$\gamma_{se} = C \cdot \gamma_{sa} + (1 - C) \cdot \gamma_{sb} \qquad (2\text{-}6\text{-}9)$$

$$C = 0.033 w_x^2 - 0.2936 w_x + 0.9339 \qquad (2\text{-}6\text{-}10)$$

$$w_x = \left(\frac{1}{\gamma_{sb}} - \frac{1}{\gamma_{sa}}\right) \times 100\% \qquad (2\text{-}6\text{-}11)$$

式中：C——沥青吸收系数，无量纲；

w_x——合成矿料的吸水率(%)。

(7)确定沥青混合料的理论最大相对密度，取3位小数。

①对非改性的普通沥青混合料，采用真空法实测沥青混合料的理论最大相对密度γ_t。

②对改性沥青或SMA混合料宜按式(2-6-12)或式(2-6-13)计算沥青混合料对应油石比的理论最大相对密度。

$$\gamma_t = \frac{100 + P_a}{\dfrac{100}{\gamma_{se}} + \dfrac{P_a}{\gamma_b}} \qquad (2\text{-}6\text{-}12)$$

$$\gamma_t = \frac{100 + P_a + P_x}{\dfrac{100}{\gamma_{se}} + \dfrac{P_a}{\gamma_b} + \dfrac{P_x}{\gamma_x}} \qquad (2\text{-}6\text{-}13)$$

式中：γ_t——计算沥青混合料对应油石比的理论最大相对密度，无量纲；

P_a——油石比，即沥青质量占矿料总质量的百分比(%)；

$$P_a = \left[\frac{P_b}{(100 - P_b)}\right] \times 100\%$$

P_x——纤维用量，即纤维质量占矿料总质量的百分比(%)；

γ_x——25℃时纤维的相对密度，由厂方提供或实测得到，无量纲；

γ_{se}——合成矿料的有效相对密度，无量纲；

γ_b——25℃时沥青的相对密度，无量纲。

③对旧路面钻取芯样的试件缺乏材料密度、配合比及油石比的沥青混合料，可以采用真空法实测沥青混合料的理论最大相对密度γ_t。

(8)按式(2-6-14)~式(2-6-16)计算试件的空隙率、矿料间隙率VMA和有效沥青的饱和度VFA，取1位小数。

$$VV = \left(1 - \frac{\gamma_f}{\gamma_t}\right) \times 100\% \tag{2-6-14}$$

$$VMA = \left(1 - \frac{\gamma_f}{\gamma_{sb}} \times \frac{P_s}{100}\right) \times 100\% \tag{2-6-15}$$

$$VFA = \frac{VMA - VV}{VMA} \times 100\% \tag{2-6-16}$$

式中:VV——沥青混合料试件的空隙率(%);

VMA——沥青混合料试件的矿料间隙率(%);

VFA——沥青混合料试件的有效沥青饱和度(%);

P_s——各种矿料占沥青混合料总质量的百分率之和(%);

$$P_s = 100 - P_b$$

γ_{sb}——矿料的合成毛体积相对密度,无量纲。

(9)按式(2-6-17)~式(2-6-19)计算沥青混合料被矿料吸收的比例及有效沥青含量、有效沥青体积百分率,取1位小数。

$$P_{ba} = \frac{\gamma_{se} - \gamma_{sb}}{\gamma_{se} \cdot \gamma_{sb}} \cdot \gamma_b \times 100\% \tag{2-6-17}$$

$$P_{be} = P_b - \frac{P_{ba}}{100} \cdot P_s \tag{2-6-18}$$

$$V_{be} = \frac{\gamma_f \cdot P_{be}}{\gamma_b} \tag{2-6-19}$$

式中:P_{ba}——沥青混合料中被矿料吸收的沥青质量占矿料总质量的百分率(%);

P_{be}——沥青混合料中的有效沥青含量(%);

V_{be}——沥青混合料试件的有效沥青体积百分率(%)。

(10)按式(2-6-20)计算沥青混合料的粉胶比,取1位小数。

$$FB = \frac{P_{0.075}}{P_{be}} \tag{2-6-20}$$

式中:FB——粉胶比,沥青混合料的矿料中0.075mm通过率与有效沥青含量的比值,无量纲;

$P_{0.075}$——矿料级配中0.075mm的通过百分率(水洗法)(%)。

(11)按式(2-6-21)计算集料的比表面积,按式(2-6-22)计算沥青混合料沥青膜有效厚度。各种集料粒径的表面积系数按表2-6-3取用。

$$SA = \sum (P_i \cdot FA_i) \tag{2-6-21}$$

$$DA = \frac{P_{be}}{\rho_b \cdot P_s \cdot SA} \times 1\,000 \tag{2-6-22}$$

式中:SA——集料的比表面积(m^2/kg);

P_i——集料各粒径的质量通过百分率(%);

FA_i——各筛孔对应集料的表面积系数(m^2/kg),按表2-6-3确定;

DA——沥青膜有效厚度(μm);

ρ_b——沥青25℃时的密度(g/cm^3)。

集料的表面积系数及比表面积计算示例　　　　　　　　　表2-6-3

筛孔尺寸(mm)	19	16	13.2	9.5	4.75	2.36	1.18	0.6	0.3	0.15	0.075
表面积系数 FA_i (m^2/kg)	0.004 1	—	—	—	0.004 1	0.008 2	0.016 4	0.028 7	0.061 4	0.122 9	0.327 7
集料各粒径的质量通过百分率 P_i (%)	100	92	85	76	60	42	32	23	16	12	6
集料的比表面积 $FA_i \times P_i$ (m^2/kg)	0.41	—	—	—	0.25	0.34	0.52	0.66	0.98	1.47	1.97
集料比表面积总和 SA (m^2/kg)	\multicolumn{11}{l}{$SA = 0.41 + 0.25 + 0.34 + 0.52 + 0.66 + 0.98 + 1.47 + 1.97 = 6.60$}

(12)粗集料骨架间隙率可按式(2-6-23)计算,取1位小数。

$$VCA_{mix} = 100 - \frac{\gamma_f}{\gamma_{ca}} \cdot P_{ca} \qquad (2\text{-}6\text{-}23)$$

式中:VCA_{mix}——粗集料骨架间隙率(%);

P_{ca}——矿料中所有粗集料质量占沥青混合料总质量的百分率(%);按式(2-6-24)计算得到:

$$P_{ca} = P_s \times \frac{PA_{4.75}}{100} \qquad (2\text{-}6\text{-}24)$$

$PA_{4.75}$——矿料级配中4.75mm筛余量,即100减去4.75mm通过率($PA_{4.75}$对于一般沥青混合料为矿料级配中4.75mm筛余量,对于公称最大粒径不大于9.5mm的SMA混合料为2.36mm的筛余量,对特大粒径根据需要可以选择其他筛孔);

γ_{ca}——矿料中所有粗集料的合成毛体积相对密度,按式(2-6-25)计算,无量纲。

$$\gamma_{ca} = \frac{P_{1c} + P_{2c} + \cdots + P_{nc}}{\frac{P_{1c}}{\gamma_{1c}} + \frac{P_{2c}}{\gamma_{2c}} + \cdots + \frac{P_{nc}}{\gamma_{nc}}} \qquad (2\text{-}6\text{-}25)$$

式中:$P_{1c} \cdots P_{nc}$——矿料中各种粗集料占矿料总质量的百分比(%);

$\gamma_{1c} \cdots \gamma_{nc}$——矿料中各种粗集料的毛体积相对密度。

五、允许误差

试件毛体积密度试验重复性的允许差为0.020g/cm³。试件毛体积相对密度试验重复性的允许差为0.020。

试验三　沥青混合料马歇尔稳定度试验
(JTG E20 T 0709—2011)

试验教学

一、目的与适用范围

(1)本方法适用于马歇尔稳定度试验和浸水马歇尔稳定度试验,以进行沥青混合料的配合比设计或沥青路面施工质量检验。浸水马歇尔稳定度试验(根据需要,也可进行真空饱水马歇尔试验)供检验沥青混合料受水损害时抵抗剥落的能力时使用,通过测试其水稳定性检验配合比设计的可行性。

(2)本方法适用于标准马歇尔试件圆柱体和大型马歇尔试件圆柱体。

二、仪器设备

(1)沥青混合料马歇尔试验仪(图2-6-4):分为自动式和手动式。自动式马歇尔试验仪应具备控制装置、记录荷载—位移曲线、自动测定荷载与试件的垂直变形,能自动显示和存储或打印试验结果等功能。手动式由人工操作,试验数据通过操作者目测后读取数据。

对用于高速公路和一级公路的沥青混合料宜采用自动马歇尔试验仪。

①当集料公称最大粒径小于或等于26.5mm时,宜采用ϕ101.6mm×63.5mm的标准马歇尔试件,试验仪最大荷载不得小于25kN,读数准确至0.1kN,加载速率应能保持50mm/min±5mm/min。钢球直径16mm±0.05mm,上下压头曲率半径为50.8mm±0.08mm。

②当集料公称最大粒径大于26.5mm时,宜采用ϕ152.4mm×95.3mm大型马歇尔试件,试验仪最大荷载不得小于50kN,读数准确至0.1kN。上下压头的曲率内径为152.4mm±0.2mm,上下压头间距19.05mm±0.1mm。

(2)恒温水槽:控温准确至1℃,深度不小于150mm。

(3)真空饱水容器:包括真空泵及真空干燥剂。

(4)烘箱。

图2-6-4 马歇尔试验仪

(5)天平:感量不大于0.1g。

(6)温度计:分度值1℃。

(7)卡尺。

(8)其他:棉纱、黄油。

三、标准马歇尔试验方法

1. 准备工作

(1)按标准击实法成型马歇尔试件,标准马歇尔试件尺寸应符合直径101.6mm±0.2mm、高63.5mm±1.3mm的要求。对大型马歇尔试件,尺寸应符合直径152.4mm±0.2mm、高95.3mm±2.5mm的要求。一组试件的数量不得少于4个,并符合规定要求。

(2)量测试件的直径及高度:用卡尺测量试件中部的直径,用马歇尔试件高度测定器或用卡尺在十字对称的4个方向量测离试件边缘10mm处的高度,准确至0.1mm,并以其平均值作为试件的高度。如试件高度不符合63.5mm±1.3mm或95.3mm±2.5mm要求或两侧高度差大于2mm时,此试件应作废。

(3)按规程规定的方法测定试件的密度,并计算空隙率、沥青体积百分率、沥青饱和度、矿料间隙率等体积指标。

(4)将恒温水槽调节至要求的试验温度,对黏稠石油沥青或烘箱养生过的乳化沥青混合料为60℃±1℃,对煤沥青混合料为33.8℃±1℃,对空气养生的乳化沥青或液体沥青混合料为25℃±1℃。

2.试验步骤

(1)将试件置于已达规定温度的恒温水槽中保温,保温时间对标准马歇尔试件需30~40min,对大型马歇尔试件需45~60min。试件之间应有间隔,底下应垫起,距水槽底部不小于5cm。

(2)将马歇尔试验仪的上下压头放入水槽或烘箱中达到同样温度。将上下压头从水槽或烘箱中取出擦拭干净内面。为使上下压头滑动自如,可在下压头的导棒上涂少量黄油。再将试件取出置于下压头上,盖上上压头,然后装在加载设备上。

(3)在上压头的球座上放妥钢球,并对准荷载测定装置的压头。

(4)当采用自动马歇尔试验仪时,将自动马歇尔试验仪的压力传感器、位移传感器与计算机或 X-Y 记录仪正确连接,调整好适宜的放大比例,压力和位移传感器调零。

(5)当采用压力环和流值计时,将流值计安装在导棒上,使导向套管轻轻地压住上压头,同时将流值计读数调零。调整压力环中百分表,对零。

(6)启动加载设备,使试件承受荷载,加载速度为50mm/min±5mm/min。计算机或 X-Y 记录仪自动记录传感器压力和试件变形曲线并将数据自动存入计算机。

(7)当试验荷载达到最大值的瞬间,取下流值计,同时读取压力环中百分表读数及流值计的流值读数。

(8)从恒温水槽中取出试件至测出最大荷载值的时间,不得超过30s。

四、浸水马歇尔试验方法

浸水马歇尔试验方法与标准马歇尔试验方法的不同之处在于,试件在已达规定温度恒温水槽中的保温时间为48h,其余步骤均与标准马歇尔试验方法相同。

五、真空饱水马歇尔试验方法

试件先放入真空干燥器中,关闭进水胶管,开动真空泵,使干燥器的真空度达到97.3kPa(730mmHg)以上,维持15min;然后打开进水胶管,靠负压进入冷水流使试件全部浸入水中,浸水15min后恢复常压,取出试件再放入已达规定温度的恒温水槽中保温48h。其余均与标准马歇尔试验方法相同。

六、计算

1.试件的稳定度及流值

(1)当采用自动马歇尔试验仪时,将计算机采集的数据绘制成压力和试件变形曲线,或由 X-Y 记录仪自动记录的荷载—变形曲线,按图2-6-5所示方法在切线方向延长曲线与横坐标相交于 O_1,将 O_1 作为修正原点,从 O_1 起量取相应于荷载最大值时的变形作为流值(FL),以 mm 计,准

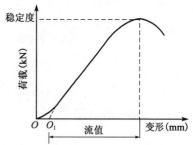

图2-6-5 马歇尔试验结果的修正方法

确至 0.1mm。最大荷载即为稳定度(MS),以 kN 计,准确至 0.01kN。

(2)采用压力环和流值计测定时,根据压力环标定曲线,将压力环中百分表的读数换算为荷载值,或者由荷载测定装置读取的最大值即为试样的稳定度(MS),以 kN 计,准确至 0.01kN。由流值计及位移传感器测定装置读取的试件垂直变形,即为试件的流值(FL),以 mm 计,准确至 0.1mm。

2. 试件的马歇尔模数

$$T = \frac{\text{MS}}{\text{FL}} \tag{2-6-26}$$

式中:T——试件的马歇尔模数(kN/mm);
　　MS——试件的稳定度(kN);
　　FL——试件的流值(mm)。

3. 试件的浸水残留稳定度

$$\text{MS}_0 = \frac{\text{MS}_1}{\text{MS}} \times 100\% \tag{2-6-27}$$

式中:MS_0——试件的浸水残留稳定度(%);
　　MS_1——试件浸水 48h 后的稳定度(kN)。

4. 试件的真空饱水残留稳定度

$$\text{MS}'_0 = \frac{\text{MS}_2}{\text{MS}} \times 100\% \tag{2-6-28}$$

式中:MS'_0——试件的真空饱水残留稳定度(%);
　　MS_2——试件真空饱水后浸水 48h 后的稳定度(kN)。

七、报告

(1)当一组测定值中某个测定值与平均值之差大于标准差的 k 倍时,该测定值应予舍弃,并以其余测定值的平均值作为试验结果。当试件数目 n 为 3、4、5、6 个时,k 值分别为 1.15、1.46、1.67、1.82。

(2)报告中需列出马歇尔稳定度、流值、马歇尔模数,以及试件尺寸、密度、空隙率、沥青用量、沥青体积百分率、沥青饱和度、矿料间隙率等各项物理指标。当采用自动马歇尔试验时,试验结果应附上荷载—变形曲线原件或自动打印结果。

试验四　沥青混合料车辙试验
(JTG E20 T 0719—2011)

一、目的与适用范围

(1)本试验适用于测定沥青混合料的高温抗车辙能力,供沥青混合料配合比设计时的高温稳定性检验使用,也可用于现场沥青混合料的高温稳定性检验。

(2)车辙试验的温度与轮压(试验轮与试件的接触压强)可根据有关规定和需要选用,非经注明,试验温度为60℃,轮压为0.7MPa。根据需要,如需在寒冷地区也可采用45℃,在高温条件下试验温度可采用70℃等,对重载交通的轮压可增加至1.4MPa,但应在报告中注明。计算动稳定度的时间原则上为试验开始后45~60min之间。

(3)本方法适用于用轮碾成型机碾压成型的长300mm、宽300mm、厚50~100mm的板块状试件。根据工程需要也可采用其他尺寸的试件。本方法也适用于现场切割板块状试件。切割试件的尺寸根据现场面层的实际情况由试验确定。

二、仪器设备

(1)车辙试验机:如图2-6-6所示,主要由下列部分组成:

①试件台:可牢固地安装两种宽度(300mm及150mm)的规定尺寸试件的试模。

②试验轮:橡胶制的实心轮胎,外径200mm,轮宽50mm,橡胶层厚15mm。橡胶硬度(国际标准硬度)20℃时为84±4,60℃时为78±2。试验轮行走距离为230mm±10mm,往返碾压速度为42次/min±1次/min(21次往返/min)。采用曲柄连杆驱动加载轮往返运行方式。

图2-6-6 车辙试验机

注:轮胎橡胶硬度应注意检验,不符合要求者应及时更换。

③加载装置:通常情况下试验轮与试件的接触压强在60℃时为0.7MPa±0.05MPa,施加的总荷载为780N左右,根据需要可以调整接触压强大小。

④试模:钢板制成,由底板及侧板组成,试模内侧尺寸宜采用长300mm,宽300mm,厚50~100mm,也可根据需要对厚度进行调整。

⑤试件变形测量装置:自动采集车辙变形并记录曲线的装置,通常用位移传感器LVDT或非接触位移计。位移测定范围0~130mm,精度为±0.01mm。

⑥温度检测装置:自动检测并记录试件表面及恒温室内温度的温度传感器,精度为±0.5℃。温度应能自动连续记录。

(2)恒温室:恒温室应具有足够的空间。车辙试验机必须整机安放在恒温室内,装有加热器、气流循环装置及装有自动温度控制设备,同时恒温室还应有至少能保温3块试件并进行试验的条件。保持恒温室温度60℃±1℃(试件内部温度60℃±0.5℃),根据需要也可采用其他试验温度。

(3)台秤:称量15kg,感量不大于5g。

三、试验准备

(1)试验轮接地压强测定:测定在60℃时进行,在试验台上放置一块50mm厚的钢板,其上铺一张毫米方格纸,上铺一张新的复写纸,以规定的700N荷载后试验轮静压复写纸,即可在方格纸上得出轮压面积,并由此求得接地压强。当压强不符合0.7MPa±0.05MPa,荷载应予以适当调整。

(2)用轮碾成型法制作车辙试验试块。在试验室或工地制备成型的车辙试件，板块状试件尺寸为300mm(长)×300mm(宽)×50~100mm(厚)，厚度根据需要确定。也可从路面切割得到需要尺寸的试件。

(3)当直接在拌和厂取拌和好的沥青混合料样品制作车辙试验试件检验生产配合比设计或混合料生产质量时，必须将混合料装入保温桶中，在温度下降至成型温度之前迅速送达试验室制作试件，如果温度稍有不足，可放在烘箱中稍事加热(时间不超过30min)后成型，但不得将混合料放冷却后二次加热重塑制作试件。重塑制作的试验结果仅供参考，不得用于评定配合比设计检验是否合格的标准。

(4)如需要，将试件脱模按规定的方法测定密度及空隙率等各项物理指标。

(5)试件成型后，连同试模一起在常温条件下放置的时间不得少于12h。对聚合物改性沥青混合料，放置的时间以48h为宜，使聚合物改性沥青充分固化后方可进行车辙试验，室温放置时间不得长于一周。

四、试验步骤

(1)将试件连同试模一起，置于已达到试验温度60℃±1℃的恒温室中，保温不少于5h，也不得多于12h。在试件的试验轮不行走的部位上，粘贴一个热电偶温度计(也可在试件制作时预先将热电偶导线埋入试件一角)，控制试件温度稳定在60℃±0.5℃。

(2)将试件连同试模移置于车辙试验机的试验台上，试验轮在试件的中央部位，其行走方向须与试件的碾压或行车方向一致。开动车辙变形自动记录仪，然后启动试验机，使试验轮往返行走，时间约1h，或最大变形达到25mm时为止。试验时，记录仪自动记录变形曲线(图2-6-7)及试件温度。

注：对试验变形较小的试件，也可对一块试件在两侧1/3位置上进行两次试验，然后取平均值。

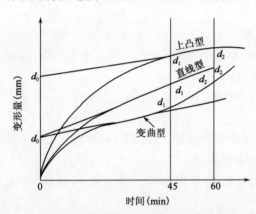

图2-6-7 车辙试验自动记录的变形曲线

五、计算

(1)从图2-6-7上读取45min(t_1)及60min(t_2)时的车辙变形d_1及d_2，准确至0.01mm。

当变形过大，在未到60min变形已达25mm时，则以达到25mm(d_2)时的时间为t_2，将其前15min为t_1，此时的变形量为d_1。

(2)沥青混合料试件的动稳定度按式(2-6-29)计算。

$$DS = \frac{(t_2 - t_1) \cdot N}{d_2 - d_1} \cdot C_1 \cdot C_2 \quad (2\text{-}6\text{-}29)$$

式中：DS——沥青混合料的动稳定度(次/mm)；

d_1——对应于时间t_1的变形量(mm)；

d_2——对应于时间t_2的变形量(mm)；

C_1——试验机类型系数,曲柄连杆驱动加载轮往返行走方式为1.0;

C_2——试件系数,试验室制备宽300mm的试件为1.0;

N——试验轮往返碾压速度,通常为42次/min。

六、报告

(1)同一沥青混合料或同一路段的路面,至少平行试验3个试件。当3个试件动稳定度变异系数不大于20%时,取其平均值作为试验结果;变异系数大于20%时应分析原因,并追加试验。如计算动稳定度值大于6 000次/mm,记作:>6 000次/mm。

(2)试验报告应注明试验温度、试验轮接地压强、试件密度、空隙率及试件制作方法等。

七、精密度或允许差

重复性试验动稳定度变异系数不大于20%。

第七章 建筑钢材试验

试验一 钢筋原材室温拉伸试验（GB/T 228.1—2010）

试验教学

一、目的与适用范围

适用于钢筋原材室温拉伸性能的测定。试验系用拉力拉伸试样，一般拉至断裂，测定钢筋的屈服强度、抗拉强度和伸长率。

二、仪器设备

（1）万能试验机：试验机的测力系统应按照《静力单轴试验机的检验 第1部分：拉力和（或）压力试验机测力系统的检验与校准》（GB/T 16825.1—2008）进行校准，并且其准确度应为1级或优于1级。

（2）钢筋打点机：又称标距仪，是作钢筋拉伸试样打点标距使用，亦可作为普通金属拉伸试样打点标记使用。

（3）试样尺寸测量仪器：可根据试样尺寸测量精度的要求，选用相应精度的任一种量具或仪器，如游标卡尺、螺旋千分尺等。

三、试验准备

1. 试样

钢筋为具有恒定横截面的产品，可以不经机加工而进行试验。试样长度应满足两夹头间的自由长度应足够，以使原始标距的标记与夹头有合理的距离。

试样分为比例试样和非比例试样两种。原始标距与横截面有 $L_0 = k\sqrt{S_0}$ 关系的试样称为比例试样。国际上使用的比例系数 k 的值为5.65。原始标距应不小于15mm。当试样横截面太小，以致采用比例系数 k 为5.65的值不能符合这一最小标距要求时，可以采用较高的值（优先采用11.3的值）或采用非比例试样。非比例试样其原始标距 L_0 与原始横截面 S_0 无关。

2. 原始横截面积的测定

(1)直径或厚度小于 4mm 线材、棒材和型材使用的试样类型原始横截面积的测定应准确到 ±1%。

对于圆形横截面的产品,应在两个相互垂直方向测量试样的直径,取其算术平均值计算横截面积。

可以根据测量的试样长度、试样质量和材料密度,按式(2-7-1)确定其原始横截面积:

$$S_0 = \frac{1\,000 \cdot m}{\rho \cdot L_t} \tag{2-7-1}$$

式中:S_0——原始横截面积(mm^2);
　　　m——试样质量(g);
　　　L_t——试样的总长度(mm);
　　　ρ——试样材料密度(g/cm^3)。

(2)直径或厚度等于或大于 4mm 线材、棒材和型材使用的试样类型。

对于圆形横截面的四面机加工的矩形横截面试样,如果试样的尺寸公差和形状公差均满足要求,可以用名义尺寸计算原始横截面积。对于所有其他类型的试样,应根据测量的原始试样尺寸计算原始横截面积 S_0,测量每个尺寸应满足准确到 ±0.5%。

3. 原始标距(L_0)的标记

应用小标记、细画线或细墨线标记原始标距,但不得用引起过早断裂的缺口作标记。

对于比例试样,如果原始标距的计算值与其标记值之差小于 10% L_0,可将原始标距的计算值修约至最接近 5mm 的倍数。原始标距的标记应准确到 ±1%。如平行长度 L_c 比原始标距长许多,例如不经机加工的试样,可以标记一系列套叠的原始标距。有时,可以在试样表面划一条平行于试样纵轴的线,并在此线上标记原始标距。

四、试验步骤

试验一般在室温 10～35℃范围内进行,对温度要求严格的试验,试验温度应为 23℃±5℃。

1. 设定实验力零点

在试验加载链装配完成后,试样两端被夹持之前,应设定力测量系统的零点。一旦设定了力值零点,在试验期间力测量系统不能再发生变化。

2. 拉伸

将试样固定在试验机夹头内,开动试验机进行拉伸。应尽最大努力确保夹持的试样受轴向拉力的作用,尽量减小弯曲。为了得到直的试样和确保试样与夹头对中,可以施加不超过规定强度或预期屈服强度的 5% 相应的预拉力。宜对预拉力的延伸影响进行修正。

(1)在弹性范围和直至上屈服强度,试验机夹头的分离速率应尽可能保持恒定并在表 2-7-1 规定的应力速率范围内。

(2)如仅测定下屈服强度,在试样平行长度的屈服期间,应变速率应在 0.000 25/s～0.002 5/s 之间。平行长度内的应变速率应尽可能保持恒定。如不能直接调节这一应变速率,应通过调节屈服即将开始前的应力速率来调整,在屈服完成之前不再调节试验机的控制。

(3)任何情况下,弹性范围内的应力速率不得超过表 2-7-1 规定的最大速率。

应 力 速 率　　　　　　　　　　　表 2-7-1

材料弹性模量 E(MPa)	应力速率 R(MPa·s^{-1})	
	最小	最大
<150 000	2	20
≥150 000	6	60

(4)如在同一试验中测定上屈服强度和下屈服强度,测定下屈服强度的条件应符合上述的要求。

(5)测定屈服强度后,试验速率可以增加到不大于 0.008/s 的应变速率。如果仅仅需要测定材料的抗拉强度,在整个试验过程中可以选取不超过 0.008/s 的单一试验速率。

3.屈服强度的测定

屈服强度是指当金属材料呈现屈服现象时,在试验期间达到塑性变形发生而力不增加的应力点。应区分上屈服强度和下屈服强度。上屈服强度是试样发生屈服而力首次下降前的最大应力;下屈服强度是在屈服期间时,不计初始瞬时效应时的最小应力。

(1)图解方法:试验时记录力—延伸曲线或力—位移曲线。从曲线图中读取力首次下降前的最大力(F_{eH})和不计初始瞬时效应时屈服阶段中的最小力或屈服平台的恒定力(F_{eL}),将其分别除以试样原始横截面积(S_0),得到上屈服强度 R_{eH} 和下屈服强度 R_{eL},如图 2-7-1 所示。仲裁试验采用图解方法。

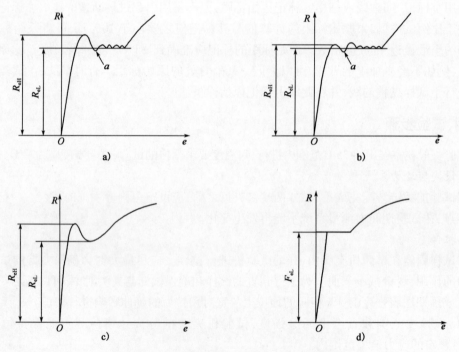

图 2-7-1　不同类型曲线的上屈服强度和下屈服强度
e-延伸率;R-应力;R_{eH}-上屈服强度;R_{eL}-上屈服强度;a-初始瞬时效应

(2)指针方法:试验时,读取测力度盘指针首次回转前指示的最大力和不计初始瞬时效应时屈服阶段中指示的最小力和首次停止转动的指示的恒定力,将其分别除以试样原始横截面积(S_0)得到上屈服强度和下屈服强度。

(3)可以使用自动装置(如微处理机等)或自动测试系统测定上屈服强度和下屈服强度,可以不绘制拉伸曲线图。

4.抗拉强度(R_m)的测定

抗拉强度是相应最大力(F_m)的应力,如图2-7-2所示,可以采用图解法或指针法测定。

对于呈现明显屈服(不连续屈服)现象的金属材料,从记录的力—延伸或力—位移曲线图,或从测力度盘,读取过了屈服阶段之后的最大力;对于呈现无明显屈服(连续屈服)现象的金属材料,从记录的力—延伸或力—位移曲线图,或从测力度盘,读取试验过程中的最大力。最大力除以试样原始横截面积(S_0),得到抗拉强度(R_m)。

可以使用自动装置(如微处理机等)或自动测试系统测定其抗拉强度,可以不绘制拉伸曲线图。

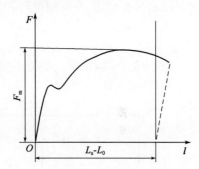

图2-7-2 钢材的力—位移曲线图
L_u-L_0-试样断后标距的残余伸长

5.断后伸长率的测定

断后伸长率是指断后标距的残余伸长(L_u-L_0)与原始标距(L_0)之比的百分率。

为了测定断后伸长率,应将试样断裂的部分仔细地配接在一起使其轴线处于同一直线上,并采取特别措施确保试样断裂部分适当接触后测量试样断后标距(L_u)。这对小横截面试样和低伸长率试样尤为重要。

应使用分辨力足够的量具或测量装置测定断后伸长量($L_u - L_0$),并精确至 ±0.25mm。

如规定的最小断后伸长率小于5%,建议采取特殊方法进行测定。原则上只有断裂处与最接近的标距标记的距离不小于原始标距的三分之一时方为有效。但断后伸长率大于或等于规定值,不管断裂位置处于何处测量均为有效。如断裂处与最接近的标距标记的距离小于原始标距的三分之一时,可采用移位法测定断后伸长率。

五、试验结果数值的修约

试验测定的性能结果数值应按照相关产品标准的要求进行修约。如未规定具体要求,应按照如下要求进行修约:

(1)强度性能值修约至1MPa。

(2)断后伸长率修约至0.5%。

试验二 钢筋原材弯曲试验
(GB/T 232—2010)

试验教学

一、目的与适用范围

本标准规定了测定金属材料承受弯曲塑性变形能力的试验方法。适用于金属材料相关产品标准规定试样的弯曲试验,但不适用于金属管材和金属焊接接头的弯曲试验。

二、试验设备

弯曲试验应在配备下列弯曲装置之一的试验机或压力机上完成试验。

(1)支辊式弯曲装置(图2-7-3):应配有两个支辊和一个弯曲压头。支辊长度和弯曲压头应大于试样宽度或直径,弯曲压头的直径由产品标准规定,支辊和弯曲压头应具有足够的硬度。除非另有规定,支辊间距离 l 应按式(2-7-2)确定:

$$l = (D + 3a) \pm \frac{a}{2} \tag{2-7-2}$$

此距离在试验期间应保持不变。

注:此距离在试验前保持不变,对于180°弯曲试样,此距离会发生变化。

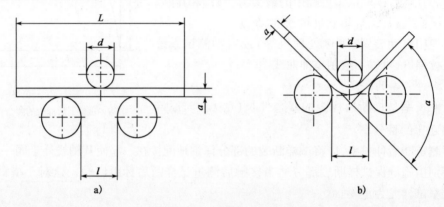

图2-7-3 支辊式弯曲装置

(2)V形模具式弯曲装置(图2-7-4):应配有一个V形模具和一个弯曲压头。模具的V形槽其角度应为$(180° - \alpha)$,弯曲角度 α 应在相关产品标准中规定。模具的支承棱边应倒圆,其倒圆半径应为 1~10 倍试样厚度。模具和弯曲压头宽度应大于试样宽度或直径,并应具有足够的硬度。

(3)虎钳式弯曲装置(图2-7-5):装置由虎钳及有足够硬度的弯曲压头组成,可以配置加力杠杆。弯曲压头直径应按照相关产品标准要求,弯曲压头宽度应大于试样宽度或直径。

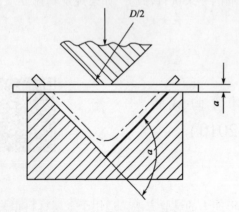

图2-7-4 V形模具式弯曲装置

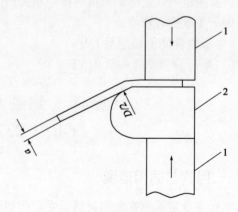

图2-7-5 虎钳式弯曲装置
1-虎钳;2-弯曲压头

(4)符合弯曲试验原理的其他弯曲装置(例如翻板式弯曲装置等)亦可使用。

三、试样

试样使用圆形、方形、矩形或多边形横截面的试样。样坯的切取位置和方向应按照相关产品标准的要求,如未具体规定,对于钢产品,应按照《钢及钢产品 力学性能试验取样位置及试样制备》(GB/T 2975—1998)的要求。试样应去除由于剪切或火焰切割或类似的操作而影响了材料性能的部分。如果试验结果不受影响,允许不去除试样受影响的部分。

四、试验步骤

特别提示:试验过程中应采取足够的安全措施和防护装置。

(1)试验一般在 10～35℃室温条件下进行。对温度要求严格的试验,试验温度应为 23℃±5℃。

(2)按照相关产品标准规定,采用下列方法之一完成试验:

①试样在给定的条件和力作用下弯曲至规定的弯曲角度(图2-7-6)。

②试样在力作用下弯曲至两臂相距规定距离且相互平行(图2-7-7)。

③试样在力作用下弯曲至两臂直接接触(图2-7-8)。

(3)试样弯曲至规定弯曲角度的试验,应将试样放于两支辊(图2-7-3)或 V 形模具(图2-7-4)上,试样轴线应与弯曲压头轴线垂直,弯曲压头在两支座之间的中点处对试样连续施加力使其弯曲,直至达到规定的弯曲角度。弯曲角度 α 可以通过测量弯曲压头的位移计算得出。

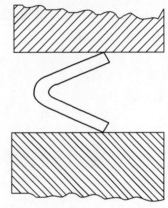

图 2-7-6 试样置于两平行压板之间

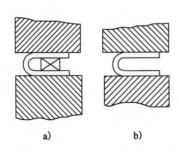

图 2-7-7 试样弯曲至两臂平行

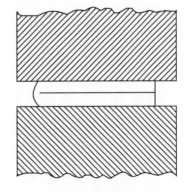

图 2-7-8 试样弯曲至两臂直接接触

可以采用图 2-7-5 所示的方法进行弯曲试验。试样一端固定,绕弯曲压头进行弯曲,可以绕过弯曲压头,直至达到规定的弯曲角度。

进行弯曲试验时,应当缓慢地施加弯曲力,以使材料能够自由地进行塑性变形。

当出现争论时,试验速率应为 1mm/s ± 0.2mm/s。

使用上述方法如不能直接达到规定的弯曲角度,可将试样置于两平行压板之间(图 2-7-6),连续施加力压其两端使进一步弯曲,直至达到规定的弯曲角度。

(4)试样弯曲至两臂相互平行的试验,首先对试样进行初步弯曲,然后将试样置于两平行压板之间(图 2-7-6),连续施加力压其两端使进一步弯曲,直至两臂平行(图 2-7-7)。试验时可以加也可以不加内置垫块。垫块厚度等于规定的弯曲压头直径,除非产品标准另有规定。

(5)试样弯曲至两臂直接接触的试验,首先对试样进行初步弯曲,然后将试样置于两平行压板之间,连续施加力压其两端使进一步弯曲,直至两臂直接接触(图 2-7-8)。

五、试验结果评定

(1)应按照相关产品标准的要求评定弯曲试验结果。如未规定具体要求,弯曲试验后不使用放大仪器观察,试样弯曲外表面无可见裂纹,应评定为合格。

(2)以相关产品标准规定的弯曲角度作为最小值;若规定弯曲压头直径,以规定的弯曲压头直径作为最大值。

参 考 文 献

[1] 中华人民共和国行业标准. JTG E41—2005 公路工程岩石试验规程[S]. 北京:人民交通出版社,2005.
[2] 中华人民共和国行业标准. JTG E42—2005 公路工程集料试验规程[S]. 北京:人民交通出版社,2005.
[3] 中华人民共和国国家标准. GB/T 1346—2011 水泥标准稠度用水量、凝结时间、安定性检验方法[S]. 北京:中国标准出版社,2011.
[4] 中华人民共和国行业标准. JTG E30—2005 公路工程水泥及水泥混凝土试验规程[S]. 北京:人民交通出版社,2005.
[5] 中华人民共和国行业标准. JGJ/T 70—2009 建筑砂浆基本性能试验方法标准[S]. 北京:中国建筑工业出版社,2009.
[6] 中华人民共和国行业标准. JTG E51—2009 公路工程无机结合料稳定材料试验规程[S]. 北京:人民交通出版社,2009.
[7] 中华人民共和国行业标准. JTG E20—2011 公路工程沥青及沥青混合料试验规程[S]. 北京:人民交通出版社,2011.
[8] 中华人民共和国国家标准. GB/T 228.1—2010 金属材料拉伸试验 第1部分:室温试验方法[S]. 北京:中国标准出版社,2010.
[9] 中华人民共和国国家标准. GB/T 232—2010 金属材料弯曲试验方法[S]. 北京:中国标准出版社,2010.
[10] 中华人民共和国国家标准. GB/T 14684—2011 建筑用砂[S]. 北京:中国标准出版社,2011.
[11] 中华人民共和国国家标准. GB/T 14685—2011 建筑用卵石、碎石[S]. 北京:中国标准出版社,2011.
[12] 中华人民共和国国家标准. GB 175—2007/XG1—2009 通用硅酸盐水泥[S]. 北京:中国标准出版社,2009.
[13] 中华人民共和国行业标准. JGJ 55—2011 普通混凝土配合比设计规程[S]. 北京:中国建筑工业出版社,2009.
[14] 中华人民共和国行业标准. JGJ/T 98—2010 砌筑砂浆配合比设计规程[S]. 北京:中国建筑工业出版社,2010.
[15] 中华人民共和国国家标准. GB/T 18046—2008 用于水泥和混凝土中的粒化高炉矿渣粉[S]. 北京:中国标准出版社,2008.
[16] 中华人民共和国国家标准. GB/T 1596—2005 用于水泥和混凝土中的粉煤灰[S]. 北京:中国标准出版社,2005.
[17] 中华人民共和国行业标准. JGJ 63—2006 混凝土用水质量要求[S]. 北京:中国建筑工业出版社,2006.
[18] 中华人民共和国国家标准. GB 1499.1—2008 钢筋混凝土用钢 第1部分:热轧光圆

钢筋[S].北京:中国标准出版社,2008.
[19] 中华人民共和国国家标准. GB 1499.2—2007 钢筋混凝土用钢 第2部分:热轧带肋钢筋[S].北京:中国标准出版社,2007.
[20] 中华人民共和国行业标准. JG 190—2006 冷轧扭钢筋[S].北京:中国建筑工业出版社,2006.
[21] 中华人民共和国国家标准. GB 13788—2008 冷轧带肋钢筋[S].北京:中国标准出版社,2008.
[22] 中华人民共和国国家标准. GB/T 5223—2014 预应力混凝土用钢丝[S].北京:中国标准出版社,2008.
[23] 中华人民共和国行业标准. JTG D62—2004 公路钢筋混凝土及预应力混凝土桥涵设计规范[S].北京:人民交通出版社,2004.
[24] 中华人民共和国行业标准. JTG/T F50—2011 公路桥涵施工技术规范[S].北京:人民交通出版社,2011.
[25] 中华人民共和国行业标准. JTG F40—2004 公路沥青路面施工技术规范[S].北京:人民交通出版社,2004.
[26] 中华人民共和国行业标准. JTG/T F20—2015 公路路面基层施工技术细则[S].北京:人民交通出版社,2011.
[27] 中华人民共和国国家标准. GB 50666—2011 混凝土结构工程施工规范[S].北京:中国建筑工业出版社,2011.
[28] 中华人民共和国行业标准. 交公便字[2006]02号 公路工程水泥混凝土外加剂与掺合料应用技术指南[S].北京:人民交通出版社,2006.
[29] 中华人民共和国行业标准. JTG/T D32—2012 公路土工合成材料应用技术规范[S].北京:人民交通出版社,2012.
[30] 严家伋.道路建筑材料[M].3版.北京:人民交通出版社,2001.
[31] 赵丽萍.土木工程材料[M].2版.北京:人民交通出版社,2013.
[32] 钱树波,张征文.道路材料应用技术[M].北京:高等教育出版社,2014.
[33] 李立寒,等.道路工程材料[M].5版.北京:人民交通出版社,2010.
[34] 姜志青.道路建筑材料[M].5版.北京:人民交通出版社,2015.
[35] 陈晓明,周娟.道路材料[M].合肥:合肥工业大学出版社,2013.
[36] 张伟,王英林.建筑材料与检测[M].北京:北京邮电大学出版社,2013.
[37] 柳俊哲.公路工程材料[M].北京:人民交通出版社,2006.
[38] 夏连学,张艳华.道路材料技术[M].北京:人民交通出版社,2008.
[39] 李福普,李闯民.公路工程试验检测人员考试用书 材料[M].2版.北京:人民交通出版社,2012.
[40] 王志.公路工程试验检测人员业务考试全真模拟题[M].北京:人民交通出版社,2009.